캐시버타이징

당신이 지갑을 열어야하는 101가지 이유

캐시버타이징

드류 에릭 휘트먼 지음 **박선영** 옮김

Ca$h
vertising

글로세움

목차

사람들이 진정으로 원하는 것

소비자의 머릿속으로 들어가 보는 방법

소비자 심리학의 17가지 기본 원칙

3장

지갑을 열게 하는 비밀
누구에게나 무엇이든 팔기 위한 41가지 검증된 기법

4장

핫 리스트

광고 대가들이 말하는 101가지 마케팅의 비밀

《캐시버타이징》을 처음 접한 것은 2012년 여름이었다. 당시 사업 준비에 한창이었고, 트렌드헌터를 온라인 카페 커뮤니티에서부터 출발하여 키워나갈 계획을 세우던 시기였다.

이런저런 책을 읽으며 미래에 대한 스케치를 했다. 이때 읽었던 책들 중 단연 가장 큰 영감을 준 책이 바로 《캐시버타이징》이다. 소비자들의 지갑을 열게 하는 다양한 방법들, 판매로 귀결되는 카피라이팅에 관한 풍성한 사례들이 넘쳐나서 사업을 진행하는 데 아주 큰 도움이 되었다.

나의 애독애장서가 되어 지인들, 주로 함께 일하는 임직원들에게 권하고 자주 이 책을 빌려주었으나 우산과 마찬가지로 빌려준 책은 다시 돌려받는 예가 극히 드물었다. 책이 절판되어 중고서점에서 큰 웃돈을 주고 재구매하기를 수차례 반복하고는 했다.

가장 최근으로는 2020년 11월에 다시 구매하였는데, 이때 처음으로 이 좋은 책을 나 혼자 볼게 아니라 트렌드헌터의 회원분들에게 소개해주고 싶다는 생각이 강하게 든 것 같다. 그래서 도서출판 글로세움에 2020년 연말부터 노크를 하였고, 출간은 문외한인 터라 기획에서 출간까지 꼬박 4개월이 넘는 시간이 소요되었다. 글로세움 대표님께서 절판된 명저를 살리고 싶어하는 열망에 흔쾌히 공감해주셔서 우여곡절 끝에 《캐시버타이징》은 다시 세상 빛을 보게 되었다.

이 책은 이론서가 아니다!

실무에 반영하면 바로 수익으로 직결될 수 있는 내용으로 풍성하게 채워져 있다고 자신한다. 아마도 이런 내용을 책이 아닌 강의로 배우려면 못해도 수백만 원 이상의 비용을 지불해야만 할 것이다.

10여 년동안 사업을 영위해 옴에 있어 가장 크게 도움이 됐던 책 중 한 권이기에 재출간을 앞두고 가슴 설레는 날을 보내왔다.

부디 이 책의 부활이 많은 현업 사업가들에게, 또 창업을 꿈꾸는 이들에게 도움이 되길 진심으로 바란다. 그렇게 된다면 더할 나위 없이 기쁠 것이고 큰 보람이 될 것이다.

책을 다시 펴 내는 데 있어 물심양면 도움을 준 도서출판 글로세움 관계자 분들과 〈캐시버타이징〉이 독자들에게 돌아오는 과정에서 많은 노력을 해준 트렌드헌터 김영민 팀장에게도 감사의 말씀을 전한다.

트렌드헌터 정영민
〈정영민tv〉 유튜브 채널 운영

"쓰레기, 쓰레기, 쓰레기뿐이다!"

요즘 나오는 광고의 99%에 대해 나는 이렇게 표현한다. 멍청하고, 지루하고, 약하다. 마우스를 건드릴 가치도 없다.

화가 났냐고? 그렇지 않다. 사실이냐고? 그렇다. 하지만 내 말을 있는 그대로 받아들이지는 마라. 메일함의 휴지통을 살펴보라. 얼마나 많은 헛소리가 열어보기도 전에 휴지통 속으로 들어가는가. 실제 열어보더라도 몇 줄을 다 읽기도 전에 버리는 메일은 몇 통이나 되는가. 돈을 쓰도록 설득한 이메일은 몇 개나 되는가. 물건을 사도록 납득시킨 TV 광고는 몇 개나 되는가. 지루해서 하품이 나올 지경인 웹사이트는 몇 개나 되는가. 이상이다.

결론 광고의 목표는 사람들이 행동하게 하는 것이다.

사람들이 더 자세히 캐묻게 하건, 온라인 결제로 현금을 보내거나 카드로 확 긋게 하건, 광고의 성공은 행동이다. 광고는 저널리즘이 아니다. 광고는 뉴스 보도가 아니기 때문이다. 저널리스트가 해야 할 일은 어떤 사건이 일어났는지 보도하는 것이다. 성공하기 위해 사람들의 반응이 필요하지는 않다. 저널리스트의 주된 관심사는 사람들에게 정확하게 알려주고 그들을 어느 정도 즐겁게 하는 것이다.

반면, 광고는 사람들이 읽는 것만으로는 만족할 수 없다. 사람들이 그저 "와, 광고 멋진데!"라며 쓰레기통에 집어 던져서는 안 된다. 아니, 사람들이 주문하거나, 주문하도록 설득하기 위해 비치한 정보를 요청하는 등 당장 행동하기를 바란다. 우리끼리는 서로 속이지 말자. 우리는 돈벌이라는 한 가지 이유로 광고하고 있다. 더 이상 무슨 말이 필요하겠는가.

오늘날 광고의 대부분이 왜 그토록 형편없는지 아는가. 무엇이 사람들에게 물건을 사게 만드는지, 광고에 종사하는 대부분의 사람들이 쥐뿔도 모르기 때문이다. 믿거나 말거나 이 이야기는 사실이다.

광고인들은 깜짝해 보이거나 영리한 사람이 되고 싶어 한다. 그들은 스스로 만족을 얻고, 고객을 위해 수천 달러를 낭비할 뿐인 창의성으로 상을 받고 싶어 한다. 광고를 만드는 대부분이 어떻게 해야 사람들의 상상력을 사로잡고, 지갑을 열게 하고, 돈을 쓰게 만드는지를 잘 모른다. 내가 나의 멘토인 광고의 대가 월터 위어에게 "요즘은 성공한 대기업들이 내놓는 광고들까지 하나같이 왜 그리 형편없을까요?"라고 물었을 때 그는 라디오 아나운서 같은 굵직한 목소리로 이렇게 말했다. "드류, 그들은 아는 게 그 수준밖에 안 되는 거야."

그래서 나는 이 책을 썼다. 나는 어리석은 헛소리와 대가들이 말하는 사회적 통념이라는 커다란 장막을 걷어 치우고 싶었다. 선의라지만 수많은 사업가들이 잘못 알고 씌워놓은 눈가리개를 벗기고 싶었다. 이들은 지금도 형편 없는 광고, 안내책자, 세일즈 레터, 이메일, 웹사이트 같은 자신의 절름발이 말들이 경주에서 이기지 못하고 있는 이유를 궁금해 하면서 머리를 긁적이고 있다.

> 광고의 99%는 아무것도 팔지 못하고 있다.
>
> – 데이비드 오길비David Ogilvy, 오길비 앤 매더 광고대행사의 설립자

이 책을 어떻게 읽을 것인가: 대가들이 들려주는 조언

언젠가 미국인 기자가 지혜로운 노선사老禪師, Zen Master를 인터뷰하러 티베트로 여행을 떠났다.

선사가 찻잔에 차를 따라주는 동안 그는 계속해서 자신이 알고 있는 인생에 대해 큰 소리로 떠벌리고 있었다. 그가 끝없이 지껄여대는 동안 차는 금세 컵의 가장자리까지 올라왔고 온 바닥에 흘러넘치기 시작했다. 그가 마침내 재잘거리기를 멈추고 놀라서 말했다. "뭐하시는 거예요? 더 이상 따르시면 안 돼요. 찻잔이 넘치잖아요!"

"맞습니다." 지혜로운 선사가 대답했다. "이 찻잔은 당신의 마음처럼 생각으로 가득 차서 새로운 정보를 담을 여유가 없군요. 새로운 정보를 넣으려면 그전에 머리부터 비우셔야 합니다."

새로운 아이디어를 흔쾌히 받아들이되, 내가 하는 이야기를 믿지 마라. 이 책에서 읽는 내용을 불신하지도 마라. 내가 하는 이야기

를 최선의 방법이라고 받아들이지도 마라. 그리고 무엇보다도 이 책을 읽은 다음에 "와, 드류 에릭 휘트먼은 자기 일을 정말 잘 알고 있는걸!"이라고 말하고 나서 과자 봉지를 들고 소파에 앉아서 드라마의 재방송을 보지 않길 바란다.

이러한 생각들을 믿기만 해서는 호주머니에 현금이 쌓이지 않을 것이다. 믿기만 해서는 식탁에 음식이 쌓이거나 입을 옷이 생기거나 차고에 새 차가 생기지도 않을 것이다. 그 대신 내가 당신과 공유하는 이 기술을 이용해 그 결과를 경험하기 바란다.

사업이 어떻게 성장하고, 은행계좌가 어떻게 불어나는지 경험하라. 점점 더 많은 사람이 당신에게 현금을 건네고, 카드를 긁고, 온라인 입금으로 계좌를 채우게 만드는 전율을 경험하라. 어떻게 하느냐고? 내가 소개하는 이 원칙들을 실행에 옮기면 된다.

무엇을 팔건, 당신이 성공하는 데 이 책이 도움이 되기를 바란다. 언젠가 당신이 아주 작은 부분이라도 내가 가르쳐준 것 덕분에 성공했다고 여길 수 있다면 나도 성공한 것이 될 것이다.

세계에서 연봉을 가장 많이 받는 카피라이터와 디자이너가 사용하는 거의 알려지지 않은 광고 심리학의 원칙과 기법 수십 가지를 배우고 싶은가. "그렇다"라고 말한다면 이 책은 당신을 위해 완전히 새로운 세계를 열어줄 것이다.

이 책은 설득의 귀재들, 즉 사람들의 가장 깊은 욕망을 어떻게 이용할지를 알고, 그들에게 돈을 쓰도록 영향력을 행사하는 광고대행사에게만 알려진 비밀을 가르쳐줄 것이다. 나는 당신에게 무엇을 할지, 그것을 어떻게 할지를 가르쳐줄 것이다.

결론 이 책은 돈을 더 벌도록 도와줄 것이다.

게다가 아프리카 남부의 땅돼지를 팔건, 딱딱한 츠비바크 zwieback 빵을 팔건 상관없다.

소비자에게 광고 문구를 읽히고 지갑을 꺼내는 반응을 유도하는 모든 거래의 비결을 이용하는 노련한 광고대행사나 고액 연봉을 받는 소비 심리학자처럼 잠재고객의 마음을 이용하는 방법을 바로 여기서 빠르게 전개되는 내용을 통해 가르쳐줄 것이기 때문이다.

설 득 과 영 향

자, 이 두 단어를 보고 겁이 난다면 이제 이 책을 놓아라. 정말이다. 이 책이 당신에게 맞지 않다는 뜻이기 때문이다.

나는 방금 당신에게 한 가지 기법을 이용했다. 계속 읽어라, 그 기법을 어떻게 이용하는지도 가르쳐줄 것이다.

사실 이 단어를 본 많은 사람들은 아무런 경계도 하지 않는 불쌍한 대중에게 사기를 치려는 악당을 떠올린다.

> 광고는 해가 되는 것을 광고할 때에만 유해하다. – 데이비드 오길비

사실 당신과 나는 매일 이러한 기법에 영향을 받는다. 그리고 이러한 기법은 양질의 제품과 서비스를 광고하기 위해 제대로만 이용한다면, 완벽하게 합법적이고 윤리적이고 도덕적이다.

질문 당신은 자동차 대리점에 들어갈 때 정말로 영업사원과 일상적인 담소를 나눌 뿐이라고 생각하는가?

미안하지만 그렇지 않다. 숙련된 영업사원은 심리적 의사소통 전략의 전문가이다. 아마 당신은 그렇지 못할 것이다. 그리고 당신을 '구경꾼'에서 '구매자'로 바꾸는 것이 영업사원의 목표다.

사실 당신이 잡다한 이야기를 하고 있는 동안 그 '사람 좋은' 영업 사원은 책 읽듯이 당신의 마음속을 읽고 있다.

좋든 싫든, 재빠르게 당신의 모든 반응에 맞춰 행해지는 일련의 설득 단계를 거치도록 영업사원은 당신을 끌어당기고 있다. 게다가 당신은 눈치도 못 채고 있다!

방금 내가 '당신을 데려가고 있다' 대신 '당신을 끌어당기고 있다'고 말한 이유는 무엇일까. 의도적이었을까. 물론이다. 당신이 A라고 말하면 그는 B라고 말할 것이다. 당신이 C라고 말한다면 그는 D로 건너뛸 것이다. 그를 당혹스럽게 하기 위해 당신이 할 수 있는 일은 거의 없다. 그는 진작부터 모든 걸 알고 있었다.

주목하라 그의 목표는 당신의 친구가 되는 것이 아니다. 기분 좋은 수다로 시간을 죽이려는 것도 아니다. 그의 목표는 당신을 핵심적이고 법적 구속력이 있는 계약서에 서명하게 만드는 것이다. 그래야 자신의 주머니에 돈이 들어오고 식탁에 음식이 쌓이기 때문이다.

하지만 너무 놀라지 마라. 바로 이런 것이 판매의 참모습이다! 그리고 당신이 구매에 만족한다면, 아마 다음에도 그 영업사원에게서 차를 살 것이다.

마찬가지로, 광고의 목적은 소비자를 즐겁게 해주는 것이 아니라 그들을 설득해서 제품과 서비스를 받는 대신, 매일 수십억 원을 내놓게 하는 것이다. 그리고 자동차 대리점을 방문할 때의 당신과 마찬가지로 대부분의 소비자는 그러한 광고 뒤에 숨어 있는 철저한 연구조사와 심리적 전략에 대해 아무것도 모른다! 그거 아는가. 소비자들은 이러한 것을 알아서는 안 된다.

당신이 TV와 라디오에서 보고 듣는 광고는 단어와 소리를 모아놓는 것만으로 끝나지 않는다. 광고는 당신을 구경꾼에서 구매자로 바꾸기 위해 고안된 의사소통 전략의 우아한 혼합물이다.

노련한 소비심리학자들로 이루어진 팀들이 광고 대행사들과 정기적으로 상담하여 소비자의 심리, 잠재의식의 수준에까지 강력하게 영향을 미치는 광고를 구성하도록 돕는다는 사실을 알고 있는가. 이 이야기는 사실이다! 하지만 너무 놀라지 마라. 이것이 바로 광고의 참모습이다! 그리고 당신이 구매에 만족한다면 아마 다시 물건을 사게 될 것이다. 사실 광고는 의사소통의 부분집합이다. 판매는 광고의 부분집합이다. 설득은 판매의 부분집합이다. 각각은 다른 것의 한 형태이며 모두 심리학, 즉 인간의 마음에 대한 연구로 되돌아온다.

"하지만 저는 선량한 시민들에게 알려주고 싶을 뿐입니다! 누구에게 영향을 미치거나 설득하고 싶지는 않아요!" 말도 안 되는 소리다! 내가 그 사실을 증명할 것이다.

당신이 피자 가게를 운영하고 있다고 가정해보자. 정말로 누군가를 설득하고 싶지 않다면, 왜 다음과 같이 당신이 파는 것, 가격, 주소, 웹사이트, 전화번호만 말하는 광고를 내지 않는가.

주세페가 피자를 팝니다: 9.99달러. 모짜렐라가 123번지.

www.BigCheeseDisk.com (800) 123-4567

당신은 절대로 이렇게 하지 않을 것이다!

왜일까? 내가 말해주겠다.

잠재고객에게 당신의 피자를 사고 싶은지 아닌지 스스로 결정하라고 할 엄두가 나지 않기 때문이다. 당신은 그들 대신 결정하는 편이 훨씬 더 좋다! 이것이 설득이다. 당신의 피자에 대해 어떻게 생각할지 그들에게 말해주고 싶다. 이것이 영향이다.

그 결과 그들은 사고, 사고, 또 산다. 이것이 설득과 영향의 최종결과이다. 광고의 효과성을 증대시키기 위해 심리학을 연구하는 것은 유익하다. 심리학은 당신에게 다음 사항을 가르쳐준다.

1. 사람들이 원하는 것
2. 그들이 자신이 원하는 것에 대해 어떻게 생각하는지
3. 왜 그렇게 행동하는지

그리고 일단 이러한 사항을 알고 나면 다음과 같이 할 수 있다.

1. 사람들을 어떻게 만족시킬지 더 잘 이해한다.
2. 더 많은 사람에게 물건을 사도록 영향을 미친다.
3. 더 많은 사람의 손에 양질의 제품을 쥐어준다.
4. 사람들의 삶에 더 많은 만족감을 더하도록 돕는다.

알겠는가. 결국 그렇게 나쁜 것도 아니다. 그렇지 않은가. 양질의

제품으로 시작한다면 그렇게 나쁜 것도 아니다.

무엇보다도 광고에 자신이 없어 고통 받고 있는 사람이라면 이 책이 큰 도움이 될 것이다. 열심히 파고들 준비가 되었는가.

이제 가자!

01

사람들이 진정으로
원하는 것들

8 가 지

생 명 력

1883년에 태어난 대니얼 스타치Daniel Starch는 미국 내 최고의 광고 심리학자이자 마케팅 심리학자로 정평이 나 있었다. 그가 발표한 〈스타치 광고 리더십 보고서〉를 본 사람들은 놀라움에 눈이 휘둥그레졌다. 왜일까? 그의 보고서를 통해 광고인들이 얼마나 돈을 허드레물 쓰듯 쓰고 있었는지 드러났기 때문이다.

"당신의 광고가 멋지다고 생각하십니까?" 전국의 대형 잡지사 광고인들에게 그는 노골적으로 물었다.

"그 잡지를 읽는 사람의 절반 이상은 당신의 '기막히게 멋진' 광고에 눈길 한 번 주지 않습니다!" 그는 이렇게 쏘아붙였다.

"어떻게 그럴 수가 있죠?" 광고인들은 어리둥절해했다.

"우리 광고는 훌륭합니다……우리 광고는 여러 가지 독특한 카메라 각도로 공장 전체와 멋진 장비를 샅샅이 보여주고 혁신적인 제품을 소개한단 말입니다!"

스타치는 다시 한 번 그들에게 직격탄을 날렸다.

"글쎄요. 사람들도 그렇게 생각할까요. 그들은 연기나 내뿜는 공장에는 전혀 관심이 없습니다! 직원이 몇 명이건 회사 크기가 얼마이건 개뿔도 신경 쓰지 않습니다. 장비가 근사하다는 이야기나, 독특한 카메라 각도나, 혼자 북 치고 장구 치는 다른 어떤 허튼 소리도 알 바 아니란 말입니다!"

그렇다. 이제 당신은 세상을 뒤흔들 뜻밖의 이야기를 들을 준비가 되었는가.

스타치의 연구에 의하면 **사람들이 주로 관심을 갖는 것은 바로 그들 자신이다!** 사람들은 어떤 제품이 자신에게 도움이 될지, 그 제품이 어떤 식으로 더 좋고 더 행복하고 더 만족스러운 인생으로 만들어줄 것인지에 관심을 갖는다. 정말 뜻밖의 사실이다!

하지만 이 정도는 상식이 아닌가. 요즘 세상에 광고인이라면 누구나 이 정도는 알지 않는가. 그렇게 생각하다니 우리도 참 어리석다.

주위를 둘러보라. 오늘 신문과 잡지 광고를 보라. 텔레비전과 라디오 광고를 확인하라. 인터넷을 검색하고 이메일 편지함을 열어보라. 나와 당신이 상식이라고 생각했던 것이 명백하게 상식이 아니라는 사실을 깨닫게 될 것이다.

대니얼 스타치가 최초의 연구 결과를 발표한 지 수십 년이 흘렀다. 어제의 광고 연구원들은 어쩌면 오늘 무덤 속에서 이렇게 소리치고 있을 것이다. "지금까지 무엇을 배운 겁니까! 우리는 당신의 은행계좌를 잭의 이상한 콩나무처럼 쑥쑥 불리는 법을 연구하느라 오랜 세월을 바쳤단 말입니다. 정신 좀 차리세요!"

한숨이 나온다. 난감한 상황이다. 사실 그들은 배운 것이 전혀 없다. 오늘날 대부분의 광고인들은 '사람들은 당신에게 신경 쓰지 않는다. 그들은 우선 자신에게 신경 쓴다'는 교훈을 깨닫지 못했다.

1935년에 H. E. 워런은 광고인과 세일즈맨이라면 누구나 두 번씩 읽어야 할 〈사람들이 물건을 사는 이유를 어떻게 이해할 것인가〉라는 글을 썼다. 그는 이렇게 말한다.

사람들이 물건을 사는 이유를 이해하려면 그들에 대해 알아야 하고, 인간의 본성을 예리하게 꿰뚫어야 한다. 그들이 어떻게 생각하고 어떻게 사는지 알아야 하고, 일상생활에 영향을 미치는 규범과 관습에 훤해야 한다. 또한 사람들의 필요needs와 욕구wants를 잘 이해하고 이 두 가지를 구별할 수 있어야 한다. 또 실험을 거쳐 입증된 상업심리학의 원칙을 기꺼이 받아들여야 한다.

좋다, 이 정도 배경 지식이면 충분하다. 이제 본격적으로 뛰어들어보자. 나는 우선 '소비 심리학의 17가지 기본 원칙'을 가르쳐줄 것이다. 41가지 광고기법의 대다수는 17가지 원칙 중 하나 이상을 구체화할 것이고, 나머지 기법은 광고 글쓰기와 디자인에만 해당하는 심리학 이론을 소개해줄 것이다. 그 다음에는 '지갑을 열게 하는 41가지 광고 기법'을 가르쳐줄 것이다. 이 원칙들이 어떻게 작용하는지 당신이 일단 이해하고 나면, 활용하기 쉬울 것이다. 무엇보다도 매출을 올리려면 어떤 식으로 자신의 판촉에 이러한 지식을 이용할지 알려줄 것이다.

다른 것은 모두 잊어라. 여기 진정으로 당신이 원하는 것이 있다. 소비자 조사원들과 심리학자들은 사람들이 원하는 것을 알고 있다. 수년간 그 주제에 대해 연구했으니 아는 것이 당연하다. 그리고 비록 모든 조사원들이 모든 조사결과에 완전히 동의하는 것은 아니지만, 누구에게나 '8가지 기본 욕구'가 있다.

나는 이것을 8가지 생명력이라고 부른다. 이 8가지 강한 욕구는 인간의 다른 모든 욕구를 합친 것보다 더 밀접하게 매출과 관련이 있다. 이를 배우고 이용하라. 그리고 이익을 얻어라.

8 가 지   욕 구

인간은 다음의 8가지 욕구를 갖도록 생물학적으로 설계되어 있다.

1. 생존, 사는 즐거움, 수명 연장

2. 먹고 마시는 즐거움

3. 공포와 고통과 위험으로부터의 자유

4. 성적 만족

5. 안락한 생활 조건

6. 남보다 우월하고, 이기고, 뒤떨어지지 않게 따라가고 싶은 마음

7. 사랑하는 사람들에 대한 관심과 보호

8. 사회적 인정

누가 이에 대해 왈가왈부할 수 있겠는가. 누구나 이것을 원한다. 그렇지 않은가.

하지만 8가지 생명력 중 하나 이상에 드러내놓고 호소하는 광고는 과연 몇 개나 될까. 장담하건대 설사 있다 해도 몇 개 안 될 것이다. 내가 이렇게 의심이 많은 이유는 무엇일까. 그저 누군가 이렇게 하라고 가르쳐주었을 것 같지 않기 때문이다.

주목하라. 8가지 생명력을 근거로 광고 소구 광고를 수용자들에게 전달할 때 사용하는 표현 방법를 만들어낼 때, 당신은 인간을 움직이는 동기의 본질을 활용하게 될 것이다. 8가지 생명력이라는 욕구를 피할 수는 없다. 당신은 그러한 욕구를 가지고 태어났고 죽을 때까지 평생 가지고 있을 것이다. 예를 들어,

- 먹고자 하는 욕구를 떨쳐버릴 수 있는가. 두 번째 생명력
- 생존 의지를 억제할 수 있는가. 첫 번째 생명력
- 안락해지고 싶은 욕구를 쉽게 억누를 수 있는가. 다섯 번째 생명력
- 자식이 길을 건너기 전에 좌우를 잘 살펴보는지 신경 쓰지 않을 수 있는가. 일곱 번째 생명력

이러한 질문에 대답하려고 연구할 필요는 없다. 대답은 불을 보듯

뻔하기 때문이다. 우리는 저마다 이러한 욕구를 갖도록 생물학적으로 설계되어 있다. 이러한 욕구는 우리를 인간답게 만드는 것의 일부이다. 이러한 욕구는 강력한 동기를 부여한다. 그리고 영리한 광고인들은 콘센트에 플러그를 꽂듯이 이러한 욕구를 활용할 줄 안다.

서적판매의 대가에게서 욕구에 관해 배울 수 있는 것은 무엇일까?

책을 팔아서 대박을 내는 일에 관해서라면 통신판매의 대가 홀드먼 줄리어스Haldeman-Julius가 쓴 책이 있다. 1920년대와 1930년대에 그는 거의 2,000가지 다른 제목으로 책 2억 권 이상을 팔았다. 이는 간단한 소책자였고 모두 한 권당 5센트밖에 되지 않았다. 그는 자신의 책을 선전하려고 책 제목으로만 된 광고를 냈다. 책이 잘 팔리

이전 제목	연간 매출	새 제목	연간 매출과 영향을 미친 8가지 생명력
10시 (Ten O'Clock)	2,000	예술의 의미(What Art Should mean to You)	9,000 (여덟 번째 생명력)
황금빛 머리칼 (Fleece of Gold)	5,000	금발의 애인을 찾아서(Quest for a Blonde Mistress)	5만 (네 번째 생명력)
논쟁술(Art of Controversy)	0	합리적인 논쟁의 수단(How to Argue Logically)	3만 (여섯 번째 생명력)
카사노바와 그의 사랑 (Casanova and His Loves)	8,000	카사노바, 역사상 가장 위대한 연인 (Casanova, History's Greatest Lover)	2만 2000 (네 번째 생명력)
잠언(Apothegems)	2,000	인생의 수수께끼에 관한 진실(Truth About the Riddle of Life)	9,000 (첫 번째 생명력)

지 않는다면 그는 광고 카피를 바꿀 것이다. 하지만 당신이 생각하는 방식으로 바꾸지는 않을 것이다.

그는 실제로 책 제목을 바꾸었다! 그런 다음에 느긋하게 앉아서 반응을 살펴보았다. 얼마나 영리한가. 8가지 생명력을 토대로 책 제목을 바꾸었을 때 어떤 일이 일어났는지 살펴보라.

홀드먼 줄리어스에 의하면 가장 강력한 두 가지 소구는 섹스와 자기계발이다. 놀랐는가. 무리도 아니다.

그렇다면 다시 한 번 묻겠다. 현재 당신의 광고 가운데 이러한 소구 중 어느 한 가지라도 들어 있는 것은 몇 개나 되는가. 이러한 타고난 욕구를 활용할 때 당신은 매 순간 사람들을 움직이는 감정의 멈출 수 없는 추진력을 이용하게 될 것이다.

> 사람들은 감정 때문에 물건을 사고 논리로 정당화한다. 기본적인 욕구나 필요를 슬쩍 언급해서 감정적 반응을 이끌어내라.
> 〈사람들의 눈길을 멈추게 하는 힘의 7가지 원칙〉 −영 앤 루비캠의 워크숍에서

9 가 지

후 천 적 욕 구

당신은 아마 8가지 1차적 욕구를 보면서 이렇게 생각했을 것이다. "에이, 난 이 8가지 이상을 원해!" 물론 그럴 것이다. 우리에게는 다른 욕구가 많이 있다. 멋지게 보이고 싶고, 건강하고 싶고, 교육을 잘 받고 싶고, 능률적이고 싶다. 그렇지 않은가. 이들은 2차적 또는 후천적 욕구이고, 9가지가 있다.

1. 지식을 획득하고 교육을 받고 싶다

2. 호기심을 충족시키고 싶다

3. 몸과 환경이 깨끗하면 좋겠다

4. 매사에 능률적이고 싶다

5. 수고를 덜고 싶다

6. 남을 믿고 싶다/다른 사람들과 똑같아지고 싶지 않다

7. 스타일을 멋지게 표현하고 싶다

8. 경제적이고 싶다/이익이 있으면 좋겠다

9. 유리한 거래를 하고 싶다

2차적 욕구는 강력하지만 8가지 생명력의 발끝에도 미치지 못한다. 2차적 욕구는 8가지 생명력이라는 먼지에 완전히 뒤덮인 뒷길이다. 우리는 2차적 욕구를 가지고 태어나지 않는다. 이것을 배운다.

2차적 욕구는 8가지 생명력처럼 우리의 뇌 속에 원래부터 갖추어져 있지 않다. 2차적 욕구는 영향력을 미치는 도구로 이용되지만, 8가지 생명력처럼 확실한 담보가 되지 않는다. 우리가 2차적 욕구를 충족시키도록 생물학적으로 내몰리지 않기 때문이다.

게다가 인간의 욕구에 관해 말하자면 생물학이 왕이다. 뒤흔들 수 없는 욕구를 이용하는 것보다 더 강력한 일은 없다. 이는 마치 고속열차 위로 뛰어내리는 것과 같다. 일단 고속열차 위에 떨어지면 열차를 움직이려고 손가락 하나 까딱할 필요도 없다. 이미 고속열차와 함께 날고 있기 때문이다!

잘 생각해보라. 당신은 어떤 욕구에 먼저 반응할까. 새 셔츠를 사는 것일까, 아니면 불타는 건물에서 뛰어나오는 것일까. 당신이 독신이라면 책상 정리를 하는 것과 매일 점심시간마다 당신에게 집적거리던 섹시한 이성과 황홀한 섹스를 하는 것 중 어느 쪽에 더 끌릴까. 당신은 우선 정신 나간 강도로부터 배우자를 보호할 것인가, 손님 침

실용 벽지를 사러갈 것인가.

대답은 분명하다. 그리고 8가지 생명력에 관한 흥미로운 점은 우리가 이러한 욕구를 알려고 하지도 않고 의심하지도 않는다는 점이다. 우리는 그저 이러한 욕구를 원한다. 아니, 가져야 한다. 무슨 짓을 해도 이러한 욕구를 뒤흔들 수는 없다.

그러면 욕구란 정확히 무엇일까. 욕구는 필요가 충족되지 않을 때 느껴지는 일종의 긴장감이다. 예를 들어 배가 고프면 먹고자 하는 긴장이 일어나고 음식에 대한 욕구에 발동이 걸리기 시작한다. 두 번째 생명력 여덟 살짜리 딸과 채팅하는 혐오스럽게 생긴 중년남자를 보면 자식을 보호하고자 긴장이 일어나고 딸의 인터넷을 감시하려는 욕구에 발동이 걸린다. 일곱 번째 생명력 따라서 욕구와 이것이 불러일으키는 결과를 다음과 같이 단순한 공식으로 정리할 수 있다.

긴장 → 욕구 → 그 욕구를 충족시키려는 행동

한 마디로, 사람들의 8가지 생명력 욕구에 호소한다면, 될 수 있는 한 빨리 그 욕구를 충족시킬 행동을 취하도록 사람을 자극하는 동기를 만들어내는 것이다.

자, 그럼 우리 광고인에게 특별히 중요하고, 흥미로운 사실을 살펴보자. 우리의 8가지 1차적 욕구를 충족시키는 것만 즐거운 것이 아니라, 다른 사람들이 어떻게 욕구를 충족시켰는지에 관한 이야기를 읽는 것도 즐겁다. 이는 8가지 생명력 욕구를 대리 만족시키는 한 가지 방식이다. 흥미진진하다, 그렇지 않은가.

예를 들어, 조지 빈센트라는 소비자가 부동산 투자에 과감하게 접근해 빚을 전부 갚을 수 있었던 이야기를 읽음으로써, 우리는 마음이라는 거대한 영사기용 스크린 위에 빚을 전부 갚는, 눈부시게 선명하고 상세한 우리 자신의 이야기를 상상한다. 우리는 커다란 가죽의자에 기대어 앉아 책상 위에 발을 올려놓은 채 빚쟁이들에게 저돌적으로 수표를 내던지면서 웃을 것이고, 빚 없이 은행잔고가 산더미 같은 생활을 즐길 것이다.

굉장하다, 그렇지 않은가. 하지만 방금 내가 어떤 일을 했는지 알았는가. 나는 구체적이고 시각적인 용어를 이용해서 당신의 머릿속에 마음속의 영화를 상영할 수 있었다. 3장에 나오는 '지갑을 열게 하는 비밀 18. 마음속의 영화를 감독하라'에서 이 마음속의 영화에 대해 더 자세히 살펴볼 것이다.

지금으로서는 특정한 시각적 단어를 사용함으로써, 당신이 제품이나 서비스를 구매하기 오래전부터 실제로 당신이 제품과 접하거나 서비스의 이점을 누리는 것이 어떠한 기분인지 알려줄 수 있다는 점만 알아둬라. 어떤 제품을 처음 사용하는 일은 마음속에서 이루어지기 때문에 설득이 시작되는 곳에 이러한 대리만족이 있다. 관심을 끄는 무언가를 사용한다고 상상하면 그것에 대한 욕구가 커진다.

예를 들어, 당신이 아이스크림을 좋아한다고 가정해보자. 오후 내내 기타드Guittard사의 민트 초콜릿 칩 세 숟갈, 다진 견과류, 김이 나는 엑스트라 다크 핫 퍼지 두 국자를 듬뿍 담고, 마라스키노주의 체리를 꼭대기에 얹은, 구름 같이 부풀어 오른 휘핑크림으로 온통 뒤덮인 거대한 핫 퍼지 선데이를 저녁식사 때 주문하겠다는 생각에 매달린다면, 당연히 생각을 하지 않은 경우보다 아이스크림을 더 원하게 될 것이다. 그리고 그 욕구가 충분히 강하다면, 결국 민트 초콜릿 칩 아이스크림, 핫 퍼지, 다진 견과류, 그리고 마라스키노 체리를 위 안에서 떠다니게 할 어떤 형태의 행동을 취할 것이다. 그리고 아이스크림을 먹는 동안 특히 날아갈 듯이 좋아한다면 아마 연구실 안에도 아이스크림 일부가 여기저기 널려 있을 것이다.

형상화하는 힘이 없는 밋밋한 문장을 헐리웃 대작으로 바꾸는 문제를 살펴보자. 밋밋한 문장은 다음과 같다. "어딘가 가서 무언가 하라." 하품이 난다. 이 문장을 연달아 변형시킬 때마다 시각적 강도가 고조될 것이다. 이는 단지 우리가 단어와 문장을 더하기 때문이 아니라 내가 사용하는 단어가 당신의 머릿속에 마음속의 영화라는 시각자료를 설치하기 위해 의도적으로 선택되기 때문이다.

- 어딘가 가서 무언가 하라. - 이것은 깜깜한 영화 스크린이다. 이미지가 없다.
- 어딘가 가서 무언가 가져와라. - 하라는 어떤 의미도 될 수 있다. 가져와라는 더 구체적이다.
- 부엌에 가서 무언가 가져와라. - 여전히 모호하지만, 이제 어디에 가야 할지 안다.
- 부엌에 가서 음식을 가져와라. - 아, 이제 조금 진전을 보이고 있다.

구체화가 어떻게 이미지를 창조하는지 알겠는가.

- 부엌에 가서 오븐을 열고 음식을 가져와라. – 오븐을 여는 자신의 모습을 어떻게 상상하는지에 주목하라.

- 부엌에 가서 오븐을 열고 피자를 꺼내라. – 아주 시각적이다. 원하건 원하지 않건, 피자라는 그림이 머리속에 번쩍 떠오른다! 시각적 단어를 이용하면, 당신은 내가 써놓은 것을 상상할 수밖에 없다.

- 부엌에 가서 오븐을 열고, 지금껏 먹어본 중에 가장 신선하고 가장 바삭바삭하고 가장 맛있는 따끈한 피자를 꺼내라. 계속해서 크고 푸짐하게 한 조각 잘라라. 뜨거우니 조심하라! 이제 한 입 크게 베어 물어라. 그 바삭바삭함이란! 밀가루 반죽은 오늘 아침에 새로 만들었고, 시카고식의 두툼한 딥 디시 피자를 만들기 위해 버진 올리브 오일을 바른 검은 팬에서 구웠다. 소스는 어떨까? 물론 오늘 아침에 딴 즙이 많은 기다란 토마토로 직접 만들어서 우리 집 마당에서 엄선한 신선한 허브와 섞은 것이다. 치즈는 어떨까? 물론이다! 말할 것도 없이 최상급 버팔로 우유로 만든 쫄깃쫄깃한 전유 모차렐라 치즈를 듬뿍 얹었다. 그리고 이탈리아 제노아에서 직접 공수한 나무를 때는 화덕으로 750도에서 기포가 올라올 때까지 완벽하게 파이 전체를 구워낸다.

좋다, 나는 내 주장을 증명하기 위해 여기서 최대한도까지 도달했다. 그리고 당신은 아마 내 이야기를 읽는 것만으로도 다채롭고 자세한 이미지를 잇달아 경험했을 것이다.

'지갑을 열게 하는 비밀 17. 강력한 시각적 형용사 - 카피의 힘을 증대시키는 쉬운 방법'에서 우리는 시각적 형용사를 이용하는 방법에 대해 더 많이 이야기할 것이다. 하지만 지금은 이 장을 요약해야 하니 다음 5가지 사항만 알아두기 바란다.

1. 사람들은 8가지 기본 욕구를 가지고 있다. 이 8가지 생명력은 생존, 먹고 마시는 즐거움, 공포와 고통과 위험으로부터의 자유, 성적 만족, 안락한 생활 조건, 남보다 우월해지고 싶은 마음, 사랑하는 사람들에 대한 관심과 보호, 사회적 인정이다.

2. 가장 강력한 광고 소구는 8가지 기본 욕구에 기반을 둔다.

3. 이러한 8가지 욕구에 기반을 둔 광고 소구를 만들어내는 가장 효과적인 방법은 잠재고객이 머릿속으로 당신의 제품과 서비스를 시각적으로 시연하게 하는 광고 카피를 쓰는 것이다. 이때 광고 카피가 충분히 시각적이어야 당신의 제품이 제공하기로 약속하는 제안에 욕심이 생겨 그 만족감을 얻기 위해 제품을 선택할 수 있다.

4. 다음으로 할 일은 당신의 제품이 실제 그렇다는 사실을 믿도록 그들에게 영향을 미치는 것이다. 이것은 신뢰에 관한 문제이다.

5. 그들은 당신을 믿는다. 그들은 그것을 원한다. 만세! 돈을 셀 시간이다, 그렇지 않은가? 아니다! 이제 그들을 독촉해서 행동하게 해야 한다.

이제 소비 심리학의 17가지 기본 원칙을 살펴보자.

02

소비자의 머릿속으로
들어가 보는 방법

소비 심리학의 17가지 기본 원칙

1

공포 소구

불안하면
산다

사실: 당신의 집은 나쁜 박테리아 종들이 득실거리는 온상이다. 이들은 아무 죄 없는 아이가 부엌 바닥을 기어 다니고, 플라스틱 장난감 블록을 입에 집어넣는 동안 아이를 감염시키려고 기다리고 있다. 비웃지 마라. 단 한 개의 박테리아 세포가 24시간 내에 8백만 개가 넘는 세포로 폭발적으로 늘어난다는 사실을 알고 있는가. 그리고 이러한 눈에 보이지 않는 별의별 미생물들은 무좀부터 설사, 일반 감기부터 독감, 뇌막염, 폐렴, 축농증, 피부병, 패혈증, 인두염, 결핵, 비뇨기관 감염, 그리고 훨씬 더 많은 온갖 질병을 일으킬 수 있다.

해결책 리졸® 살균 스프레이는 우리가 집안 곳곳에서 흔히 만지는 세균의 99.9%를 빠르게 죽인다. 게다가 한 통에 5달러 정도 밖에 안 된다.

사실 시트를 아무리 자주 빨아도 침대는 벌레의 온상이다. 당신의 가족이 1년 내내 알레르기로 고생하는 이유는 베개와 매트리스에 공격적으로 알을 낳는, 게처럼 생긴 흉측한 집먼지 진드기 수천 마리가 침대에 바글거리기 때문이다. 당신이 잠자는 동안 집먼지 진드기는 실제로 일어나서 기어 다니고, 당신의 각질을 먹고 피부의 수분을 마시기 시작한다. 2년 된 베개 무게의 10%는 실제로 죽은 진드기와 그것의 대변이라는 사실을 알고 있는가. 이는 당신의 가족이 벌레의 살아있는 몸과 죽은 몸의 혼합물뿐만 아니라 참기 힘든 배설물로 뒤덮인, 벌레의 화장실이나 마찬가지인 곳에서 매일 밤 잠자고 있다는 뜻이다.

해결책 블록셈®의 진드기 박멸용 매트리스 덮개와 베갯잇은 집먼지 진드기의 기생과 관련된 알레르기 증상 완화에 도움이 된다. 이 특수 원단은 빽빽하게 짜였기 때문에 그 구멍으로 미세한 진드기가 매트리스에 들어오거나 둥지를 틀거나 알을 낳지 못한다. 따라서 당신의 가족은 더 편하게 잠을 잘 수 있다. 게다가 가격도 적당하다. 블록셈 진드기 박멸용 매트리스 덮개는 불과 60달러이고, 베갯잇은 개당 10달러도 안 된다. 이 제품은 인터넷 소매업체 수십 군데에서 구입할 수 있다.

결론 공포는 팔린다. 공포는 동기를 부여한다. 공포는 촉구한다. 공포는 사람들에게 행동을 취하게 한다. 공포는 사람들에게 돈을 쓰게 한다. 사실 사회 심리학자들과 소비자 조사원들은 50년 넘게 공포의 영향을 연구해왔다. 공포가 빵 한 덩어리를 팔고 있건, 정제된 흰 밀가루가 암을 일으킬지도 모른다는 연구결과를 소비자들에게 보여주기 전까지는 거의 무서워 보이지 않지만 소비자들이 출장을 가서 안전한 호텔에서 잠자는 동안 일산화탄소가 에어컨 통풍구를 통해 천천히 스며들어 그들의 가족을 몰살한다며 냄새 없는 일산화탄소의 잠행성 본질을 불행하고 어둡게 묘사하건, 공포는 제대로 조성되기만 하면 사람들에게 돈을 쓰게 할 수 있다.

그렇다면 **공포는 왜 효과가 있을까?** 한 마디로 스트레스 때문이다. 공포는 스트레스를 일으킨다. 그리고 스트레스는 무언가를 하고 싶은 욕망을 일으킨다. 대규모 세일을 놓치면 손해를 봤다는 스트레스가 생긴다. 저렴한 타이어를 고르면 개인 안전에 대한 위협이라는 스트레스가 생긴다. 새 차에 에어백을 달지 않기로 선택하면 나중에 후회하거나 부상을 당하는 상상을 하게 되어 스트레스가 생긴다.

공포는 상실을 암시한다. 공포는 필요한 반응을 말해준다. 공포는 잠재고객에게 그가 어떻게든 피해를 볼 것이라고 말한다. 이는 자신을 보호하려는 자아의 욕구를 위협한다. 따라서 피해를 볼 것이라는 위협은 음험하고 강력하다.

당신의 제품과 서비스를 팔기 위해 공포를 이용할 수 있을까. 그렇다. 당신의 제품이 이 무서운 상황에 대한 적절한 해결책을 제시한다면 가능하다. 하지만 그렇게 하는 것이 도덕적으로 옳은가. 그렇다!

하지만 당신이 팔고 있는 것이 정말 효과적인 해결책을 제시하는 경우에만 윤리적이다. 특정한 제품은 공포를 가라앉힐 수 있다. 그리고 그러한 제품을 홍보하고 이익을 보는 것은 아무런 문제가 없다.

"아, 드류…그 방법은 너무 교묘해요! 사람들에게 겁을 줘서 물건을 사게 만들다니요! 어떻게 그럴 수가 있어요?"

이렇게 생각하거나 말했다면 '들어가는 글'을 다시 읽기 바란다. 설득과 영향을 이용하는 것이 겁난다면, 이 책을 손에서 놓으라고 말한 부분을 다시 읽어라. 의도한 바는 아니지만, 이 책에는 공포 소구를 이용하는 것이 도덕적이라고 당신을 납득시키는 페이지가 충분하지 않기 때문이다. 무슨 말인가 하면, 브레이크 패드 교체 서비스를 팔 때 공포를 이용하는 것이 괜찮다고 당신을 납득시키기 위해 무슨 말을 할 수 있겠는가. 분명하지 않은가.

생명 보험은 어떨까. 가정용 화재경보기는 어떨까. 암보험은 어떨까. 어쨌든 내 경우에는 이러한 것들을 언급만 해도 어떤 형태로든 자기보호가 필요한 무서운 상황이 떠오른다. 그때 마침, 내 목숨을 구하고 고통을 방지하거나 불쾌한 상황에 더 잘 대처하도록 도와줄 수 있는 제품을 팔고 있는 광고세일즈맨가 있고, 그러한 형태로 나를 보호할 기회가 생긴다면, 나는 그 기회를 환영할 것이다. 누군가 정보를 알려주고 재빨리 주의를 기울이게 만들어도 나에겐 아무런 문제가 없다. 당신은 어떤가.

결론 제품이나 서비스를 효과적으로 팔기 위해 공포를 이용하는 것이 가능하다면, 그 제품이나 서비스에 공포의 대상이 요구하는 해결책이 내재되어 있다는 의미이다. 그렇지 않다면 공포를 아무리 많이 상기시키려 해도 그 소구는 비참하게 실패할 것이다.

이해가 되는가.

공 포 를 유 발 하 는 네 단 계

좋다. 이제 당신은 당신의 제품이나 서비스가 실제로 공포를 유발하는 문제를 완화시킬 수 있고, 공포 소구를 이용하기에 적합하다는 결론을 내렸다. 그 제품이나 서비스가 효과를 내려면 4가지 구성요소로 이루어진 구체적인 비법을 따라야 한다.

프랫카니스Pratkanis와 애런슨Aronson은 《프로파간다 시대의 설득전략Age of Propaganda》에서 다음과 같은 경우에 공포 소구가 가장 효과를 발휘한다고 주장한다.

1. 공포 소구가 사람들을 무서워서 죽을 지경으로 만들 때
2. 공포 소구가 공포가 불러일으킨 위협을 극복하기 위한 구체적 권고를 제시할 때
3. 권장하는 행동이 위협을 줄이기에 효과적이라고 인식될 때

4. 메시지를 받는 사람이 자신이 그 권장하는 행동을 실행할 수 있다고 믿을 때

이 전략의 성공이나 실패는 4가지 요소가 모두 존재하는지 여부에 달려있다. 이들 중 하나라도 없앤다면 컴퓨터를 만들어놓고 하드드라이브를 빼먹는 것이나 마찬가지이다. 아무리 컴퓨터가 작동하기를 바란다 해도 그것은 돌아가지 않을 것이다!

하지만 공포를 너무 많이 불러일으킨다면, 다가오는 SUV 차량의 헤드라이트만 쳐다보며 그 자리에 얼어붙은 사슴처럼 실제로 겁을 먹은 나머지 아무런 행동도 못하게 될 수도 있다. 공포는 사람을 마비시킬 수 있다. 잠재고객이 자신의 상황을 바꿀 힘이 있다고 믿는 경우에만 공포는 그에게 행동하도록 동기를 부여할 것이다. 효과적인 공포 소구를 만들려면 광고에 위협을 줄이기 위한 구체적이고 믿을만한 권고가 들어 있어야 한다는 뜻이다.

예를 들어, 당신이 태권도 학원를 운영하고 자기 방어 훈련을 팔고 있다고 가정해보자. 당신은 범죄가 가장 많은 거리에서 가장 무섭고 가장 못생긴 불량배의 가장 잔인한 공격마저도 받아칠 준비가 된 노련한 경호원의 자신감을 가지고 길을 걷도록 가르칠 수 있다. 섬뜩한 범죄 통계를 보여주는 것만으로는 안 된다. 잠재고객에게 당신의 방어체계를 이용해서 맨손으로 공격자를 물리칠 능력이 자신 안에 있다는 사실도 납득시켜야 한다. 이 필수적인 단계를 무시하면 고객에게 겁만 줄 뿐이다. 신뢰성을 높이는 요소들추천서, 비디오 시연, 무료 수업

을 이용해 고객을 납득시켜야 한다. 그리고 당신의 주장이 사실이고, 약속하고 있는 혜택을 정말로 누릴 수 있다는 가능성을 심어주어 잠재고객의 마음을 열게 해야 한다. 당신이 매력적인 주장을 하고 있다면 고객은 당신을 믿고 싶어한다. 고객이 믿게 하는 것이 당신이 해야 할 일이다. 그러려면 "얏!"하고 기합을 넣는 것만으로는 안 된다.

표적으로 삼은 공포가 구체적이고 널리 알려졌다면 공포 소구가 더 성공적일 수 있다. 햇빛이 사람을 베이컨처럼 새까맣게 태우고 피부를 흑색종멜라닌에 의해 피부세포에 생기는 검은색의 종양 공장으로 바꿀 수 있다는 사실은 누구나 안다. 그렇기 때문에 자외선 차단제를 팔기는 훨씬 더 쉽다. 의복에 미치는 자외선의 피해를 방지하는 세제를 팔기는 훨씬 더 힘들다. 왜일까. 자외선이 빨래에 미치는 피해에 관심 있는 사람이 거의 없기 때문이다. 마지막으로 이 문제로 잠이 안 왔던 때가 언제인가. 이 공포는 구체적이지만 확실히 널리 알려지지는 않았다.

주목하라 당신의 목표는 새로운 공포를 일으키는 것이 아니라, 기존의 공포를 이용하는 것이다. 기존의 공포가 소비자의 마음에서 맨 앞자리를 차지하고 있건, 찾아내기 위해 약간 뒤져야 하건 상관없다.

내가 애칭으로 '세균 젤'이라고 부르는 것을 예로 들어보자. 당신은 이것을 일류 브랜드인 퓨렐 손 세정제로 알고 있을지도 모른다. 나는 이 손 세정제 없이는 아무데도 가지 않는다. 사실 나는 이 작은 병을 잊고 집을 나서면 극심한 공황상태에 빠진다. 왜 그럴까. 세균을 진압하는 젤을 제조하는 회사 고조 인더스트리GOJO Industries는 퓨렐을 1988년에 외식업계와 보건의료업계에 처음 소개했다. 그 시절과 그 이전을 돌이켜 생각해보면, 요즘처럼 공공장소에서 물건을 만지는 것에 기겁했던 일이 기억나지 않는다. 물론 나는 항상 건강에 민감했다. 나는 하루 종일 항상 음식을 먹기 전과 필요할 때마다 손을 씻었다. 나는 세균이 어디에나 존재한다는 사실을 알고 있었다. 그렇다 하더라도 내 손을 상대적으로 세균 없는 상태로 두어야 할 '필요성'은 그 당시 내 관심사는 아니었다. 이는 내 마음에서 맨 앞자리를 차지하고 있지 않았다.

퓨렐이 소비자 시장에 출시된 1997년으로 건너 뛰어보자. 아하! 씻지 않은 더러운 손이 식당 내 식품 오염의 주요 원인이라는 사실을 알고 있었는가. 손 씻기라고? 이게 무슨 농담인가! 미국 미생물학회의 후원으로 2003년 실시한 조사 결과, 미국의 주요 공항을 지나쳐가는 많은 사람들이 공공시설을 이용한 후 손을 씻지 않는 것으로 나타났다. 뉴욕 공항에서 화장실을 이용한 사람의 30% 이상, 마이애미 공항에서 화장실을 이용한 사람의 19% 이상, 시카고 오헤어 공항 항공 여행객의 27% 이상이 손을 씻기 위해 발걸음을 멈추지 않는다. 같은 해에 다국적 조사전문기관인 워슬린 월드와이드Wirthlin Worldwide에서 실시한 전화 설문 조사에서 응답자의 58%만 재채기하거나 기침한 후에 손을 씻는다고 말했고, 77%만 기저귀를 간 다음 손을 씻는다고 말했다.

1972년에 〈미국의사협회지〉에서 설명한 연구에 의하면, 동전과 지폐 200개에서 박테리아를 배양했고, 동전의 13%와 지폐의 42%에서 배설물 박테리아와 황색 포도상구균이 발견되었다고 한다. '돈은 정말 더럽다'고 그들은 결론을 내렸다. 퓨렐의 홈페이지www.purell.com를 찾아보면 〈퓨렐을 이용해야 하는 99.99가지 불결한 이유〉를 볼 수 있을 것이다.

리스테린Listerine은 1900년에 악취라는 불쾌한 단어로 편집증에 관한 큰 파문을 일으켰다. 오도로노Odorono 이름하고는! odor는 냄새·악취라는 뜻라는 발한 억제제를 담당한 카피라이터는 1919년 〈레이디스 홈 저널〉에 '여자의 팔 굴곡 안쪽'이라는 획기적인 헤드라인으로 글을 실어 여성들에게 자신의 '조신함'에 의문을 갖게 만들었다. 고조사는 박테리아를 가지고 똑같은 일을 했다. 그들은 박테리아를 생각해봐야 하고 조바심내야 할 문제로 삼았다. 그들은 공포를 주입했다. 그리고 결과적으로 리스테린은 이제 53%라는 매우 높은 시장 점유율을 올리고 있다. 〈레이디스 홈 저널〉을 구독하던 여성 200명이 순전히 자신에게 그러한 제품이 필요할 것이라는 암시가 혐오스럽다는 이유로 구독을 취소했음에도 불구하고, 오도로노는 그러한 시적인 헤드라인을 써서 매출을 112% 증대시켰다. 그리고 오늘날 고조사의 퓨렐은 휴대용 손 세정제 중 가장 많이 팔리는 브랜드로, 결벽증이 있는 무수한 사람들은 열쇠고리에 간편하게 붙이는 편리한 여행용 병 받침대에 그 제품을 넣어 다닌다. 그들이 공포를 얼마나 쉽게 해결하는지 알겠는가.

행동에 옮기도록 자극하기 위해 **공포를 이용하는 흔한 방법으로는**

'기한'과 '부족'을 들 수 있다. '한정 판매, 오늘 하루 특가, 물량이 남아 있는 동안만 실시' 같은 구절이나 광고 문구는 인간의 아홉 번째 후천적 욕구를 이용, 소비자들에게 겁을 주어 지금 당장 행동하지 않으면 돈을 아낄 환상적인 기회를 놓칠 것이라고 믿게 하는 효과가 있다. 기한 전술의 지침을 따르는 방식은 너무 늦기 전에 자리를 박차고 나감으로써 위협에 대처할 수단을 소비자에게 제공하는 것이다.

하지만 공포는 요술지팡이가 아니다. 누군가를 겁주고 당신의 제품에 대해 좋은 말 몇 마디를 한 다음 느긋하게 앉아서 주문이 쏟아지기를 기다리는 것만으로는 충분하지 않다. 공포는 잠재고객에게 당신의 제품을 좀 더 조사하도록 동기를 부여하는 한 가지 방법일 뿐이다. 이해가 되는가.

잠재고객의 지갑을 낚아채고 당신의 웹사이트를 방문하거나 전화를 걸어서 주문하게 하려면, 여전히 잠재고객에게 당신의 제품이 방금 심어준 공포에 대한 해결책을 제공한다고 납득시켜야 한다. 여전히 잠재고객에게 행동을 취하도록 설득하고 동기를 부여해야 한다. 초조해하지 마라! 나는 3장에서 이 모든 일을 어떻게 할지 가르쳐줄 것이다. 3장에서 우리는 지금 검토하고 있는 수많은 심리학 원칙을 구체화하는 '41가지 당신이 지갑을 열어야만 하는 이유'를 담은 비법에 대해 논의할 것이다.

2

자아 충족

즉각적인
동일시

말보로 맨*을 볼 때 피우던 브랜드를 바꾸도록 동기 부여하는 것은 담배로 꽉 찬 종이곽을 원하는 마음이 아니라 당신의 자아이다.

길고 비단결 같은 머릿결에 꿰뚫어 보는 듯한 눈을 가진 빅토리아 시크릿의 모델들이 레이스가 달린 속옷을 입고 살며시 움직이는 것을 볼 때, 섹시한 속옷을 사도록 동기를 부여하는 것은 광고 감독의

***말보로 맨** Marlboro man: 미국의 다국적 담배회사인 필립 모리스의 담배광고에 등장하는 대표적인 인물로 담배 말보로의 상징이자 또한 미국의 이미지를 대변했던 카우보이의 상징이다.

스타일에 대한 감탄이 아니라 당신의 자아이다.

사실 신용카드 요금이 많이 나오는 이유 중 많은 부분은 자신에게 책임을 물을 수 있다.

'자기 만족과 허영' 소구의 토대는 프랫카니스와 애런슨이《프로파간다 시대의 설득전략》에서 묘사한 바 있다. "'딱 맞는 물건'을 구입함으로써 소비자는 자신의 자아를 높이고 부족한 점을 합리화한다"고 그들은 말한다.

상상해보라! 우리는 우리의 개성에서 빠졌다고 생각되는 것을 보충하기 위해 실제로 물건을 살 수 있다. 우리는 쇼핑을 통한 기분 전환에 대해 들어본 적이 있다. 그렇지 않은가. 우리는 광고인으로서 사람들에게 단순히 제품과 서비스를 제공하는 것보다 더 중요한 기능을 수행하고 있다고 할 수 있을까. 우리는 실제로 고객 심리에의 이입과 발전을 돕고 있는 것일 수도 있을까.

현실적으로, 우리는 이러한 기법을 통해 제품에 대한 특정한 이미지나 정체성을 창조해서, 자신의 개인적 이미지와 자아가 그것에 맞거나 그것으로 인해 향상될 수 있다고 느끼는 특정 집단에게 호소할 수 있다.

당신의 목표는 소비자를 제품의 이미지와 밀접하게 결부시켜 제품의 이미지가 그들 자신의 정체성의 일부가 되게 하는 것이다. 따라서 당신은 그들의 자아를 당신의 제품에 맞도록 '바꾸게' 하고 있다. 신중하게 선택한 이미지와 차별화를 통해 당신의 제품을 보여줌으로써 제품을 사거나 이용하면 잠재고객이 이러한 이미지와 태도에 즉시 부합할 것이라고 설득할 수 있다.

이렇게 설득하는 일은 어렵지 않다. 여성에게 더 섹시해지고 더 주도적이기를 설득거나, 남성에게 더 강하고 자신감 넘치고 여성에게 매력적이게 보이도록 설득하려고 열심히 노력할 필요는 없다. 이러한 욕구는 우리 존재 안에 원래부터 갖추어져 있다. 그리고 우리 제품을 살 만한 잠재고객의 대다수는 이미 그 제품과 관련된 사상과 가치를 가지고 있거나, 그것을 발전시키고 싶은 욕구를 가지고 있기 때문에 이것을 충분히 활용하고 있다. 모르겠는가? 당신은 잠재고객이 이미 더 원하는 것을 충족시키기 위한 쉬운 방법을 팔고 있는 것이다. 그리고 이미 그것을 가지고 있다고 믿는 사람들의 경우에도 우리 제품은 그들이 자신에 대해 어떻게 생각하는지 바깥세상에 표현하게 함으로써 도움을 줄 수 있다.

이것이 다 무슨 뜻일까. 잠재고객이 보고 싶어 하는 이미지를 보여주는 것에 집중하기만 하면, 설득력 있는 발상이나 증거 없이도 그들의 허영과 자아에 호소할 수 있다는 의미이다.

예를 들어 명품 광고에 설득력 있는 카피가 사용되지 않는다는 점에 주목하라. 명품 광고는 '기분 좋은' 광고이다. 명품 광고는 광고하는 제품을 갖고 싶다는 호의적인 반응을 일으키기 위해 세심하게 공을 들인 이미지를 보여준다. 그러한 광고를 봤을 때 진정한 잠재고객이 보이는 정교하고 복잡한 구매 결정 패턴은 다음 예와 같다.

"오, 저 끝내주는 홀리스터 청바지를 입은 남자에게 섹시한 여자들이 찰싹 달라붙어 있는 걸. 나도 저 청바지가 갖고 싶어."

비웃지 마라. 필요한 것은 대략 그 정도이다. 광고가 효과적이지 않다면 홀리스터와 아베크롬비 앤 피치 같은 소매업체들은 그러한 광고를 내려고 거금을 들이지 않을 것이다. 그리고 벤츠, BMW, 재규어, 그리고 거의 모든 종류의 고급 차를 광고하는 사람들도 광고에 거금을 들이지 않을 것이다. 아, 내가 롤스로이스 이야기를 했던가. 그렇다. 그들도 마찬가지이다.

이것이 효과가 있을까. 향수업계를 생각해보라. 냄새를 맡을 수 있게 테스트용 종이에 제품을 뿌려서 사람들에게 나눠주는 일 이외에 광고인들이 잠재고객에게 향수를 사도록 설득하는 유일한 일은 섹시한 남녀의 사진을 보여주는 것뿐이다. 그 모델은 사진 촬영 중에 향수를 뿌리지도 않는다! 그렇기 때문에 그 광고의 99.9%는 홍보하고 있는 제품과 아무런 관련이 없다. 이 광고는 순수한 심상이다. 하지만 제조업체들은 분명히 그 광고가 효과적이라는 사실을 알고 있다. 2008년 오드콜로뉴 판매는 16억 달러에 달했다. 여성용 향수는 어떨까. 여기에 32억 달러를 더하라.

사람들의 허영과 자아에 호소하려면 매력적인 외모, 지성, 경제적 성공, 성적 능력처럼 사회가 바람직하다고 간주하는 특징을 겨냥해야 가장 성공적이다.

스텍Stec과 번스타인Bernstein이 1999년 〈균형이론〉에서 말한 것처럼 소비자에게 '딱 맞는' 이미지를 보여주면 이러한 성향의 사람들은 자신의 자아를 홍보하기 위해 제품을 살 것이다. 그러한 성향을 지니지 않은 사람들은 그런 사람처럼 '보이려고' 제품을 구입할 것이다. 흥미롭다, 그렇지 않은가!

그러니 당신의 제품에 대해 생각해보라. 당신의 제품을 가지거나 이용하는 것이 사람들이 과시하고 싶어 할 정도인가.

태권도 학원을 운영하는가. 그렇다면 거기서 운동하는 거물급 무술 스타들의 이름을 집중 조명하라. 그 다음에 티셔츠에 '나는 ○○○와 함께 훈련을 받습니다'라고 찍어서 팔아라. 이것이 즉각적인 자아 소구이다.

시내에서 가장 비싼 애완견 미용사인가. 개를 데려오는 돈 많은 유명인의 사진을 보여줘라. 좋아서 침을 흘리는 개를 데리고 리무진에서 나오는 유명인을 대서특필하라. "아, 네……시내에는 다른 미용사들도 수두룩하죠. 하지만, 제 개는 캐링턴스에만 맡겨요." 웬 공주병이냐고? 이것이 바로 즉각적인 자아 소구이다.

고급 문구류와 청첩장을 전문으로 하는 인쇄업자인가. 당신의 서비스를 이용해온 유명인을 자랑하라. 뭐라고? 당신의 서비스를 이용해온 유명인이 없다고? 쉽게 해결할 수 있다. 예를 들어 뉴스 프로진행자, 사회적, 정치적 지도자 등 당신이 가장 좋아하는 그 지역 유명인 몇 명에게 공짜로 일을 해주겠다고 제안하라. 그들이 제안을 받아들이면 최고급 종이로 된 편지지와 편지봉투 250개를 그들에게 보내라. 그 다음에 당신이 문구류를 인쇄해준 사람들의 이름을 들먹여라. 어떤가! 즉각적인 자아 소구이다.

경비회사를 운영하는가. 전형적인 잠재고객보다 보안 요구사항이 훨씬 더 엄격한 대기업들 중 당신에게 보호를 맡기는 회사는 어디인

가. "이 지역 은행장들이 그 누구보다도 더 자신의 집을 보호하기 위해 포트녹스 시큐리티를 선택하는 이유는 무엇일까?"라고 말하라. 그 외에도 다음과 같이 변형시킬 수 있다. "이 지역 보석가게 주인들이 그 누구보다도 더 자신의 집을 보호하기 위해 포트녹스 시큐리티를 선택하는 이유는 무엇일까?"

이해가 되는가. 은행장과 보석가게 주인이 자신의 가족과 가장 큰 투자대상인 자신의 집을 보호해달라고 당신에게 맡긴다면, 나라도 보통의 잠재고객으로서 내 평범한 집을 안전하게 보호하기 위해 당신을 고용하는 일에 대해 긍정적으로 생각할 것이다. 그렇게 하면 이 안목 높은 중역들이 회사에 있는 것만 같다. 또 다시 즉각적인 자아소구이다.

롤스로이스를 다시 살펴보자.

질문 BMW와 폭스바겐에게 잡아먹히기 훨씬 전까지 그토록 기품 있던 영국 자동차 회사가 그토록 '교묘한' 술책에 관여할 정도로 비굴해질까.

대답 황소개구리는 물이 묻어도 젖지 않는가. 맨해튼의 교차로처럼 보이는 커다란 사진 한 장만 달랑 나오는 잡지의 전면 광고를 상상해보라. 높은 곳에서 내려다보면 신호등이 바뀌기를 참을성 있게 기다리는 운전자가 보인다. 찰스 사이키스 경Sir Charles Sykes이 디자인해서 전 세계적으로 알려진 날개 달린 은색 마스코트 '환희의 여신'이 부착된, 말도 안 되게 반짝거리는 검은색 컨버터블 롤스로이스는 차주인의 세련된 취향과 탁월함을 분명하게 보여준다. 정장으로 쫙 빼입은 차주인은 55세 정도에 머리는 희끗희끗하고 느긋한 성품에 자신감 있어 보인다. 그는 회사의 중역쯤 되어 보이며 아마 '모든 것이 평화롭다'는 식의 오만가지 생각을 하며 똑바로 앞을 보고 있는 것 같다. 그의 차 왼편에는 비슷한 또래의 다른 운전자가 보인다. 그는 왼손에 머리를 완전히 기대고 롤스로이스 운전자를 부러운 듯이 쳐다보고 있다. 롤스로이스 운전자가 멈춰서기 바로 직전까지는 세상을 다 얻은 기분이었지만 그는 이제…자신의 폭스바겐 안에서 불편하게 몸을 뒤틀고 있다. 매치포인트이다. 경기는 끝났다.

모든 기업이 이렇게 자아 중심적 접근법을 이용할 수 있는 것은 아니다. 모든 제품과 서비스의 본질이 그러한 처방전을 받아쓰게 하는 것도 아니다. 조바심내지 마라. 당신의 제품이나 서비스에 딱 맞는 다른 기법은 얼마든지 있다.

우리가 지금까지 논의한 기법은 명사수가 라이플총의 망원 조준기를 통해 사냥감을 자세히 들여다보는 것처럼 잠재고객의 내적 태도와 민감하게 타고난 심리적 문제를 겨냥한다.

다음에 나오는 기법은 제품과 서비스를 권위나 숭배의 상징과 연관지어 소비자의 행동에 영향을 미치는 것이다.

3
전이

누군가를 통해
믿게 하라

"이해가 안 됩니다!" 광고인이 소리쳤다. "그건 제가 쓴 광고 중에 최고란 말입니다! 저 아름다운 지면배치를 보세요! 멋진 사진을 보세요! 제시한 가격은 적당하고, 사람들이 쉽게 주문하도록 해놨습니다. 이 신문은 판매 부수가 아주 많으니 저는 대중을 잘 공략하고 있다고요. 게다가…" 그는 계속해서 말한다. "그 제품은 사람들에게 정말 도움이 될 거란 말입니다! 그런데 왜 아무도 주문을 하지 않는 거죠?"

문제가 뭐냐고? 아무도 그를 믿지 않는다는 점이다.

그렇다. 광고, 안내책자, 세일즈 레터, 웹페이지, 이메일, 라디오나

TV 광고가 아무리 훌륭하다 해도, 잠재고객이 당신을 믿지 않는다면 당신은 광고비용을 허드레 물 쓰듯 쓴 것이다. 당신의 제안은 신뢰할 만해야 한다. 그렇지 않으면 이 좌절한 광고인 친구와 똑같은 형편없는 결과가 나오기 마련이다.

전이란 당신의 제품이나 서비스가 어떤 식으로든 우호적으로 추천을 받는다고 잠재고객을 설득하기 위해, 권위 있거나 존경받는 사람이나 집단 또는 기관이 흔히 연상되는 상징이나 이미지 또는 사상을 이용하는 전략이다. 당신이 존경하는 사람이나 집단이 무언가를 추천한다면, 파란 불이 켜지고 벨이 울리며 당신의 뇌는 '즉각적인 신뢰성!'이라고 내뱉듯이 말한다. 그리고 그 무언가가 원하고 살 수 있는 것이라면 당신은 지갑 속 카드를 뒤지기 시작할 것이다.

사회화로 인해 사람들은 대부분 교회, 의료기관, 정부기관 같은 기관을 존경하게 된다. 이들 중 어떤 집단의 이미지나 상징이라도 광고에 도입한다면, 당신이 얻는 신뢰는 설득력 있는 주장을 적극적으로 보여주고자 하는 당신의 욕구를 상쇄할 수 있다.

이상적인 전략은 무엇일까. **존경받는 기관의 공식 추천을 받아라.** 그렇게 하면 그들의 권위와 승인 그리고 명성이 당신의 제품이나 서비스에 즉시 전이된다.

예를 들어 국민투표에 상정될 비용이 많이 드는 새로운 범죄 법안에 대해 어느 쪽으로 투표할지 잘 모르겠다고 가정해보자. 법안이야 그럴 듯하지만, 정작 그 법안이 가장 중요한 곳인 거리에 정말로 영향을 미칠지 잘 모르겠다. 오호, 경찰친목회에서 보낸 다이렉트 메일

전단이 당신의 우편함에 배달된다. 전단에는 그들이 법안을 전폭적으로 지지하며, 주 정치가들과 지방 정치가들에게 법안 통과에 찬성표를 던질 것을 촉구해달라고 적혀있다. 당신은 그 조직을 항상 존경해왔기 때문에, 법안에 몇 푼 기부한다 해도 이제 그 대의를 지지할 가능성이 훨씬 더 높다. 당신은 판단을 내린다. "경찰이 좋다면야 나한테도 충분해." 그리고 의식적이건 그 반대건 아마 이렇게 생각하기도 쉽다. "나는 경찰 친목회를 존경해. 그러니 틀림없이 그들이 법안을 철저히 알아봤을 거야. 찬성표를 던져야지."

무슨 일이 일어났는지 알겠는가. 은유적으로 게으름을 포함하는 인간의 타성은 스스로 상세히 조사하지 않는 것을 합리화한다. 말 그대로 너무나 간단하다.

'프로엑티브'는 요즘 팔리고 있는 수십 가지 여드름 제품 중 하나일 뿐이다. 하지만 이 제품은 가수 제시카 심슨을 내세워 효과를 증명하게 하는 유일한 제품이다. 피부질환으로 고생하는 어린 소녀들에게는 이러한 추천만 있으면 된다.

'퀘이커 오츠'는 1877년에 웃고 있는 첫 퀘이커 맨 로고를 트레이드마크로 삼은 이후 높은 성장세를 기록했다. 불행히도 113년 뒤인 1990년에 〈뉴잉글랜드 의학저널〉이 논쟁적인 삭스Sachs의 연구 결과를 발표해서 귀리와 귀리 기울껍질이 콜레스테롤을 줄일 수 있다는 주장에 반박했다. 다행히도 퀘이커는 1987년에 이미 배우 윌포드 브림리Wilford Brimley가 나오는 새로운 광고 캠페인을 시작했다. 그는 상대를 안심시키고, 현실적이고, 직설적이고, 분별력 있고 '신뢰감 가는 태도'로 납작하게 만든 귀리의 장점을 분명하게 보여주었다. 그리고 퀘이커는 5년간의 매출 하락세를 역전시켰다.

예를 들어, 추천서 같은 완전한 추천을 받을 수 없다면, 추천할 수 있을 만큼 영향력 있고 쉽게 인식되는 상징을 내세워서 비슷한 성공을 거둘 수 있다.

우수제품 인증마크를 생각해보라. 겸손한 이 타원형 덕분에 1909년 이후 수많은 소비자들은 구매에 확신을 갖게 되었다. 영리하게도 〈굿 하우스키핑〉은 자사에서 광고를 검토하고 게재하기로 인정한 제품에만 이 마크를 수여한다. 출판사는 결함이 있는 제품에 한해 구매 후 2년 이내에 환불이나 교환을 해주기로 약속한다. 이 마크는 〈굿 하우스키핑〉에 광고란을 사게 하는 고부가가치 유인책일 뿐만 아니라, 신뢰할 수 있는 집단의 상징이 어떤 식으로 잠재고객에게 현금을 꺼내기 전에 안도감을 줄 수 있는지를 보여주는 이상적인 예이기도 하다.

이러한 마크는 제대로 만들기만 한다면 다른 어떤 보장만큼이나 실제로 거래를 성사시킬 수 있다. 보장에 대해서는 뒷부분에서 더 알아보기로 하자.

나는 최근 내 고객인 한 최면술사를 위해 대형 엽서 한 장을 만들었다. 그의 잠재고객들은 최면업계의 조직을 잘 모르지만, 미국최면술사협회의 공식 로고를 덧붙이기만 해도, 내 고객의 협회 회원자격이 그의 자격과 경험과 효율성이 타당하다는 사실을 넌지시 말하기에 충분하다. 이제 생각해보라. 그 협회가 정말 그런 자질을 의미하는가. 물론 아니다. 잠재고객은 종종 비판적이지 않거나 주변적인 사고방식을 이용한다. 우리가 권위, 동의, 용인이나 인정을 내포하거나 표시하는 상징을 이용할 때에도 똑같은 '설득의 지름길'이 효과를 발휘한다. 꽤 흥미롭게도, 내 고객의 엽서를 받은 사람들 100명 중 한 명이라도 미국최면술사협회라는 이름을 들어본 적이 있다면 내 손에 장을 지질 것이다. 하지만 설득의 주변경로 덕분에 그것은 중요하지 않다. 소비자들은 대부분 자신에게 필요한 확신을 더 갖고자 할 뿐이다.

간단히 정리하기 위해 어떤 일이 일어나는지 얘기하겠다. 잠재고객은 1)로고, 추천서 등 신뢰성의 상징을 보고, 그 후에 2)당신의 판매 권유에 의문을 덜 갖는다.

일반적으로 인정된 의료기구와 과학기구의 이미지를 이용해도 전이 효과를 가져올 수 있다. 선전분석연구소가 실시한 연구에 따르면, 광고인들은 대중이 의사의 말을 수용한다는 점을 이용한다. 흰색 실험실 가운을 걸치고 의료 통계를 보여주는 '전문가'의 단순한 이미지를 통해, 제품에 찬성하거나 반대하도록 소비자의 행동에 영향을 줄 수 있다는 점을 이용하는 것이다. 건강 제품을 선전하는 그토록 많은 광고에 흰 실험실 상의 차림의 위엄 있어 보이는 남자들이 나오는 것도 당연하다. 즉각적인 신뢰성이다! 광고인들은 잠재고객이 의사에 대한 느낌을 그들의 제품에 전이시킬 것 같다는 사실을 알고 있다. 이 예측 가능한 원투 펀치_{왼손과 오른손으로 같은 곳을 재빠르게 연달아 치는 공격}는 거의 모든 경우에 효과적이다.

"좋아요, 드류. 예는 충분해요. 이 정보로 무엇을 하죠?"

간단하다. 당신이 몸담고 있는 업계에서 어떤 사람과 조직이 존경심을 가져올 만큼 평판이 좋은지 생각하라. 이들에게 당신의 사업이나 제품 또는 서비스를 추천하게 한다면 그 결과로 생길 신뢰성의 전이를 이용할 수 있을 것이다. 이렇게 하는 방법은 이 책의 뒷부분에서 '지갑을 열게 하는 비밀 15. 사회적 증거의 심리학'에서 자세히 살펴볼 것이다.

전이 기법이 보여주듯, 다양한 계층의 관심을 끄는 전략은 매우 성공적일 수 있다. 이제 집단 설득 기법을 살펴보자.

4
밴드왜건 효과
집단 소속감과 공감대

사실 인간은 소속되고 싶다는 강력한 심리적 욕구를 가지고 있는 사회적 존재이다.

옛날에 우리 조상은 살아남을 가능성을 극대화하려면 마음 맞는 개인들끼리 집단을 이루는 것이 최선이라는 사실을 알고 있었다. 그래서 그들은 집단으로 살고, 집단으로 사냥을 하고, 집단 속에서 서로를 보호했다. 모든 사람은 부족 전체의 성공에 기여하는 중요한 역할을 했다. 집단이 먹을 때 함께 먹고, 잘 때 개인도 잤다. 집단이 짐을 싸서 이동하면 개인도 이동했다. 그래서 집단이 죽으면…음, 상상이 갈 것이다.

현대 사회에서는 더 이상 이런 식으로 살지 않지만, 어떤 집단의 회원 자격과 공감대는 여전히 우리의 행복에 치명적으로 중요하다. 우리에게는 친구, 애정 관계, 그리고 궁극적으로 결혼과 자식에 대한 욕구가 있다. 우리는 각종 모임과 사교 클럽에 가입한다. 우리는 지역 주민의 행사에 참여하고, 예배에 참석하고, 사업체를 구성하고, 길거리 갱단을 결성하기까지 한다. 젠장, 우리는 종종 우리의 모임을 분명하게 보여주는 티셔츠를 입고 모자를 쓴다. 이렇게 하면 인정받는 것 같고 가치 있고 중요하다고 느껴지기 때문이다.

사실 심리학자 에이브러햄 매슬로Abraham Maslow의 유명한 인간 욕구 단계의 피라미드에 의하면, 소속되려는 욕구는 생리적 욕구의식주와 안전 욕구에 이어 세 번째이다. 처음 두 가지 욕구가 충족되면 가족, 우정, 조직의 회원 자격, 지역공동체에서 주로 찾을 수 있는 소속감이나 사랑이 최우선 순위가 된다. 이 욕구는 우리 안에 원래부터 갖고 있는 또 다른 8가지 생명력이다. 그리고 이 욕구는 전문 광고인이 설득하기 위해 꽉 잡을 수 있는 또 하나의 핸들이다.

집단의 3가지 유형

심리학자들은 집단은 목적과 상관없이 기본적으로 세 가지 유형으로 분류된다고 말한다.

1. 열망집단Aspirational - 당신이 속하고 싶은 집단
2. 연관집단Associative - 당신의 이상과 가치를 공유하는 집단

3. 회피집단Dissociative - 당신이 속하고 싶지 않은 집단

제품과 서비스를 이 세 가지 준거집단 중 하나와 관련지음으로써 잠재고객에게 그들이 동일시하거나 동일시하고 싶은 집단을 근거로 결정을 내리도록 설득할 수 있다.

이 전략은 설득의 주변경로를 이용한다. 왜냐하면 소비자의 구매가 전적으로 제품의 장점을 근거로 이루어지는 것이 아니라 주로 소속감을 근거로 이루어지기 때문이다. 집단의 회원이 되고 싶은 욕구는 강력한 심리적 동기이고, 그것을 추구하는 과정에서 소비자는 대부분 당신이 팔고 있는 제품을 철저히 분석하고 싶다는 욕구를 포기할 것이다. 아하! 우리는 설득의 또 다른 지름길을 발견했다. 이 전략은 그저 그럴싸하게 들리는 것 이상이다.

이 전략은 믿을만한 연구에 의해 뒷받침된다. 1999년에 스텍과 번스타인은 '모두가 합의하고 있는 행동은 올바르다'는 휴리스틱*으로 이 전략을 뒷받침했다. 그들의 주장에 의하면, 이 심리학적 개념

*휴리스틱heuristics: 문제를 해결하거나 불확실한 사항에 대해 판단을 내릴 필요가 있지만 명확한 실마리가 없는 경우에 사용하는 편의적, 직관적 방법이다. 제품을 선택할 때 성능, 디자인, 내구성과 같은 본질적 속성을 기준으로 삼지 않고 브랜드, 원산지, 제조회사, 판매 장소, 가격, 나이, 진입순서와 같은 비본질적인 단서를 바탕으로 직관적으로 구매 여부를 결정하는 경향을 말한다.

*밴드왜건 효과Bandwagon Effect: 퍼레이드나 행렬의 선두에 서는 악대차bandwagon가 연주하면서 지나가면 사람들이 궁금해서 모여들기 시작하고 몰려가는 사람을 본 많은 사람들이 무작정 뒤따르면서 군중이 더욱 불어나는 현상으로 편승효과라고도 함. 많은 사람들이 구매한 상품을 자신도 따라 사게 되는 구매행동으로, 미국의 소비심리학자 하비 라이벤스타인Harvey Leibenstein이 제시한 이론이다.

은 많은 사람이 제품에 대해 호의적인 의견을 가지고 있다면 그 의견이 올바르다고 보장하는 밴드왜건 효과*를 일으킨다고 한다. 우리는 17번째 원칙에서 이 연구결과를 논의할 것이다.

하지만 당신은 잠재고객을 어떤 집단에 연결시키려 하는가. 여기 경험에 근거한 규칙이 있다. 즉 잠재고객이 비슷해지기를 열망하는 사람들인 열망집단의 영향을 추구하고 있다면, 잠재고객이 그들과 쉽게 동일시할 수 있게 해야 한다.

예를 들어, 공기에 떠있는 것처럼 느껴지는 새로운 스타일의 자전거 의자를 열광적인 자전거 경주 팬을 대상으로 팔고 있다고 가정해보자. 조사한 바로는 표적시장의 중간연령이 서른네 살이라고 한다. 이로써 나이든 사람들이 광고에 우글우글 나오는 것이 현명한 생각이 아니라는 것을 즉시 알 수 있다. 가족끼리 점심 먹으러 나들이 가는 길에 자전거를 타는 '평범하기 짝이 없는' 사람들을 보여주고 싶지도 않다. 마찬가지로, 사진 모델이 마침 부속과 서비스에 매달 1,000달러씩 쓰는 최우수 고객이라 하더라도, 이름 없는 자전거 애호가가 주력 사진의 모델이어서는 안 된다.

왜일까? 열망으로 분류된 집단을 기억하는가. 앞서 말한 사람들은 당신의 핵심 집단이 따라하려고 열망하는 사람들이 아니다. 사람들은 옆집에 사는 남자나 여자가 되기를 원하지 않는다. 그들은 대회에서 상을 휩쓴 전설적인 존재 랜스 암스트롱, 미구엘 인두라인, 에디 메르크스 같은 역대 최고의 사이클 선수와 닮기를 열망한다. 이러한 프로 선수들을 광고에 출연시키면 편하고 푹신한 의자를 이용함으로

써 그들의 자전거 영웅과 더 비슷해질 수 있다고 믿게 할 수 있다.

연관집단의 영향을 성공적으로 얻는 것은 더 복잡하다. 이 전략을 실행하려면 당신의 제품을 특정한 사회집단과 연결시키는 한편 종종 다른 집단들을 소외시킬 필요가 있다. 이 전략은 (1)표적 집단의 태도와 가치에 호소하는 광고를 통해 표적 집단과 밀접하게 연관시키거나 (2)더 인정받는 것처럼 보이거나 더 '멋져' 보이기 위해 제품과 다른 집단과의 관계를 끊는 두 가지 방법으로 실행할 수 있다.

10대 의류업계는 아이들에게 '청소년 문화'에 소속되도록 직접적으로 촉구하는 광고를 하는 한편 '구닥다리' 문화를 거부하도록 촉구하는 다른 광고를 해서 두 가지 방법을 모두 성공적으로 이용한다.

예를 들어 1969년에 샌프란시스코에서 매장을 활짝 연 의류 소매업체 갭은 이름부터 '세대차'를 표방했고, 상품은 우리 부모님들이 입고 있는 것과는 달랐다. 이 업체는 바나나 리퍼블릭, 올드 네이비, 파이퍼라임을 포함해서 현재 매장이 3100개에 이르고, 2007년에 수익을 158억 달러 이상 올렸으니 연관-회피 전략은 분명히 통했다.

밴드왜건 소구는 다음과 같은 수십 개의 회사에 유리하게 작용했다.

- 월그린: 미국이 신뢰하는 약국
- 지프 피넛 버터: 까다로운 엄마는 지프를 고른다.
- 유세린: 피부과 의사들이 건조한 피부 관리를 위해 1위로 추천하는 제품
- 영국항공: 세계에서 가장 사랑받는 항공사

- 글레이셜 워터: 판매용 생수계의 1등 브랜드

- 미스터 히터: 미국에서 가장 인기 있는 이동용 히터

- 카멜: 의사들이 가장 많이 피우는 담배는 카멜이다

- 린소: 누가 힘들이지 않고 빨래를 더 하얗게 하고 싶은가

당신은 나이, 계층, 성, 지역, 정치, 교육과 같은 여러 범주에 소속되려는 욕구에 호소할 수 있다. 치알디니Cialdini의 유사성 단서에 관한 연구《설득의 심리학》가 이를 뒷받침한다. 모든 범주의 사람들에게 당신의 제품과 서비스를 이러한 집단 하나 이상과 연관시킴으로써, 그 집단의 태도나 가치와 즉시 동일시하도록 성공적으로 설득하고, 그 집단에 속한다는 사실을 보여주는 한 방법으로 제품을 사게 할 수 있다. 이 '심리학 이야기'는 흥미진진하다, 그렇지 않은가.

생각해보라. 당신의 제품은 소속되려는 인간의 욕구를 소구로 이용하기에 적합한가. 그렇다면 그 제품의 특징과 혜택을 묘사할 방법만 생각해서는 안 된다. 당신의 제품을 사면 잠재고객을 어떻게 만들거나열망 남아있게 하거나연관 특정한 집단의 일원이 아니라고 세상에 보여주도록 돕는지회피 알려주기 위해 적어도 똑같이 공을 들여라.

하지만 잠재고객이 어떤 것을 기꺼이 사려고 하기 전에 그들은 우선 그렇게 할 만큼 동기 부여가 되어야 한다!

다음 기법은 동기 부여에 관한 정통 심리학 이론에 근거를 둔다.

5

수단-목적 사슬

얻는 혜택은
무엇인가

"내 제품이 오늘 당신에게 해주는 것 때문에 제품을 사지 마라. 내 제품이 내일 당신에게 해줄 것을 위해 제품을 사라!"

이것이 바로 이 원칙이 말하는 내용이다. 그리고 그 전략은 많은 소비자들이 즉시 욕구를 만족하기 위해서가 아니라 미래의 목적을 위해 결정을 내린다는 이론에 근거를 둔다. 당신의 제품을 구매하는 소비자의 경우 그가 구입한 제품이나 서비스는 목적을 이루는 수단일 뿐이다.

명품과 고급 서비스의 경우 광고인들은 흔히 수단-목적 사슬을 이용해서 광고를 한다. 그 전략은 바로 당신의 제품이 그 자체만으로도 가치가 있지만 잠재고객이나 그들의 가족에게 추가로 2차적 혜택을 제공할 것이라고 잠재고객을 설득하는 것이다.

예를 들어 애인에게 줄 꽃이나 초콜릿이나 섹시한 속옷을 산다면 2차적 혜택을 누릴 가능성이 높다, 그렇지 않은가.

새 차를 산다면 기분이 좋다, 그렇지 않은가. "그건 신경 쓰지 마세요!" 벤츠 영업사원이 당신에게 말한다. "공인중개사로서 인기 있는 신형 벤츠를 사면 주택구입자들이 보기에 더 성공해보일 것이고, 자신들의 집을 당신에게 매물로 내놓을 가능성이 훨씬 더 높아질 테니까요. 그들은 이렇게 생각할 것입니다. '저 여자는 집을 잘 팔고 있는 게 틀림없어…안 그러면 무슨 수로 새 벤츠를 살 수 있겠어?'"

광고인으로서 당신의 목표는 분명히 제품이나 서비스를 파는 것이다. 수단-목적 사슬을 이용한다면, 소비자의 초점을 제품의 궁극적인 가치나 혜택으로 옮김으로써 간단히 그렇게 할 수 있다. 나는 이것을 '혜택의 혜택'이라고 부른다.

요점을 분명하게 납득시키기 위해 나는 세미나에 참석한 사람들에게 이렇게 묻는다. "소매업을 시작하려면 왜 유리창에 붙일 필름시트지를 사야 할까요? 이 일의 핵심 혜택을 말해보세요." 그리고 보통 다음과 같은 상호작용이 이루어진다.

고객: 필름시트지는 당신이 누구인지 말해줍니다.

나: 좋습니다. 하지만 사람들에게 내가 누구인지 말하면 어떤 혜택이 있나요?

고객: 그러면 사람들이 당신과 거래하겠죠.

나: 맞아요. 하지만 나와 거래하면 어떤 혜택이 있습니까?

고객: 그래야 제품을 팔 수 있잖아요!

나: 물론이죠. 하지만 제품을 팔면 어떤 혜택이 있나요?

그리고 마침내 몇 차례 더 허를 찌르고 나자 누군가 결국 이렇게 소리쳤다……

고객: 그래야 돈을 벌 수 있죠!

수단-목적 사슬의 사고방식을 작동시키기 위한 공식은 간단하다. 당신의 카피와 이미지는 항상 긍정적인 최종결과를 보여주어야 한다. 이렇게 해야 잠재고객이 실제 제품의 장단점을 비판적으로 분석할 가능성이 더 적고, 제품이 그들에게 제공할 궁극적인 혜택을 근거로 구매 결정을 내릴 것이다.

당신의 제품이나 서비스의 핵심 혜택은 무엇인가. 당신이 삽을 판다면 사람들이 원하는 것이 납작한 금속조각이 달린 긴 장대가 아니라는 사실을 이해해야 한다. 그들은 예쁜 나무와 여러 가지 색깔의 꽃을 심어서 집을 더 멋져 보이게 하기 위해 구덩이를 파고 싶을 뿐이다!

전자레인지를 판다면, 사람들이 원하는 것이 온갖 복잡한 버튼과 빙빙 돌아가는 유리판이 달린 크고 투박한 전자 상자가 아니라는 사실을 이해해야 한다. 그들은 다른 일을 할 시간이 더 생기게끔 빨리 요리하고 먹을 수 있기를 바랄 뿐이다.

차는 어떨까. 매끄럽게 나가는 엔진에 가죽의자도 부들부들한데다가 칠도 잘 되어있다면 확실히 차를 모는 재미가 있겠지만, 사람들이 정말로 차를 사는 이유는 A라는 지점에서 B라는 지점으로 가기 위해서이다. 자아 소구까지 하면 금상첨화이다.

대부분의 제품을 살 때 사람들이 원하는 것은 제품 자체가 아니다. **그들이 사고 있는 것이 핵심 혜택이라는 것만 잘 기억하라.** 만약 사람들이 손가락으로 딱 소리를 내서 감쪽같이 땅 속에 구멍이 파이게 할 수 있다면, 당신은 삽 사업을 접게 될 것이다. 사람들이 코를 씰룩거려서 몇 초 내에 음식을 요리할 수 있다면, 전자레인지 창고와도 안녕이다. 그리고 〈스타 트렉〉에 나오는 미스터 스포크처럼 A지점에서 B지점으로 순간 이동할 수 있다면 자동차 쇼핑몰과 주유소는 약국과 콘도로 바뀔 것이다.

하지만 무엇을 팔더라도 소비자를 설득시킬 때 가장 큰 어려움은 소비자의 다양한 수준의 제품 지식에 대처하는 것이다. 다음 기법은 이러한 차이를 유리하게 이용하는 것이다.

6

범이론적 모형

단계적으로
설득하라

햄버거가 무엇인지 모른다면, 고기가 아무리 신선하고 빵이 아무리 폭신하고 비밀 소스가 톡 쏘는 맛이라고 해도 새로 나온 '블루포 버거'를 파는 일은 쉬운 일이 아닐 것이다.

범이론적 모형TTM: Transtheoretical model은 소비자의 지식과 행동을 5단계로 나누고, 잠재고객이 당신의 제품을 전혀 모르는 단계이게 도대체 뭐야?에서 정기적으로 구매하거나 생활에서 없어서는 안 될 부분으로 삼는 단계다들 이 제품을 사지 않아?로 이동하도록 설득하기 위한 지침을 제공한다. 이 단계를 잘 알고 있을 때, 세일즈 메시지를 어디서 어떻게 시작할지 더 잘 이해하게 될 것이다.

5단계를 빠르고 쉽게 요약하면 다음과 같다.

1. 숙고 전 단계Precontemplation Stage - 이 단계의 사람들은 당신의 제품이 존재하는지도 모르거나 블루포 버거가 도대체 뭐야? 그 제품이 필요하다는 것을 눈치채지 못한다.

2. 숙고 단계Contemplation Stage - 이 단계의 잠재고객은 당신의 제품을 알고 사용해볼까 생각해왔다. "흠…언젠가 그 블루포 버거가 어떤지 먹어봐야겠어."

3. 준비 단계Preparation Stage - 이 단계는 계획 과정이다. 잠재고객은 당신의 제품을 사려고 생각하고 있지만 그 제품의 혜택과 장점에 대한 정보가 더 필요하다. "블루포 버거를 사고 싶어…정말 맛있어 보인단 말이야. 하지만 속에 도대체 뭐가 들었지? 건강에 더 좋을까? 맛이 더 좋을까? 가격은 얼마지?"

4. 행동 단계Action Stage - 성공이다! 잠재고객은 행동 또는 구매 단계에 도달했다. "카드 여기 있습니다. 블루포 버거 한 개 주세요!"

5. 유지 단계Maintenance Stage - 잠재고객이 있기에 좋은 단계이다. 이 단계에서 당신의 제품은 고객에게 있어서 일상생활의 일부가 되었다. 그들은 한 번 더 생각해 볼 것도 없이 계속해서 블루포 버거를 산다. 블루포 버거는 그들 취향의 햄버거이다. 간단히 말해서, 그들은 햄버거가 먹고 싶을 때 블루포 버거를 산다.

심리학자 제임스 O. 프로차스카James O. Prochaska가 1994년에 제시한 증거에 따르면, 이러한 기법을 이용하는 광고인들의 목적은 제품의 사용이 습관화 될 때까지 소비자가 이 단계를 하나씩 거쳐 올라가게 만드는 것이다. 어떤 점이 어려울까? 다른 단계에 있는 소비자 집단에 성공적으로 대처하는 것이다. 어떤 잠재고객은 1단계에 있는 동안에 다른 잠재고객은 5단계에서 다른 햄버거는 먹으려고도 하지 않을 것이다. 이 문제를 해결하려면 두 가지 선택권이 있다.

1. *5단계를 전부 다루는 광고를 만든다.* 이로써 잠재고객은 자신과 직접 관련 있는 어떤 단계에라도 초점을 맞출 수 있다. 굳이 말하자면, 잘 모르는 제품에 대해 완전히 알기 위해 필요한 자세한 항목을 전부 포함시켜라.

2. *일정 기간 동안 1단계에서 5단계로 전개되는 일련의 광고를 만든다.* 따라서 1단계는 제품을 시장에 소개한다. 이어지는 각각의 광고는 마지막 광고를 공고히 하고, 핵심 특성과 혜택을 집중조명하게 할 수 있다.

물론 두 가지 전략 모두 잠재고객이 결국 단골손님이 될 때까지 각자 자신의 페이스대로 5단계를 거쳐 올라가도록 정보와 동기를 충분히 제공하는 것을 목표로 한다.

그것은 따 놓은 당상이다. 기존 소비자의 태도와 행동을 강화하는 것은 가치관을 바꾸는 것보다 훨씬 더 쉽다. 다음 전략은 고객의 충성도를 강화하기 위해 이러한 사실을 인정하고 이용한다.

7

접종이론

미리 경고하여
방어하게 만든다

독일의 철학자 프리드리히 니체Friedrich Nietzsche는 이렇게 말한다. "나를 죽이지 못하는 고통은 나를 강하게 만들 뿐이다." 그는 소비자 설득의 다음 원칙도 설명할 수 있었을 것이다.

접종이론Inoculation Theory은 우리가 독감을 예방하려고 맞는 백신과 거의 똑같은 방식으로 작용한다. 백신은 세포 배양 적응이라는 과정을 이용해서 약화시킨 바이러스로 이루어진다. 바이러스는 부화 계란 세포 속에서 자라는데, 이 부화 계란 세포는 바이러스에게 번식하는 방법을 알려주는 유전자들을 바꿔놓는다. 그렇기 때문에 바이러스는 인체 내에서 잘 번식하지 못한다. 하지만 바이러스를 팔에 주사하면 인체는 마치 바이러스가 온 힘을 다하는 것처럼 반응해서 재빨리 바이러스를 공격하고 죽인다. 이제부터가 중요한 대목이다. 그렇게 해서 인체는 실제로 더 강해지고, 평생 그 특정 바이러스에 내성이 생긴다.

접종이론도 비슷한 방식으로 작용한다. 사회 심리학자이자 예일대 교수인 윌리엄 J. 맥과이어William J. McGuire가 개발한 접종이론은 제품이나 서비스에 대한 소비자의 기존 태도를 강화하기 위해 이용된다. 이것은 소비자를 속여서 그 자신의 입장을 옹호하고 따라서 태도를 강화하게 하는 '약한' 주장을 제기하는 것이다. 접종이론의 세 단계는 다음과 같다.

1. 곧 닥칠 공격을 경고한다.
2. 약하게 공격한다.
3. 강력한 방어를 촉구한다.

예를 들어 당신과 내가 제빵사이고, 가장 진하고 폭신하고 놀라운 초콜릿 디저트를 만드는 제과점에서 같이 일한다고 가정해보자. 당신이 선택하는 초콜릿 브랜드는 기타드이다. 미국과 다른 나라의 가장 유명한 제빵사와 제과점 대다수가 캘리포니아에 본사가 있는 세계적인 이 회사의 초콜릿을 사용한다. 그리고 방금 내 상사인 고약한 노르만 사람이 더 싸고 형편없는 브랜드를 쓰고 싶어 한다는 것을 알게 되었다고 가정해보자.

나이든 노르만 사람은 자신과 의견이 다른 직원을 해고하기를 좋아하기 때문에 나는 당신을 이 초콜릿 전쟁에서 싸우게 해야겠다고 판단했다. 내 계획은 당신에게 접종을 하는 것이다. 우선 접종 전략에 따라 나는 당신에게 곧 닥칠 공격을 경고해서 변론을 준비시키고, 당신의 정신을 가능한 반격자세로 소용돌이치게 할 것이다. 나는 이렇게 말할 수 있다. "이봐, 고약한 노르만 사람이 몇 푼 아끼겠다고 기타드 대신에 쓰레기 같은 초코왁스를 사려 한다는 이야기 들었어?"

다음으로 나는 초코왁스를 써야 할지도 모른다는 약한 변론을 하며 당신을 부추길 것이다. 예를 들어 나는 이렇게 말할 것이다. "그러고 보니 어쩌면 우리 조리법에 코코아를 조금만 더 넣으면 초코왁스를 안 쓰고 넘어갈 수 있을 거야." 그리고 "사람들이 정말 맛 차이를 알려나 모르겠어. 어쨌든 경쟁업체들은 대부분 형편없는 초콜릿을 쓰잖아." 이 말은 정말로 당신을 열 받게 할 것이다.

그리고 마침내 당신에게 혼자 속으로 생각하기보다는 생각하는 바를 말로 표현하게 만듦으로써 강력한 변론을 시작하도록 유도할 것이다. "그렇다면…넌 어떻게 생각해?" 심리 테스트에 의하면, 공격을 받는 사람은 공격을 더 적극적으로 막아낼수록 자신이 고수하는 입장을 더 힘차게 방어할 것이라고 믿는다.

접종은 당신의 아이디어와 결정, 또는 이 예에서처럼 브랜드 선호도를 공격함으로써, 그것을 변론하기 위해 비판적인 사고력을 이용하도록 유도한다. 기본적으로 접종은 당신을 속여서 당신 자신의 입장에 대해 더 깊이 생각하게 만들고, 이로 인해 당신의 생각과 감정이 강화된다. 그렇기 때문에 1단계에서 경고를 받은 곧 닥칠 공격노르만 사람이 초코왁스를 살 거야!에 대비하기 위한 노력으로 당신은 반격을 계획하고 더 갈고 닦기 시작했으며, 그래서 노르만 사람의 진짜 공격을 받으면 그에게 그의 싸구려 초콜릿을 거부한다는 의사를 분명히 밝힐 준비가 될 것이다.

중요 소비 심리학자들은 당신의 공격이 약해야 한다고 경고한다. 그렇지 않으면 역효과를 가져오고, 잠재고객의 태도를 약화시키거나 변화시킬 위험을 각오해야 한다는 것이다. 광고인들이 접종이론을 이용하는 한 가지 방법은 자신의 경쟁사가 자신의 회사를 어떻게 비난하는지 공개하고, 그 비난을 약한 공격의 형태로 자신에게 유리하게 바꾸는 것이다. 접종이론 덕분에 이러한 약한 공격은 소비자의 충성도를 강화하고 확보하는 데 도움이 된다.

접종은 정치인들 사이에서 인기가 있다. 그들은 상투적으로 이렇게 말한다. "상대방은 치솟고 있는 유가를 낮출 방법이 없다고 말할 것입니다. 그는 국가 예산의 균형을 맞추기 위한 유일한 방법은 세금을 올리는 것이라고 말할 것입니다. 그는 전부는 아니더라도 대부분의 시민에게 건강 보험을 제공하는 것이 좋다고 말할 것입니다. 하지만 저는 그 말이 절대 사실이 아니라고 말씀드립니다. 왜냐하면……"

지금 무슨 일이 일어나고 있는지 알겠는가. 이 후보자는 다음 세 가지 방법으로 청중에게 접종을 시키고 있다. (1)그들에게 곧 닥칠 공격에 대해 경고한다. (2)상대방이 캠페인 중에 말할 약한 주장을 제시한다. (3)전투 준비를 시키기 위해 그들에게 정보를 약간 주어서 강력한 방어를 촉구한다.

정비소가 경쟁사를 겨냥해서 비판할 수 있는 한 가지 방법은 잠재 고객에게 경쟁사에서 견적서를 받을 때 조심하라고 말함으로써 소비 자를 옹호하는 입장을 취하는 것이다. "경쟁업체들은 고객님 범퍼의 약간 찌그러진 부분을 펴려면 1천 달러가 넘게 든다고 할 것입니다. 경쟁업체들은 고객님 앞 유리창에 조금 이가 빠져서 갈아 끼우려면 8백 달러가 든다고 견적을 낼 것입니다. 하지만 우리 업계에 '내부 관 계자'만 아는 비밀이 많이 있다는 이야기는 하지 않을 것입니다. 비 용의 몇 분의 1만 가지고도 이러한 작업을 할 수 있거든요. 예를 들 면······."

그렇다면 어떻게 해야 접종이론을 이용하여 선제공격을 해서 경쟁사 가 물건을 팔려고 늘어놓는 주장을 진압할 수 있을까? 비결은 잠재고객 이 당신의 필터를 통해 경쟁사의 주장을 처리할 수 있도록 물건을 팔 기 위한 주장을 준비하는 데 있다! 마지막 예에 나오는 정비소 주인 처럼, 잠재고객에게 무엇에 주의할지, 무엇이 좋은지, 무엇이 나쁜지, 무엇이 의심스러운지 말하라. 그렇게 한다는 것은 당신이 팔고 있는 것에 대단히 확신이 있기 때문에 더 면밀한 검토를 환영한다는 뜻이 다. 당신은 잠재고객이 비교하기를 바란다!

그리고 나는 소비자 옹호자라는 용어를 가볍게 사용하지 않는다. 사실, 당신이 합당한 정보를 제공하고 있다면 나는 당신이 그러리라 믿는다 당신의 광고는 단순히 "저요! 저요! 제 것을 사세요!"라고 소리치는 또 다른 일 이상의 무언가가 된다. 당신의 제품이나 서비스가 정말 더 낫다고 가정한다면, 추가적인 사업과 엄청난 대중의 호의로 해석될 유용한 서비스를 실제로 제공하고 있는 것이다.

피자 가게를 하는가. "경쟁업체들은 신선한 모차렐라 치즈를 쓴다고 말하지만, 미리 잘게 찢어서 커다란 비닐봉지에 담아 파는 모차렐라를 산다는 이야기는 하지 않습니다. 저희 폴리 피자는 아침마다 모차렐라를 손으로 찢습니다. 경쟁업체들은 크리스피 씬 피자나 딥 디쉬 시실리안 피자 중 한 가지를 선택할 기회를 주지만, 꽁꽁 얼어붙은 도우 덩어리를 사서 전날 밤에 해동한다는 이야기는 하지 않습니다. 저희 폴리 피자는 매일 신선한 도우를 만듭니다. 경쟁업체들은 집까지 배달해주는 서비스가 매우 편리하다고 말하지만, 평균 배달 시간이 한 시간이 넘는다는 이야기는 하지 않습니다. 폴리 피자는 28분 내에 배달하지 못하는 피자는 무료로 드립니다."

이와 비슷한 광고는 당신의 제품을 지지하는 중요한 소비자들을 더 많이 만들어낸다. 이러한 '랠프 네이더*식 접근법'은 큰 믿음과 신뢰를 쌓는다. 당신이 팔고 있는 것을 진지하게 검토해보라. 당신이 더 잘, 더 빨리, 더 쉽게 할 수 있는 것은 무엇인가. 이러한 장점을 밝혀서 잠재고객에게 접종을 시키고, 어떻게 하면 그들을 설득할 수 있는지 눈여겨보라.

---

*랠프 네이더Ralph Nadar : 미국의 변호사, 저술가, 연사, 정치인이다. 1960년대에 소비자 보호운동에 앞장섰고, 그 후 정계에 진출해서 미국 대통령 후보에 네 차례 출마했다. 네이더리즘은 곧 기업고발을 통한 소비자 보호운동의 대명사가 되었다.

8

신념 재평가

다른 관점으로
신념을 공략하리

현실을 직시하자. 사람들은 대부분 변화를 좋아하지 않는다. 황소개구리가 물이 묻어도 젖지 않는 것처럼 인간은 일처리를 달리 하는 것에 둔감하다. 사람들에게 옷 입는 방식, 헤어스타일, 일하는 방식, 말하는 방식 등 자신에 대한 사소한 물리적 부분을 바꾸게 하는 것은 상당히 힘들다.

인생관을 바꾸게 하려고 노력한다면 어떨까. 윽! 심리학자들이라면 잘 알다시피, 우리의 신념이 정확하지 않거나 일관적이지 않고, 우리 자신이 그 사실을 알고 있다고 해도 여전히 그 신념의 존재가 어쩐지 생존 자체와 연관되어 있는 것처럼 신념을 옹호할 것이다!

무엇이든 생존과 관련지어라. 그러면 잔인하리만치 만만찮은 적수와 부딪칠 것이다.

다행히도 사람들의 기본적인 신념이 당신의 제품을 원하지 않거나 필요로 하지 않을 경우 이러한 신념을 바꾸기 위한 방법들이 있다! 이 중 가장 효과적인 방법은 태도 자체에서 초점을 바꿈으로써 효과를 발휘한다.

신 념 을 바 꾸 려 면 관 점 을 달 리 하 라

신념에 영향을 주기 위해 광고인들은 공포나 유머 또는 죄책감 같은 감정이나 사실적 증거와, 예를 통해 소비자의 지적 능력에 호소하는 이미지와 통계를 이용한다. 당신은 고객에게 현실을 다르게 보는 관점을 제시하는데, 이럴 때 고객은 지금껏 가지고 있던 신념에 영향을 받지 않는다. 다시 말해서, 청중은 제품에 관해 특정한 방식으로 느낄지도 모르지만, 그것을 달리 볼 수 있는 새로운 방식이 주어지면 신념을 바꿀 수도 있다는 것이다.

탄산나트륨 블루스

예를 들어 당신이 탄산나트륨 치약을 좋아한다고 치자. 탄산나트륨이 집에서 치아를 미백할 수 있는 가장 쉽고 가장 저렴한 방법이라고 어디선가 읽었기 때문이다. 사실 당신은 모든 친구들과 가족들에게 눈부시게 하얀 이를 갖고 싶다면, 탄산나트륨 치약을 써야 한다고 말해왔다. "탄산나트륨, 탄산나트륨, 탄산나트륨…" 당신은 빌어먹을 탄산나트륨 타령을 멈추지 않는다. 당신은 10년 넘게 탄산나트륨 치약을 이용해왔다. 그리고 당신이 탄산나트륨을 너무 많이 권했기 때문에 친구와 가족은 자신의 이가 당신의 짜증나는 치아 순백 기준에 부응하지 못하면 혼이 날까봐 무서워 당신 앞에서 웃지도 못한다.

하지만 어느 날, 당신은 신문에서 충격적인 기사를 읽는다. 이런! 미국치과의사협회 학술위원회의 선임국장이자 치과의사인 켄 버렐 Ken Burrell이 탄산나트륨에 관해 말한 인용문에 크게 동요했다. "대부분의 사람들이 탄산나트륨이 좋다고 생각한다. 하지만 사실 치료상 그 가치를 보여주는 증거는 없다."

이런 끔찍한 일이! "어떻게 이런 일이 있을 수 있지?!" 당신은 소리를 지른다. 마음속에 먹구름이 밀려들고, 번개가 치고, 에나멜처럼 새하얀 갑옷에 처음으로 틈이 보인다.

상황은 여기서 끝나지 않는다. 그 후 얼마 안 되어 당신은 존경받는 또 다른 의사가 말한 인용문을 읽는다. "탄산나트륨에는 이를 기분 좋게 만드는 미각이 있지만, 치료상의 가치는 입증된 바 없다."

꿀걱. 미처 알아채기도 전에 당신은 반짝거리는 하얀 이가 전부 상상의 색소일 뿐인지 궁금해 하면서 거울 앞에 서서 이가 얼마나 흰지 살펴보고 있다. 당신이 진료를 받는 치과의사도 이 끔찍한 진실을 확인시켜 준다. 당신의 탄산나트륨 모래성은 허물어지고 있다. 당신의 감성은 이성의 공격을 받았고, 결국 중심경로 처리시간 압박과 같이 소비자의 정보처리 능력을 제한하는 경우 속성 정보를 요모조모 따져가며 꼼꼼하게 처리하는 것를 통해 비판적 사고가 승리자로 드러났다.

태권도 강습

폭력이라면 어떤 형태이든 치가 떨리지만, 동네에 최근 폭력 범죄가 급증하고 있기 때문에 더는 길거리를 마음 편히 걸을 수 없다고 치자. 당신의 친구는 번개같이 빠르고 현실적으로 자기 방어를 할 수 있다는 태권도 강습을 받고 있지만 당신은 관심이 없다. "더 이상 긴 말하지 마!" 당신은 이렇게 말한다.

어느 날 친구가 자신이 다니는 태권도 학원의 안내책자를 건넨다. 안내책자는 그 지역의 범죄율에 관한 섬뜩한 통계로 빼곡하다. 그리고 안내책자에는 현재 수강생들이 어떻게 불량배의 공격에 성공적으로 대처했는지 설명하는 추천서가 들어있다. 추천서에는 훈련이 얼마나 안전한지, 배우는 것이 얼마나 쉬웠는지, 강사가 얼마나 참을성 있고 배려심이 있는지 적혀 있다. 그 다음날 자식에게 태권도 강습을 시키는 또 다른 친구가 자신의 딸이 어떻게 학교 불량배의 공격으로부터 스스로를 지켰는지에 대해 이야기한다. 비옥한 토양에 무의 씨앗을 뿌리듯이 새로운 생각이 새록새록 생기기 시작한다.

1주일 뒤로 빨리 감기를 해보자. 어두운 주차장에서 차를 세워놓은 곳으로 걸어가다가 누군가 따라오고 있다는 생각이 든다! 다행히도 그것은 잘못된 경보였다. 하지만 다른 날 밤에 또 그러한 생각이 든다. 그 후로 열 명당 한 명은 의심스러워 보인다. 그리고 갑자기 전에 들은 범죄율, 요즘 계속 읽고 있는 성공담이 실린 태권도 책자, 그리고 친구와 그 자식이 배운 것을 어떻게 성공적으로 활용했는지에 관한 생각만 든다. 그리고 미처 알아차리기도 전에 태권도 강습을 받는 친구를 만나고 있다. 이제 당신은 태권도 학원의 신입 회원에 한 걸음 더 가까워진다.

물론 잠재고객은 당신이 제시하는 생각을 계속 수상쩍어할지 모른다. 그리고 많은 사람들은 다른 광고를 거부하듯이 당신의 광고를 거부할 것이다. 응답률 100%란 여전히 광고인들의 꿈일 뿐이다.

하지만 수많은 다른 사람들은 새로운 인식과 조화롭게 살아가기 위해 자신의 신념을 수정할 것이다. 그렇게 하지 않으면 인지 부조화가 생긴다. 이는 상충하는 생각이나 신념을 동시에 가지고 있을 때 생기는 꺼림칙한 기분으로, 인간의 마음이 몹시 싫어하는 것이다.

기존 신념을 바꾸지 말고 강화하라

또 다른 접근법은 신념 자체가 아니라 신념의 중요성을 바꾸는 것이다. 기존 신념을 바꾸는 것보다는 그것을 강화하거나 약화시키는 편이 더 쉽기 때문이다.

가장 성공적인 방법은 통계, 보고서, 연구결과, 추천서 등 사실에 입각한 증거로 잠재고객의 현재 신념을 뒷받침하거나, 잠재고객이 동질감을 느낄 수 있는 일상적인 예를 이용해 그들의 현재 신념을 강화하는 것이다. 많은 광고인들은 이 기법을 한 걸음 더 발전시켜 추가로 신념을 강화한다. 이 추가된 신념은 기존 신념과 상충되지 않으므로 저항에 부딪힐 것 같지 않다.

강화를 통해서건 약화를 통해서건 현재 신념을 조작하는 전략은 근본적인 신념을 대대적으로 바꾸려는 시도보다 훨씬 더 쉽고 성공할 가능성이 높다. 그렇기 때문에 이 설득 전략이 더 인기가 있다.

예를 들어 요즘은 흡연과 과음이 건강에 좋지 않다는 사실을 누구나 안다. 하지만 이 점을 아무리 자주, 강력하게 강조해도 자신이 비난이나 공격을 받고 있다고 느낀다면, 소비자들의 방어 회전속도계는 즉시 한계선까지 올라간다. "너 지금 나한테 지껄이는 거야? 나한테 지껄이는 거냐고!"

당신은 어떻게 이를 피하는가. 첫째, 당신의 제품에 이미 긍정적인 의견을 가지고 있는 잠재고객의 신념을 강화하거나 둘째, 당신이 바꿔놓고 싶은 사람들에게 대체 가능한 일련의 신념을 교묘하게 제공해야 한다.

예를 들어 음식물을 광고하는 사람들은 오늘날 소비자들이 대부분 건강에 좋고 균형 잡힌 식습관의 중요성을 믿는다는 사실을 알고 있다. 광고인들은 자신의 브랜드에 비타민 x나 y 또는 z가 들어있다거나 설탕이 들어있지 않다고 강조하거나, 청중이 현재 가지고 있는 신념을 고조시킬 건강과 관련된 다른 이점을 강조함으로써 이러한 신념을 강화하고 경쟁자보다 유리한 입장을 차지할 수 있다. 간단히 말해, 그들이 이미 믿고 있다는 것을 추가하고 있다. 우리는 그들이 듣고 싶어 하는 것, 즉 우리 제품이 건강에 얼마나 좋은지를 그들에게 더 알려주고 있다.

기억하라 우리는 어떠한 부정적 반응도 일으키고 싶지 않다. 우리 목표는 잠재고객과 싸우지 않는 것이다. 우리는 그들이 틀렸다고 말하고 싶지 않다. 우리는 부정적, 방어적 반응을 일으키지 않고 그들의 신념을 바꾸고 싶다.

예를 들어 "우유가 탄산음료보다 건강에 좋다"라고 노골적으로 말하기보다 탄산음료가 건강에 위험할 수 있다는 이미지와 사실에 근거한 예를 보여주고, 그것을 우유가 건강에 좋다고 입증하는 생생하고 설득력 있는 증거와 비교해야 한다. 그 차이를 알겠는가. 이렇게 해야 잠재고객이 가지고 있는 기존 신념과의 정면충돌을 피할 수 있다. 말하자면 교묘히 파고들어 가는 것이다.

이제 주의 깊게 들어라. 어떤 기법을 사용하건, 당신이 잠재고객에게 영향을 주려고 시도하고 있다는 사실을 그들이 눈치채지 못해야 한다. **그들이 스스로 결정했다고 생각하도록 해야 한다.** 이렇게 해야 자아가 상처 입는 일이 없다. 그들이 스스로 결정했다고 주장해야 나중에 나올 행동 속에서 굳어질 가능성이 더 크다.

"알겠어요, 드류.… 하지만 그러려면 어떻게 해야 하죠?"

그렇게 하려면 잠재고객이 인지적_{비판적} 사고를 해야 할 필요성을 제거해야 한다.

다음 기법은 제품을 인지적 사고가 많이 필요한 제품과 별로 필요 없는 제품으로 나눔으로써 당신이 할 일을 더 쉽게 만든다.

9

정교화 가능성

스스로
결정하게 하라

참 길고 복잡한 말이다, 그렇지 않은가? 조바심내지 마라. 이전에 이 문제를 간단히 언급했으니 이제 깊이 파고들어 보자! 정교화 가능성 모델The Elaboration Likelihood Model 또는 ELM은 중심경로와 주변경로라는 두 가지 경로를 통해 태도를 변화시킬 수 있다. 그 차이는 다음과 같다.

· 중심경로: 논리와 추리 그리고 깊은 생각을 이용해서 설득한다.
· 주변경로: 즐거운 생각과 긍정적 이미지 또는 '단서'의 결합을 이용
  해서 설득한다.

당신은 어떤 방법을 이용해야 할까? 그것은 당신의 제품에 달려 있다. 주변경로는 태도와 결정에 영향을 미치기 위해 소비자에게 광고의 내용을 진지하게 고려하지 말고, 피상적 이미지와 '단서'에 의식적 또는 종종 무의식적으로 집중하라고 촉구한다.

이와 대조적으로 중심경로는 청중에게 광고에 대해 잘 생각하라고 하고, 특히 구매 결정과 같은 어떤 결정을 내리기 전에 광고의 쟁점과 주장을 고려하라고 촉구한다.

자신에게 중요하면 더 고민한다

당신은 중요하지 않은 물건을 살 때보다 중요한 물건을 살 때 더 골똘히, 더 오래, 더 깊이 생각한다. 맞는가? 물론이다. 소비자는 '개인적 관련성이 높은' 제품을 고려하고 있을 때 의욕이 더 강한 경향이 있다고 심리학자들은 말한다.

개인적 관련성이 높은 제품이란 예를 들어 우리 집과 마찬가지로 산안드레아스San Andreas 단층 위에 가파르게 서서 흔들리는 집을 가진 사람을 위한 지진 보험처럼, 거금이 들거나 구매자에게 어떤 식으로든 중요한 물건을 고급스럽게 표현한 것이다.

당신은 돼지고기나 콩 통조림 한 개를 살 때와 92만 8천 달러짜리 집을 구매할 때 똑같은 사고과정을 거치진 않을 것이다. 그렇지 않은가? 물론 아니다. 두 가지 구매 결정에는 질과 깊이가 다른 수준의 생각이 필요하다.

집을 사려고 생각할 때, 두뇌는 중심경로 처리로 전환한다. 이 말은 당신이 온갖 주장을 세심하게 고려하고 이용 가능한 온갖 사실을 분석할 것이라는 뜻이다. "어디 보자…5년짜리 변동금리 모기지의 이자율이 30년짜리 고정금리 모기지에 비해 손색이 없네…총부채상환비율*이 현재 18%로군.…적어도 20%를 계약금으로 내면 모기지보험을 들고 보험금을 낼 필요가 없으니 그렇게 해서 월 상환금을 낮출 수 있겠어."

이것은 좌뇌 사고의 한 예로, 좌뇌 사고란 논리적 사고와 추리를 관장하고, 수치를 고속으로 처리하고 선택방안을 저울질하는 두뇌를 지칭한다. 그리고 이것은 집과 같은 물건을 구매하기 전에 반드시 해야 하는 사고이다. 엉뚱한 집을 사서 가족이 오랫동안 살던 곳을 떠나거나 가족과 친구를 떠나 국토를 가로질러 이사를 하거나 새로운 직장으로 출근하기 시작한 다음에는 결국 스스로 초래한 금전적, 감정적 고문에 얽매여 지내기 십상이다.

이와 대조적으로 베이크드 빈스토마토소스에 버무린 삶은 콩 두 통을 들고 있을 때 당신의 두뇌는 커다란 주변경로 버튼을 누르고, 그 결과는 간단하다. "이 콩 맛있겠다!" 여기서는 중요한 결정이 없다. 그리고 지능도 크게 필요하지 않다. 어쨌든 만약 당신이 엉뚱한 콩을 산다면 당신은 그저 이렇게 말할 뿐이다. "우웩…형편없는 콩이군!" 그리고 통조림을 하수구로 내려버린다.

---

*총부채상환비율private mortgage insurance: 주택구입시 대출자가 내는 목돈이 주택가격의 20% 이하인 경우 채무자가 상환불능에 빠질 것을 대비해 은행의 융자원금을 보호하기 위해 만든 보험제도.

그렇다면 당신의 제품을 구매하려면 어떤 종류의 사고 과정이 필요할까?

물론 주변경로 제품을 광고할 때도 잊어버리지 말고 특성과 혜택을 포함시켜야 한다. 소비자는 대부분 설탕이나 종이 클립 또는 골무를 어떤 브랜드로 살지를 두고 머리를 쥐어짜지 않을 것이라는 사실만 알아두어라. 이러한 물건들은 '깊은 생각'을 해서 사는 물건이 아니므로 깊은 생각과 시간이 필요하지 않다.

내 말을 오해하지 말라. 매출을 갈퀴로 끌어들이기 위해 웃고 있는 귀여운 강아지의 사진을 보여주는 것 말고는 아무 것도 할 필요가 없다는 이야기는 아니다. 기본적인 자료를 원하는 고객의 요구를 충족시키려면 여전히 기본 정보를 주어야 한다.

예를 들어 당신이 잉크젯 종이를 판다면 종이의 크기, 색상, 무게, 거래 수량, 그리고 심지어 TAPPI미국 펄프·제지산업기술협회의 밝기 표준 등급까지 명시하고 싶을 것이다. 누구나 그렇듯 당신에게도 경쟁업체가 있고, 당신의 제품이 어떤 면에서든 경쟁업체의 제품보다 낫다면, 제발 그렇다고 말하라!

만약 당신의 제품에 이것이 필요하다면	이렇게 하라
중심경로 처리	사실, 통계, 증거, 추천서, 연구결과, 보고서, 그리고 사례사case history를 퍼부어라. 제품을 판매하기 위해 이들을 엮어서 가장 설득력 있는 주장을 만들어라.
주변경로 처리	각양각색의 즐거운 이미지, 유머러스하거나 인기 있는 주제, 또는 유명인의 후원으로 광고를 가득 채워라.

중심경로 처리는 더 오래간다

어제 소비자들은 당신의 제품을 충분히 구하지 못했다. 오늘 그들은 그 제품의 이름조차 기억하지 못한다. 왜 그럴까?

정교화 가능성 모델은 소비자의 어떤 태도는 평생 지속되는 반면, 다른 태도는 더 불안정하고 변하기 쉬운지를 설명한다. 조사에 따르면 중심경로 처리에 기반을 둔 태도는 주변경로 사고에 의해 형성된 태도보다 설득을 더 강하게 거부하고 태도와 행동에 일관성을 보인다고 한다.

이 조사결과는 완벽하게 이치에 닿는다. 우리는 중심경로 처리를 이용할 때, 우리가 강화하고 증대시키려고 끊임없이 애쓰고 고심 끝에 내린 정신적 주장으로 결정을 뒷받침하기 때문이다. 우리는 이렇게 말한다. "어쨌든 나는 생각을 많이 했어. 나는 그것이 올바른 결정이었다고 확신해." 중심경로 처리에 의해 형성된 태도가 어떻게 자아와 긴밀한 관계를 맺고 불가분의 관계가 되는지 주목하라. 당신이 오랜 시간을 들여 신중하게 생각하는 것에 도전하는 사람은 누구든지 바로 당신의 지성에 도전하고 있는 것처럼 보인다!

예를 들기를 바라는가. 주변을 돌아보라! 사람들이 정신적 탐구와 강화 그리고 정당화에 터무니없이 많은 시간을 보내는 화제, 즉 종교, 정치, 낙태, 육아, 교육 등에 대해 이야기해보라. 이러한 화제에 대해 그들은 완고한 입장을 보이고 변화에 완강히 저항한다.

이제 이들에게 이렇게 질문하라. "비누는 어떤 종류를 쓰세요? 시리얼은 어떤 브랜드를 드시나요?" 그들은 특별히 선호하는 것이 있을지도 모르지만 보통 쉽게 태도를 바꿀 수 있다.

ELM에 대해 마지막으로 한 가지만 더 알아두자. 중심경로 처리를 이용해 발달된 태도는 주변경로에 의해 형성된 태도보다 더 오래 지속될 것이다. 간단히 말해서, 논리와 이성은 시각적 단서나 감정을 자극하는 다른 촉매제에 의해 만들어진 기분보다 훨씬 더 깊이 뇌에 각인된다.

기억하라 어떤 사람에게 어떤 문제에 대해 깊이 생각하고 결론에 도달하도록 설득할 때, 그들은 그 결정을 스스로 생각한 결과로 받아들이게 하라. 그래야만 그 결정이 자신의 '아기', 즉 '두뇌의 소산'인 것처럼 경쟁자의 공격으로부터 보호하고, 방어할 것이다.

앞서 논의한 것처럼, 광고인은 설득의 주변경로를 통해 사회 심리학자들이 단서라고 부르는 것에 의지하고 있다. 이를 제대로 활용한다면 소비자를 어떤 형태의 깊은 생각에도 끌어들일 필요 없이 광고의 메시지를 전달할 수 있는 지름길이 될 것이다.

다음 기법은 제때에 제대로 된 단서를 이용해서 미칠 수 있는 영향력에 근거를 둔다.

10
영향력 있는 6가지 무기
설득의
지름길

사회 심리학자 로버트 치알디니는 영리한 사람이다. 그는 저서 《설득의 심리학》을 준비하면서 3년을 보냈고, 영향력이 발휘되는 것을 보기 위해 비밀리에 다양한 일자리를 전전했다. 그는 중고차 판매원부터 텔레마케터까지 온갖 직장인 행세를 하면서 사람들과 응대하고…사게 하는 말과 행동을 연구했다. 그는 여기서 '영향을 미치는 6가지 일반적 단서'를 이용해서 사람들이 어떻게 설득되는지 설명하는 삶의 단서 모델을 발전시켰다.

이러한 단서는 정신적 지름길이고, 다양한 상황, 특히 잠재고객이 심사숙고하지 않을 때 효과적이다. 설득의 주변경로를 이용해서 광고 문안을 작성할 때 이러한 단서를 활용하라. 하지만 사기 전에 생각과 추리를 많이 해야 하고, 어쩌면 정당화도 조금쯤 필요한 명품이나 고가의 제품을 광고한다면 한 귀로 듣고 한 귀로 흘려라.

연상기호 CLARCCS로 알려진 치알디니의 6가지 단서다.

1. **유사성**Comparison: 또래집단의 힘

2. **호감**Liking: 균형 이론 "나는 너를 좋아해…내 돈을 받아!"

3. **권위**Authority: 신뢰성 암호 해독

4. **상호성**Reciprocation: 뿌린 대로 수익성 있게 거둔다!

5. **일관성**Commitment/consistency: '네 개의 벽' 기법

6. **희귀성**Scarcity: 있을 때 사라!

첫 번 째 단 서 : 유 사 성

우선 유사성부터 살펴보자. 집단 설득이나 밴드왜건 효과와 비슷한 유사성은 광고 무기고에 있는 매우 강력한 무기이다. "다른 사람들은 모두 그것을 하고 있는데 당신은 왜 안 하세요?"라는 질문은 소비자에게 강력한 영향을 미친다. 인간 심리학에서는 소외되는 것을 좋아하는 사람은 아무도 없고 모든 사람이 소속되어야 한다는 필요성에 끌려 다닌다고 가르친다. 원칙4. 밴드왜건 효과 따라서 친구나 가족 또는 동료가 스니커에 쏙 들어가는 발목 양말을 신는 등 특정한 유행 스타일을 하거나, 즙이 많은 라임 조각을 끼운 코로나처럼 특정 브랜드의 맥주를 마시는 것을 보면 내부적, 외부적으로 순응해야 한다는 압박

을 심하게 받는다.

광고인으로서 이것은 하늘이 준 선물이다. 내 제품이야말로 특정한 집단이 선택해야 하는 것이라는 메시지를 성공적으로 전달할 수 있다면, 이러한 태도를 불러일으키는 것만으로도 매출이 눈덩이처럼 불어날 수 있기 때문이다.

두 번째 단 서 : 호 감 도

호감은 사실상 이렇게 말한다. "너는 나를 좋아하니까 내가 말하는 대로 해야 돼. 사!" 소비자가 회사의 대표, 광고의 등장인물, 유명인, 그 제품의 다른 사용자와 관련이 있다고 느낄 때마다 이 강력한 단서가 적용된다.

예를 들어, 나는 다이앤이라는 여성과 일한 적이 있다. 그녀는 양초에서 바구니에 이르기까지 온갖 것을 팔았다. 그리고 그녀는 항상 다른 직원들에게 자신의 카탈로그를 돌리고 주문하라고 요청했다. 나는 많은 사람이 호감이라는 단서의 압력에 굴복하는 것을 보았다. 그녀는 만나자마자 금세 좋아지는 그런 유형의 성격을 가지고 있었다. 그렇다면 그녀가 팔던 양초와 바구니의 품질은 어떨까? 그것은 전혀 상관없다. 그토록 많은 사람에게 그녀의 제품을 사게 만든 것은 그녀의 요구에 호응하거나 그녀를 기쁘게 해야 한다는 내부 압력이었다. 그리고 이것은 호감이라는 단서에 따라 움직였다.

마찬가지로, 당신이 좋아하는 동료가 사무실로 쿵쾅거리며 들어와서 이렇게 말한다. "이보게…내 딸 아리엘이 암 연구 기금을 모은

다는군.…기금 마련 경쟁에서 내 딸을 후원해주겠나?" 우와…(1)딸 (2)암 (3)요청하는 사람이라는 삼중의 타격이다. 단단히 덜미를 잡혔다. 그냥 양식에 서명하고 현금을 지불하라.

기억하라 판매의 핵심은 호감이다. 판매가 이루어지려면 당신은 그 사람을 좋아해야 한다. 이러한 호감은 길모퉁이에서 전단지를 나누어주는 사람이건, 얼굴로 광고를 도배하는 유명인이건, 지난주에 같은 브랜드를 구입한 친구이건, 거래에 관련된 어떠한 사람에게나 집중될 수 있고, 이제 당신에게도 똑같이 행동하라고 촉구하고 있다.

잘 생길수록 더 좋아한다

'겉만 보고 판단하지 마라'는 말은 멋진 표현이지만, 사람들은 매력적이라고 생각하는 사람의 눈을 쳐다볼 때 바로 이렇게 겉만 보고 판단한다. 수많은 심리적, 사회적 실험 결과, 매력적인 사람들이 더 많이 영향을 미치고, 더 믿을만하고 호감이 가는 사람으로 여겨진다는 결론이 났다.다운과 라이온스 〈성격 및 사회심리학회지〉,1991 잡지와 신문 그리고 다이렉트 메일 카탈로그에 나오는 광고마다 소비자를 향해 웃고 있는 행복하고 매력적인 얼굴이 등장하는 것도 당연하다.

그리고 여기 흥미로운 사실이 한 가지 더 있다. 일반적인 믿음과는 반대로 남자는 다른 남자의 사진에 가장 끌리고, 여자는 다른 여자의 사진에 가장 끌린다. 왜 그럴까? 심리학자들은 동일시 때문이라고 설명한다. 모든 사람은 우선적으로 자신에게 관심이 있다. 당신에게 있어서 당신보다 더 중요한 사람은 없다. 예를 들어 광고에서 잘 생기고 중요해 보이는 남자의 사진을 보여줄 때, 남자들은 자신과 그 사람을 동일시하고 그의 대타가 되어 스스로도 잠시 잘 생기고 중요해 보이는 남자가 된다. 여자들에게도 같은 심리가 적용된다.

세 번째 단서 : 권위

세 번째 단서인 권위는 태초부터 이용된 정신적 지름길이다. 수많은 건강관리 제품은 오래전부터 권위를 위해 '흰 가운을 입은 남자'의 추천에 의지해왔다. 사람들은 의사나 치과의사 또는 안경사의 말을 신뢰하듯이 일반적으로 광고하는 제품을 추천하는 공인 같은 사람의 권위를 받아들인다.

이것은 설득의 주변경로가 작용하는 대표적인 예이다. 공식적이거나 지적 또는 권위 있는 인물을 이용해서 제품을 홍보하면 소비자가 그 문제를 조사하거나 검토하는 수고를 덜어준다. 그리고 그들은 사실과 주장을 진실이라고 그냥 받아들인다.

사실 FCC 미국연방통신위원회가 엄중히 단속하기 전까지 많은 광고인들은 인기 있는 TV 쇼에서 의사 역할을 한 배우를 고용해서 의사복장을 완전히 갖춰 입고 아스피린과 감기약 그리고 다른 의료 관련 제품을 추천하게 했다. 우습지 않은가? 사람들은 이들이 배우일 뿐이라는 사실을 알고 있었지만, 여전히 등장인물이 만들어낸 강력한 권위라는 단서에 설득되었다. 그 단서가 너무 강력한 나머지 FCC가 이 배우들에게 "저는 진짜 의사가 아니지만, TV에서 의사 역할을 했습니다…"라고 말하도록 강요했을 때조차도 사람들은 상관하지 않았다. 사람들은 여전히 제품을 샀다!

생각해보라! 당신의 업계에서 표적시장은 어떤 권위를 존경하는가. 추천서나 완전한 형식의 추천을 받을 수만 있다면 무슨 일이든 하라. 그런 다음에 이 사람의 이미지를 마케팅에 사용해도 좋다는 허락을 받아라. 권위자에게 돈을 지불하고 웹사이트나 DVD에 사용할 수 있는 짤막한 비디오를 찍어라. 그 후에 설득력 있는 사실과 수치 그리고 과학적으로 보이는 그래프로 이루어진 리스트를 추가하라. 그러면 권위라는 단서의 도움으로 돈을 많이 벌 수 있을 것이다.

네 번째 단서 : 상 호 성

워크숍에서 나는 한 명에게 질문을 던졌다. "아일린, 당신은 예의가 바른가요?" 그녀는 재빨리 대답한다. "물론이에요." 나는 질문을 계속했다. "좋습니다. 그렇다면 누군가 당신에게 무언가를 주었을 때 어떻게 하나요?" 그녀가 말했다. "'감사합니다'라고 말해요." 나는 질문을 계속했다. "네…그 다음에는 어떻게 해야 한다는 생각이 듭니까?" 그녀는 잠깐 생각하더니 불쑥 말을 꺼냈다. "음…그 사람에게 답례로 무언가 주어야겠다는 생각이요." 딱 맞는 말이다!

이것이 상호성으로 알려진 정신적 단서의 기본이며, 카탈로그 회사, 정기구독 잡지, 그리고 샘플링에 종사하는 기업이 가장 좋아하는 단서이다. 이러한 회사들이 어떻게 모든 첫 주문에 사은품을 증정할 여유가 있는지 궁금하게 여긴 적이 있는가. 그 이유는 상호성이다.

이들이 무언가를 주면 당신은 답례로 무언가를 사지 않고는 못 배긴다. 그 효과가 어찌나 강력한지 사은품은 1주일 치 잉크밖에 안 들고 직직 긁히는 소리가 나는 2센트짜리 펜에 지나지 않을 수도 있다.

사은품은 왜 효과적일까? 당신에게 무언가를 주었고, 당신이 그것을 받아들였기 때문이다! 사회적 통념은 이제 당신이 무언가를 돌려줄 의무가 있다고 명한다. 그렇기 때문에 설문조사업체들은 흔히 설문지를 작성해주어서 고맙다고 1달러짜리 지폐를 보낸다. 4페이지 짜리 설문지에는 100가지 지루한 질문이 들어있지만, 당신은 1달러 때문에 설문지를 작성해야 한다고 느낀다. 정말 흥미롭다.

여러 해 동안 훌륭한 고객이었던 제이 시프Jay Siff는 상호성 원칙을 최대한 이용한다. 펜실베이니아 주 퍼케이지에 있는 그의 회사 무빙 타겟은 그 동네로 막 이사 온 사람들에게 그의 주요 식당과 자동차 정비소를 대표해서 상품권을 보낸다. 공짜 피자, 공짜 요리, 공짜 오일 교환 등이다. 이러한 서비스는 새로 이사 온 사람들에게 소매업체의 사업을 소개할 뿐만 아니라, 상호성이라는 공을 굴리기 시작한다. 그들이 그 피자를 우적우적 다 먹었을 때나 새로 오일을 채우고 차를 몰고 나갔을 때, 그들은 그 업체에 대해 호감을 가질 뿐만 아니라 종종 충성스러운 장기 고객이 될 가능성이 높다. 16년 이상 상호성 원칙을 이용한 무빙 타겟의 마케팅은 무척 세련되고 효과적이어서 많은 회사가 주 전략으로 이 상호성 원칙을 이용한다.

상호성이라는 공을 잘 굴러가게 하기 위해 당신은 무엇을 나누어 줄 수 있는가? 회사 로고와 전화번호가 찍힌 열쇠고리 같은 자질구

레한 싸구려 장신구 이야기가 아니다. 당신은 가치 있는 무언가를 주고 싶을 것이다. 사은품을 받은 사람이 "이런, 우와, 이것 참 신경 썼는걸" 하고 생각하게 만드는 것을 주고 싶다. 무료 샘플을 줄 수 있는가? 상품권을 줄 수 있는가? 컨설턴트라면 아무 조건 없이 30분을 내주면 어떨까? 많은 변호사는 첫 상담을 무료로 해주지만, 내가 여기서 말하는 것은 그런 것이 아니다. 상호성이라는 마음가짐은 당신이 누군가에게 무언가를 선물로 줄 때 시작된다. 그들이 요청해야 한다면 그것은 선물이 아니다. 달라고 요청해야 한다면 그것은 호의이다. 그리고 당신이 내가 해준 일에 대한 답례로 주는 것도 아니다. 그것은 감사의 선물이다. 이것이 무엇인지 몇 가지 예를 들어보자.

- · 개 조련사인가? 진드기를 예방하는 개 목걸이를 무료로 주어라.
- · 제과점을 하는가? 초콜릿 칩 쿠키 한 상자를 무료로 주어라.
- · 자전거점을 하는가? 물통을 무료로 주어라.
- · 옛날식 구두수선 가게를 하는가? 무료로 구두를 닦아주어라.
- · 태권도 학원를 운영하는가? 한 달간 무료 강습을 해주어라.
- · 인쇄업체를 하는가? 50부를 무료로 복사해주어라.
- · 꽃집을 하는가? 꽃 한 묶음을 무료로 주어라.
- · 담배 가게를 하는가? 라이터를 무료로 주어라.
- · 피자 전문점을 하는가? 피자 한 조각을 무료로 주어라.

어떤 사업을 하건, 무언가를 선물로 주어라. 그리고 상호성이 지닌

마법으로 잠재고객을 수익성 있는 장기 고객으로 바꿔놓아라.

다섯 번째 단서 : 일관성

디즈니의 인기 있는 놀이시설인 헌티드 맨션에 들어가면 으스스한 목소리가 이렇게 위협한다. "주변을 둘러보라. 당신의 논리는 이 방에 창문과 문이 없다는 사실을 부정하지 못한다. 따라서 출구를 찾는 것은 다소…논리적인…도전이다." 그리고 악마의 웃음소리가 행동하라는 신호를 준다.

'네 개의 벽' 기법이라고도 알려진 일관성은 구매자를 겁줘서 쫓아버리는 것이 아니라 그들을 꼼짝 못하게 해서 자신의 입장을 밝히게 하고 그 입장을 지키겠다는 약속을 해달라고 요구하는 것이다. 당신은 잠재고객에게 네 가지 질문을 제기하는 광고를 만든다. 각 질문은 논리적으로 다음 질문으로 이어지고, 마침내 광고가 끝날 때 잠재고객은 물건을 사겠다고 거의 약속하게 된다.치알디니, 1980

일관성 단서에 의하면, 어떤 문제에 관한 입장을 밝힌다면 계속 그 믿음과 일관된 입장을 유지해야 한다. 이것은 강력한 심리적 전술이자 직접 대면한다면 더욱 효과적인 전술이다.

예를 들어 누군가 현관문을 두드리고 이렇게 말한다. "안녕하세요! 인근 지역의 범죄를 줄이고 거리를 더 안전하게 만들기 위한 탄원서에 서명해주실래요?" 식은 죽 먹기이다. 그렇지 않은가. 그래서 당신은 탄원서에 서명해서 건네준다. 당신이 매우 합리적인 입장을 밝힌 이상 계속 일관성을 유지하기를 사회는 기대한다. 그리고 당신은 그렇게 할 것이다.

그래서 청원자가 그 다음에 "좋습니다! 감사합니다. 이제 3달러만 기부해주시겠습니까. 인근 지역에 불침번을 서려면 쌍방향 라디오를 사야 하거든요." 이크, 꼼짝 못하게 되었다. 이제 침을 꿀꺽 삼키고 호주머니에 손을 넣어 현금을 건네는 일 외에는 별로 할 수 있는 일이 없다. 당신은 실험용 쥐였고 정확하게 예상대로 행동했다. 그 대의를 지지하지 않거나 처음부터 탄원서에 서명하라는 요청을 받지 않는 것보다 3달러를 기부하지 않는 것이 훨씬 더 어렵다. 하지만 당신이 탄원서에 서명을 했기 때문에 청원자는 이미 앞을 막아버렸고 자연스럽게 당신의 돈을 뜯어내는 다음 단계로 넘어갔다.

마무리 질문은 사실상 이렇게 시작된다. "좋습니다. 당신은 입장을 분명히 밝히셨습니다. 당신이 이제 스스로 밝히신 입장을 지지하실지 알아봅시다." 그렇게 하지 않는 것은 위선의 극치이다.

서면은 직접 대면하는 것만큼 효과적이지 않지만, 서류상 일관성 원칙은 다음과 같다. 당신은 자신이 얻으려고 하는 반응을 불러일으키는 질문부터 시작할 것이다.

혼자 거리를 걷기가 무섭습니까? 죄 없는 사람을 등쳐먹는 저질스러운 인간쓰레기로부터 스스로를 보호할 수 있기를 바랍니까?

제가 말하는 사람이 누구인지 아실 겁니다. 코앞까지 바싹 다가와서 위협적으로 "잔돈 좀 있냐?"고 묻는 쓰레기 같은 인간 말입니다. 버튼 한번만 누르면 깡패의 횡포를 순식간에 막을 수 있는 안전하고 효과적이고 쉬운 방법이 있다면 얼마나 좋을까요? 뻔뻔스럽게도 당신과 당신의 가족을 위협하거나 어쩌면 끔찍하게 해치려고 하는 가장 잔인하고 마약에 쩐 160킬로그램이 넘는 미치광이라도 즉시 그리고 완전히 통제할 수 있게 해주는 방법 말입니다.

세계 최초의 개인용 강도 방지 극초단파 총, 테슬러 시즐러를 소개합니다……

이 글의 취지는 잠재고객에게서 "예스"라는 반응을 줄줄이 이끌어내고, 잇따른 각각의 대답에 탄력이 붙게 하며, 관심과 욕구가 눈덩이처럼 불어나게 한 다음, 당신의 제품이 충족을 얻는 길이라고 제시하는 것이다. 인간과의 상호작용이 없기 때문에 행동과 대답이 일관되어야 한다는 사회적 압력, 즉 물건을 사라는 사회적 압력도 없다. 강도를 막는 데 관심이 있고, 개인용 극초단파 총으로 그 지역 강도를 요리한다는 발상 자체가 흥미진진하다고 해서 누군가 잠재고객과 상호작용하여 판매 과정의 다음 단계로 모셔다 주는 것은 아니다.

이러한 사회적 압력이 없다면, 당신이 만든 광고는 다양한 카피와 디자인 기법에 의해 구매 권유를 전부 읽은 다음 전화기를 들어 주문하도록 유도한다. 효과적으로 쓰인 긴 카피의 직접 반응 광고*가 바로 이런 식이다.

***직접 반응 광고**direct-response advertising: 신문, TV 등 일반 대중매체를 통해 불특정 다수에게 광고를 하되 관심이 있는 사람으로부터 반응을 이끌어내고 연락을 취하게 해서 마케팅의 목적을 이루도록 기획된 광고 형태.

여섯 번째 단서 : 희귀성

치알디니의 마지막 단서는 희귀성이다. 워크숍에 참석하면 이점이 많다는 설명에 덧붙여 "이 워크숍은 좌석이 매우 한정되어 있어서 표를 사기가 아주 어렵다"고 한다면 사람들은 더 참석하고 싶어진다. 왜 그럴까? 우리는 흔하게 가질 수 없는 것을 원하기 때문이다.

1983년에 양배추 인형의 열풍을 예로 들어보자. 사람들은 이 못생긴 비닐 얼굴 인형을 사려고 완전히 정신이 나갔다. 백화점에서 진열대를 넘어뜨렸고, 소리를 지르며 욕을 했으며, 공수병에 걸린 고양이처럼 싸웠다. 양배추 인형의 '부모'가 되고 싶어 한 1,000명 가량의 통제하기 어려웠던 군중은 여덟 시간 동안 기다리다가 난폭하게 변해 펜실베이니아 윌크스 배러에 있는 제이어 매장을 급습했다. 매장 지배인은 야구방망이를 휘두르며 미쳐 날뛰는 구매자들의 접근을 막았다.

사실 이 인형의 성공은 콜레코사의 허를 찔렀다. 그들이 수요를 충족시킬 만큼 충분한 양을 생산하지 못했던 것이다. 뉴욕시 나소 카운티 소비자 보호국은 구할 수 없는 인형을 광고해서 어린이들을 '희롱'한 혐의로 콜레코에 소송을 제기했고, 광고를 중단하라고 회사에 압력을 넣었다. 너무 우스꽝스럽다. 그리고 너무 늦었다. 희귀성 효과는 이미 인형을 사야겠다는 미국인의 자각에 갈고리를 찔러 넣었고, 이는 다시 훨씬 더 큰 수요에 불을 붙였다.

가질 수 없다면 갑자기 더 원하게 된다. 이것은 마치 극장이나 비행기에서 이용하지 않던 팔걸이와 같다. 누군가 당신 옆에 앉아서 팔걸이를 이용하기 시작하자마자 당신은 갑자기 '그것을 돌려받고 싶다'는 강한 욕구를 느낀다. 당신은 마치 '당신의' 팔걸이를 가져간 것처럼 느낀다. 그 생각은 영화를 보는 내내, 비행기가 착륙할 때까지 계속 당신을 괴롭힐지 모른다. 음…그것을 가지고 있을 때는 원하지 않았다. 누군가 당신에게서 그것을 가져갔을 때, 그보다 더 필요한 것은 아무것도 없었다. 우리 인간들이 열광하는 방식은 흥미롭다.

희귀성 원칙을 보여주는 가장 흔한 형태는 오늘 하루 특가, 한정 판매, 물량이 남아 있는 동안만 실시 또는 선착순 같은 문구를 이용하는 것이다. 이 같은 표현은 하나같이 제품의 공급이 달리는 것처럼 보이게 하고, 따라서 소비자의 관심을 높인다. 이러한 기법의 성공은 불을 보듯 뻔하다. 그래서 모든 사업체가 이러한 기법을 이용한다! 희귀성이 한정된 공급뿐만 아니라 독점 판매도 암시한다는 점만 빼면 희귀성 단서를 이용하는 것은 기한을 이용하는 것과 같다.

몇몇 경영컨설턴트가 희귀성을 응용해서 이렇게 알리는 것을 본 적이 있다. "스티브는 마침내 고객 세 명을 더 받을 수 있습니다. 하지만 서두르세요! 근무 명부가 꽉 차면 앞으로 2년 동안 그의 서비스를 받을 수 없습니다." 이 예에서 스티브라는 컨설턴트는 지금 시간이 있다고 말함으로써 희귀성을 강조하고, 빨리 신청하는 것이 좋다고 경고하는 재치 있는 말을 덧붙이고 있다.

11
메시지 구성

알기쉽고
분명하게

당신에게는 세계 최고의 제품이 있고, 세일할 자료가 번드르르해 보이며, 매일 밤 당신을 위해 촛불을 밝히는 고객들의 열 띤 추천서가 많다고 하자. 하지만 광고가 체계적이지 않고 구성이 형편없다면 당신의 계산대에서는 계산이 끝났음을 알리는 '땡!' 소리를 울리지 못할 것이다!

훨씬 더 심한 경우는 당신이 의도한 메시지가 잠재고객이 정확하지 않거나 완전히 틀리게 이해하는 광고를 해서 실제로 사업에 손해를 끼칠 수 있다. 이러한 광고는 오랫동안 당신에게 부정적 영향을 미칠 수 있다.

그렇기 때문에 광고 대행사나 이들이 고용하는 심리학자들은 메시지의 강도가 어떻건 항상 체계적일 뿐만 아니라 쉽고 정확하게 이해시키려고 노력한다. 간결한 것이 더 좋지만 간결하다고 반드시 쉬운 것은 아니다. 알기 쉽고 분명하게 의사소통하려면 연습을 해야 한다.

하지만 초조해하지 마라. 3장 '지갑을 열게 하는 비밀 1. 간결함의 심리학'에서 기법 전체를 이 주제에 할애하기 때문이다. 이것을 읽고 나면 무엇을 하고, 어떻게 해야 할지 정확하게 알게 될 것이다.

12

예제와 통계

감성에
호소하라

 다음의 예제와 통계 중 어떤 것이 더 설득력 있을까.

예제

우리 자동차는 다른 차들과는 달리, 들어오라고 손짓하는 응접실처럼

편안하고 우아한 특실이 있습니다. 이 차의 초대를 받아들이십시오…

금고 같은 문을 스르르 닫으십시오…그리고 소수 특권 계층만을 위

한 탁월한 성능을 경험하십시오. 호화롭고 향긋한 가죽, 이국적인 티

크 원목, 그리고 값비싼 월턴 양털 카펫이 깔린 이 자동차는 당신의

차별화된 생활양식과 최고를 향한 고집을 집중 조명합니다. 이제 자

동차 열쇠를 돌리세요. 그러면 세계에서 가장 세련된 자동차 엔진이 즉시 잠에서 깨어납니다. 기어를 전진에 놓고…속도를 높이고…이루 말로 표현할 수 없는 짜릿한 스릴을 느끼세요. 느껴지나요? 그것은 근육이 발달한 말 453마리가 자유롭게 달리며 눈짓할 때처럼 아드레 날린이 당신의 혈관을 타고 세차게 흐르는 느낌입니다…

통계

· 배기량 6749cc 6.7리터 V형 12기통 앞 엔진, 보어×스트로크 92.0×84.6mm, 압축비 11.0, VVT가변 밸브 시스템/캠축4사이클 기관 에서 흡·배기 밸브를 개폐하기 위한 캠을 설치한 축, 실린더 당 4밸브.

· 최고출력 5350rpm분당 회전수에서 338kW, 453HP SAE, 최대토크 3500rpm에서 531ft lb, 720Nm.

· 외형치수: 길이 5151.12mm, 너비 1986.28mm, 높이 1579.88mm, 측간거리 3319.78mm, 프론트 트랙 1686.56mm, 레어 트랙 1671.32mm, 최소 회전반경 13.1m.

· 고급스럽게 다듬은 나무와 가죽으로 만든 문, 나무와 가죽으로 만 든 계기판

예제와 통계 중 어떤 것에 더 관심이 가는가? 어떤 것을 읽으면 더 타보고 싶은 욕구가 동하는가? 가장 중요한 것은 어떤 것이 정말 당 신이 사고 싶은가? 당신이 대부분의 사람들과 같다면, 예제가 효과가 있을 것이다. 물론 통계는 알아두면 좋겠지만, 계산대에 돈이 쌓이는

문제에 관해서라면 항상 예제에 돈을 걸어야 한다. 왜 그럴까? 한 마디로, 판매의 열쇠가 감정이기 때문이다.

방금 읽은 예제와 그것이 끌어낸 감정 때문에 당신은 40만 3천 달러짜리 신상품 최고급 롤스로이스 팬텀 세단형 승용차의 운전석에서 입맛을 다신다. 예제를 읽을 때 무슨 일이 벌어졌는지 눈치챘는가? 나는 당신이 머릿속으로 그 제품을 시운전하게 만들었다! 사실 당신이 무엇을 팔건, 심지어 10달러짜리 쥐덫을 팔더라도, 잠재고객에게 당신의 제품이나 서비스를 이용하는 상상을 하게 만들기 전까지 잠재고객은 다음 단계로 넘어가서 물건을 사지 않을 것이다. 다채로운 예제를 보여주면 소위 자기 시연이라는 것을 일으켜서 갖고 싶은 욕구와 사고 싶은 욕구를 북돋운다.

게다가 연구결과에 따르면, 잘 쓰인 예제는 (1)소비자의 개인적 경험과 더 밀접한 관련이 있고 (2)처리하기 위한 정신적 노력이 덜 필요하기 때문에 이해하기 더 쉽다고 한다.페티와 카시오포Petty & Cacioppo, 1986 광고가 대부분 사실과 수치를 장황하게 들먹이는 대신 추천서와 유명인의 보증 선전을 이용하는 것도 당연하다. 추천서가 더 인상적이고 호감이 가기 때문이다.

"하지만 드류! 어떤 사람들은 사실과 수치를 정말 알고 싶어해요!" 물론 그렇다. 그리고 어떤 종류의 제품을 팔고 있느냐에 따라 사실과 수치를 포함시켜야 한다. 하지만 강력하고 감정을 자극하는 예제를 제외해서는 안 된다. 그리고 광고에 예제와 통계를 모두 포함시키고도 좋은 사례를 만들 수 있다. 각각의 비율은 어느 한쪽도 소외되지 않도록 주의 깊게 고려해야 한다. "하지만 그걸 어떻게 알아요?" 간단하다. 당신의 제품이 말해줄 것이다.

- 맥주를 파는가? 통계는 신경 쓰지 마라. 매력적인 사람들, 거의 벗다시피 한 몸짱, 즐거운 시간을 보여주라.
- 자동차를 파는가? 당신의 특정한 모델이 어떤 범주의 관심을 끌려고 하건 예제를 부각시키고, 성능과 안전성 또는 효율에 열광하는 사람들을 위해 통계를 어느 정도 포함하라.
- 레이저 프린터를 파는가? 이것은 1차적으로 실용적인 제품이다. 그렇지 않은가? 그러니 종이가 얼마나 들어가는지, 해상도가 얼마나 좋은지, 잉크가 얼마나 오래 가는지, 월간 최대 작업 가능량이 얼마인지, 그리고 관련된 다른 통계를 말하라. 아무도 잉크젯을 고려하는 쪽으로 끌리지 않을 것이다. 적어도 내가 아는 한은 그렇다. 게다가 내 친구들은 대다수가 프로 작가들이다!
- 조경 서비스를 파는가? 당신의 제품은 아름다움과 자아상당신의 재산이 이웃에게 어떻게 보이는가 그리고 편리성덥고 땀나는 여름날에 잔디를 깎을 필요가 없다이 관건이다. 여기서는 예제를 사용할 기회가 충분하다!
- 헬스클럽 회원권을 파는가? 여기서는 순수한 감정이 중요하다. 군살 없고 매력적인 남녀와 운동 전과 후의 사진, 만족하는 회원의 추천서를 보여주어라. 물론 운동 기계가 몇 대 있는지, 시설의 넓이가 얼마인지도 말할 수 있지만, 사람들을 낚는 것은 그러한 사진이다.

13

비교 광고

사려깊게
비교하라

모든 일은 항상 양쪽 이야기를 다 들어봐야 한다. 그렇지 않은가. 광고도 마찬가지이다. 자신의 입장에서 보여줄 수도 있고…그렇지 않으면 정면으로 제품 비교를 하며, 자신의 입장과 경쟁사의 입장을 보여줄 수도 있다.

일방적인 광고는 자신의 제품만 논하고 있기 때문에 더 간단하지만, 비교 광고가 더 설득력이 있다고 한다. 자신의 입장을 옹호하는 한편, 경쟁사의 입장도 공격한다는 형식을 고수하는 경우에 한한다.

관건은 양쪽의 입장을 다 보여주고도 여전히 한쪽, 즉 자신의 입장만 옹호하는 것이다. 어떻게 해야 할까?

당신의 비교 광고가 독자들에게 공정하고 균형 잡혀 보이게 하면 된다. 예를 들어,

애크미는 오랫동안 아주 좋은 파리채를 만들어왔습니다. 1940년대와 1950년대에는 파리채가 성가신 곤충을 죽이는 가장 인기 있는 방법이었습니다. 그리고 그 당시에는 파리채가 끝내주게 활약했습니다. 하지만 지금은 21세기입니다. 이제 레이저를 이용해서 파리를 쫓는 우리 회사의 신제품 포탑 로보스와트로 본격적인 파리잡이 자동화 단계로 올라설 때입니다. 이렇게 쉽고 효과적인 제품이 나왔으니 지저분한 구식 파리채는 이제 한물갔습니다!

고객은 설득의 주변경로를 이용, 자기 이야기만 하는 경쟁사의 일방적인 광고보다 비교 광고가 더 사려 깊고 믿을 만하다고 생각한다. 다른 회사의 좋은 제품을 칭찬하면 고객은 이렇게 생각한다.

"흠…이 회사는 다른 회사에 대해 공정한걸. 그들을 맹공격하지 않고 실제로 듣기 좋은 말을 하면서 단지 자신의 제품이 더 좋다는 지적을 하는군." 잠재고객이 이 메시지를 신중하게 검토한다면, 방어와 공격이라는 조합이 그 문제를 훨씬 더 체계적으로 생각하고 문제의 이면이 타당한지 의문을 갖게 만든다.

따라서 비교 광고는 당신의 제품에 호의를 보이도록 잠재고객을 설득할 뿐만 아니라 경쟁 상대의 제품에 등을 돌리게 한다.

비교 광고가 상대방을 맹공격해서 굴복시킬 필요는 없다. 당신은

자사 제품의 이점을 차분하게 설명할 수 있다. 상대방에겐 없는 당신만이 제공할 수 있는 혜택은 무엇인가? 당신의 제품이 더 깨끗한가? 건강에 더 좋은가? 더 재미있는가? 더 저렴한가? 더 효과적인가?

자사 제품의 이점을 한눈에 알아보도록 표시하는 방법은 대단히 효과적이다. 소비자들은 그러한 도표를 이렇게 해석한다. "아…나를 위해 온갖 연구가 이뤄졌구나. 내가 해야 할 일이라고는 사는 것뿐이군." 이것이 주변처리가 할 수 있는 최상이다.

중심경로를 통해 생각하는 사람이라면 이렇게 말할 것이기 때문이다. "흠…괜찮군. 하지만 이것이 사실인지 어떻게 알지? 상대방 회사가 어떤 이야기를 하는지 확인해야겠어. 어쨌든 이 사람들은 물건을 사도록 나를 설득하려는 거잖아!"

하지만 사실 사람들은 대부분 게으름뱅이들이고 그들이 구매결정을 내리는 데 필요한 것이라고는 비교표뿐이다. 그러니 괜찮은 사람이 되어라. 양쪽 입장을 다 이야기하라. 경쟁사의 좋은 점을 칭찬하라. 그렇게 하면 기분까지 좋아질지 모른다.

그런 다음에 왜 당신이 훨씬 더 나은지 말하라. 추가 판매를 일으키는 설득력 있는 효과는 틀림없이 당신을 기분 좋게 만들 것이다!

우리 스스로도 이중적 태도를 취할 수 있다. **두려워하지 말고 팔고 있는 것을 왜 사지 말아야 하는지를 말하라.** 이러한 이야기는 당신의 신뢰성을 높일 뿐 아니라, 이야기를 들은 사람이 진정한 잠재고객이라면 그들의 욕구에도 불을 붙일 것이다.

14
반복과 중복
친하고
편안하게

"일곱 번은 광고를 내야 사람들이 당신의 광고를 보기 시작한다." 이런 이야기를 들은 적이 있는가. 이 이야기는 대인 직접 판매에서 쓰이는 비슷한 표현에 근거를 둔 것 같다. **"거래를 성사시키려면 평균 일곱 번은 방문해야 한다."** 실제 숫자가 얼마이건, 광고에서 의사를 전달할 때 반복은 중요한 요소이다. 메시지를 반복하면 무관심의 벽을 무너뜨리는 데 도움이 될 뿐만 아니라, 반복할 때마다 지난번에는 당신의 광고에 관심을 기울이지 않았을지도 모르는 사람들에게 광고를 노출시키기도 한다.

게다가 메시지를 반복할 때마다 자연스럽게 제품과 회사에 더 익숙해진다. 그리고 특별한 이유가 없는 한 받아들이려는 감정이 생기기 시작한다. 이러한 수락의 감정이 강해질 때 친밀감이 싹트기 시작한다. 사람들은 본질적으로 당신을 편안하게 느끼기 시작한다. 이러한 편안함은 더 큰 신뢰로 이어지고 이는 물건을 팔 기회를 열어준다.

기억하라 모든 광고의 목적은 소비자의 태도와 인식에 근소한 차이를 만들어내는 것이다. 이러한 작은 차이는 반복을 통해 더 큰 차이를 만들 수 있고, 흔히 광고가 나가는 브랜드에 유리하게 국면을 전환시킬 수 있다.

반복이 나쁠 수 있을까. 그럴 수도 있다. 연구결과에 의하면, 반복은 적정수준까지는 효과적이지만 이 수준을 넘으면 불만과 소비자의 '싫증'을 유발할 수 있다고 한다.페티와 카시오포, 1979 요컨대, 그 연구에는 대학의 지출을 늘려야 한다는 주장을 대학생들에게 제시하는 실험이 포함되어 있었다. 어떤 학생들은 이 주장을 한 번 들었고, 다른 학생들은 세 번 들었으며, 나머지 학생들은 다섯 번 들었다. 반복에 세 번 노출된 학생들은 지출을 늘리자는 제의를 지지했다. 이 주장을 다섯 번 들은 학생들 사이에서는 동의가 상당히 줄어들었다. 이렇게 빈도가 잦은 경우에는 학생들이 지겹다고 느끼기 시작했을 수 있고, 그래서 그 후에 불쾌한 의사소통이라고 여긴 것을 비난하게 되었다고 심리학자 페티와 카시오포는 말한다.

광고를 세 번 이상 내지 말아야 한다는 의미로 이 연구결과를 해석하지 말기 바란다! 대학생에게 대학 지출에 대해 묻는 것은 신문에 당신의 제품과 서비스를 광고하는 것과는 다른 문제이다. 내가 이 예제를 공유한 이유는 그저 끝없이 이어지는 반복이 반드시 좋은 것만은 아니라고 깨닫게 하고, 반복을 이용할 때 신중을 기하라는 주의를 주기 위해서였다. 당신이 광고를 사랑한다고 해서 청중도 그러리라는 법은 없다. 하지만 광고가 돈을 벌어준다면 부디 계속 광고를 내라. **반복을 현명하게 사용하면 브랜드 친숙성을 높일 수 있다. 하지만 반복을 남용하면 소비자에게 멸시만 잔뜩 키울 수 있다.**

똑같은 광고를 몇 번이고 다시 내면 지루하게 구는 것이지만, 같은 광고를 다르게 변형하여 내면 중복의 힘을 이용하고 있는 것이다. 이는 효과적인 메시지나 슬로건의 수명을 연장시키는 간단한 방법이다. 같은 메시지를 다른 형식과 카피로 보여줌으로써 지난주에 본 광고가 아니라 새로운 광고를 보고 있다고 믿게 만든다. 이 방법은 소위 다수의 소식통과 다수의 주장과 연관되어 있다. 간단히 말해서, 대상을 같은 메시지에 노출시키는 소식통이 다양할수록 대상은 더 확신하게 될 것이다.

예를 들어 한 여자가 매일 초콜릿을 먹으면 건강에 좋다고 말하는 것을 듣는다. 그 발상이 어떤 인상을 주느냐에 따라, 맛있는 초콜릿을 먹은 지 얼마나 오래 되었느냐에 따라 그 이야기를 믿거나 믿지 않을 것이다. 하지만 하루 종일 다섯 사람이 다가와서 이 주장을 약간씩 다르게 설명한다면, 그 이야기는 신념체계에 심각한 영향을 줄 것이고, 이 발상을 자신의 것으로 훨씬 더 잘 받아들일 것이다.

15
수사 의문문

흥미와
관심을 끈다

수사 의문문은 실제로 의문문으로 위장한 서술문이다. 상당히 교활하다, 그렇지 않은가. 수사 의문문은 결코 새로운 기법이 아니며, 아리스토텔레스가 쓴 고전 웅변술《수사학》기원전 330년 경, 1926 미국 최초 출판에도 언급되어 있다. TV 드라마 속 변호사들은 상대방에게 압력을 가하고 당황하게 할 뿐만 아니라 자신의 주장에 진실한 태도를 더하기 위해 반대 심문에서 수사 의문문을 사용하는 것으로 유명하다. 예를 들어 변호사들은 이렇게 묻는다. "치즈 덩어리를 그의 머리에 던진 직후에 디너 포크로 그의 눈을 찍었다는 게 사실이 아닌가요?" 이 원칙의 다른 예를 들어보자.

· 다이얼 비누 광고는 이렇게 물었다. "다이얼을 써서 좋지 않은가? 모든 사람이 그랬으면 하고 바라지 않는가?"

· 1926년에 세탁세제 린소Rinso 신문 광고는 이렇게 물었다. "또 누가 힘들이지 않고 빨래를 더 하얗게 하고 싶은가?"

· 롤레이즈는 이렇게 질문했다. "구원의 철자가 어떻게 되는가?"

· 소유권이 독립되어 있는 북미 최대의 광고 대행사 W. B. 도너는 분명히 수사의문문의 신봉자이다. 귀에 쏙 들어오는 광고 캠페인에서 그들은 이렇게 묻는다. "클론다이크 바초콜릿 층을 얇게 입힌 바닐라 아이스크림를 먹기 위해서라면 무슨 일을 하겠는가?"

이 간단한 기법으로 광고인은 사실에 입각한 증거나 논리적 주장을 펴지 않고도 설득력 있는 주장을 할 수 있다. 수사의문문을 이용하면 때때로 사람들이 생각하는 방식을 바꾸고, 구매 행동을 수정할 수 있다고 한다. 즉 소비자가 광고 메시지에 대해 심각하게 생각하고 있지 않다면, 수사 의문문을 끼워 넣음으로써 주의를 끌고 어떤 뇌세포를 작동시켜 그 메시지에 대해 생각하도록 유도한다는 것이다.

맥크로스키McCroskey,1986에 의하면 "그 이유는 우리가 사회적 훈련을 받았기 때문이다. 누군가 질문하면 우리는 대답을 해야 한다. 올바르게 대답하려면 우리는 그 질문을 이해해야 한다."

결론 듣는 사람이나 보는 사람은 광고인의 메시지를 의식적으로 검토하려는 시도를 하고, 이는 다시 설득이 성공할 가능성을 높인다.

존경받는 의사소통 연구가 돌프 질먼Dolf Zillmann은 1972년 처음으로 그 주제에 관해 발표된 몇 안 되는 연구를 실시했다. 그 후 다른 몇몇 연구가들이 그 뒤를 따랐다. 그 발상 전체는 괜찮은 것 같지만, 불행히도 그 기법의 효과에 동의하는 사람들은 별로 많지 않았다.

어떤 사람들은 "맞다! 효과가 있다!"라고 말한다.버크란트와 하워드 1984, 엔즐과 하비 1982, 하워드 1980, 하워드와 케린 1994, 페티와 카시오포 그리고 히새커 1981, 스위시와 뭉크 1985, 질먼 1972, 질먼과 칸토어 1974 다른 연구 결과는 다음과 같다. "아니다. 모든 상황에서 특별히 효과적인 것은 아니다."칸토어 1979, 뭉크와 볼러 그리고 스위시 1993, 뭉크와 스위시 1988, 펜토니 1990. 1998년에 연구가 게일과 프레이스 그리고 알렌은 그 주제에 관해 그 당시에 이용 가능한 연구결과를 분석한 후 수사 의문문이 '설득에 주목할 만한 영향'을 미치지 않는다고 결론을 내렸다. 다른 연구에 의하면, 그 기법은 청중에게 압박받고 설득된다고 느끼게 하고, 따라서 그들이 당신의 메시지를 더 비판적으로 보고, 당신을 그 주제에 관한 전문가로 여기지 않는다고 한다.스위시와 뭉크, 1985

휴. 이만큼 온갖 연구를 했는데도 수사 의문문에 관해 우리 모두가 동의할 수 있는 의견은 없는 걸까. 아마도 바로 수사 의문문을 사용하면 메시지 인지도를 높이는 데 유익할 수 있다는 점일 것이다. 설득하기 위해서가 아니라 요점을 강조하기 위해 고안된 질문은 메시지를 기억하게 할 것 같다. 일리가 있다. 그렇지 않은가? 무언가에 대해 더 많이 생각할수록 그것에 할애하는 뇌세포가 더 많아지고 그것을 기억할 가능성이 더 높다.

16

증거

가치를
확인시킨다

나는 카피를 쓰려고 앉을 때마다 사람들이 나를 믿도록 납득시킬 수 없다면 그들이 내 은행계좌를 더는 불리지 않을 것이라는 점을 의식한다. 이는 믿거나 불신하거나 또는 무시하는 사람들을 현 상태에서 끌고 나와 내가 팔고 있는 것이 그들의 주머니에 있는 돈보다 더 가치 있다고 납득시켜야 하는 책임이 내 말에 있다는 뜻이다.

그런 식으로 생각해본 적이 있는가. 사람들은 당신이 팔고 있는 것이 그들이 지불해야 하는 돈보다 더 큰 가치가 있다고 믿을 때 물건을 산다. 예를 들어 광고 워크숍에서 나는 이렇게 말한다. "소비자 심리에 관한 간단한 실험을 합시다." 나는 큰 물음표가 인쇄된 봉투를 들어 올리고 이렇게 묻는다. "20달러짜리 지폐 가진 분 계세요?" 몇몇 사람이 손을 든다. 나는 한 사람을 고르고 그쪽으로 걸어가서 이렇게 묻는다. "일단 거래를 하면 돈을 돌려받을 수 없습니다. 제가 당신의 20달러를 이 봉투 안에 있는 것과 맞바꾸자고 한다면, 교환하기 전에 어떤 질문을 하고 싶으세요?"

참가자는 으레 이렇게 대답한다. "봉투 안에 무엇이 들었어요?" 미국 땅 어디서 워크숍을 하건, 내가 이렇게 제의하면 참가자들은 늘 똑같은 질문을 할 것이다. "봉투 안에 무엇이 들었어요?"

이것이 우리에게 시사하는 바는 무엇일까? 소비자들은 누구나 구매 결정을 하기 전에 똑같은 생각을 한다는 것이다. 시간이건 물건이건 또는 돈이건, 가치 있는 것을 교환하기 전에 소비자들은 누구나 한 가지를 알고 싶어 한다. 그들은 누구나 거래에서 무엇을 얻을 것인지 알고 싶어 한다. "그래서 나한테 돌아오는 게 뭔데?" 또는 약자로 WIIFMWhat's In It For Me이다. 소비자들은 WIIFM을 알기 전까지 거래하기를 주저할 뿐만 아니라 20달러 지폐를 가지고 있느냐는 내 질문을 듣고 손을 드는 것조차 꺼린다! 이는 수많은 구매 결정에 동반되는 두려움, 즉 상실에 대한 두려움을 암시한다.

다음으로 나는 속에 든 20달러 지폐가 훤히 보이는 비닐봉지를 들어올렸다. 나는 이렇게 질문했다. "1달러 지폐를 20달러 지폐가 든 이 봉지와 맞바꾸고 싶은 분 계세요?" 마치 맨 처음 잡을 수 있는 사람에게 크루거란드남아프리카 공화국의 1온스 금화 금화를 던지겠다고 방금 제안하기라도 한 것처럼 여기저기서 수십 명이 손을 드는 것은 놀랄 일도 아니다. 이 예제에서 청중, 즉 소비자들은 일단 자신에게 어떤 이익이 있을지 알고 나면 자신의 돈을 봉지 안에 든 것과 맞바꿀 가능성이 훨씬 더 크다는 것을 입증했다.

내가 알기에는 이것이 광고의 기본 원칙을 보여주는 최선의 방법이다. 즉, **당신이 팔고 있는 것의 혜택을 잠재고객에게 말하라**. 잠재고객은 '당신의 봉지' 안에 든 것이 당신이 요구하는 돈보다 더 가치 있다고 확신해야 한다. 그렇지 않으면 거래는 일어나지 않을 것이다.

따라서 우리는 우리가 팔고 있는 것의 가치를 잠재고객에게 확신시켜야 한다는 것을 알고 있다. 확신시킨다는 것은 믿음을 일으킨다는 뜻이다. 그렇다면 어떻게 해야 그들을 믿게 할까?

입증된 바 있는 **한 가지 아주 좋은 방법은 설득력 있는 증거를 제시하는 것이다**. 증거는 다음과 같이 정의된다. "어떤 출처에 의해 뒷받침하는 것으로 사용되지만 그 출처에 의해 만들어진 것이 아닌 사실적 진술이나 물건 또는 의견을 말한다."라인하르트Reinhard, 1988 더 간단히 말해서, 광고인이 직접 만들어낸 것만 아니라면 증거는 사실 수치, 추천서, 유명인의 보증 선전, 연구결과, 도표, 비디오 등 무엇이든지 될 수 있다.

이에 대해서는 의심의 여지가 없다. 조사 결과 증거는 효과가 있고 그것도 강력한 효과가 있는 것으로 결론이 났다. 확실한 증거를 이용하는 광고인들은 빈약한 증거를 사용하거나 이마저 아예 없는 광고인들보다 더 효과적으로 설득을 한다. 까놓고 말해서, 혜택만 잔뜩 늘어놓는 광고를 만들어놓고 당신이 쓴 것을 믿기만 바랄 수는 없다. 광고를 처음 볼 때 사람들은 당신이 팔려고 한다는 것을 뻔히 알고 있다. 당신이 제공하고 있는 것이 그들이 관심을 가지고 있는 것이라면, 그들은 당신의 주장을 믿고 싶어 한다. 당신의 주장을 믿고 제품을 사면 당신이 장담하고 있는 혜택을 누리게 될지도 모르기 때문이다. 그것은 마치 자기계발 세미나에 가서 전문 연사를 만나는 것과 같다. 연사가 강연을 망치기를 바라면서 거기에 앉아 있는 사람은 없다. 당신은 그가 강연을 잘 하기를 바란다. 그가 힘차게 연설을 하고 당신을 감동시키고 어쩌면 당신의 인생까지도 더 나은 방향으로 변화시키기를 바란다.

이와 마찬가지로 당신이 팔고 있는 것이 내가 겪고 있는 문제를 해결하거나 어떤 식으로든 내 인생을 더 낫게 하겠다고 약속한다면, 그 제품이 효과적일 것이라고 나는 확신하고 싶다. 하지만 그와 동시에, 계산대에서 매번 '땡' 소리가 나지 않는 이유이기도 한 것처럼, 나는 바가지를 쓰고 싶지 않다. 돈을 쓸 만큼 들뜨게 만들기 위해 내 감정에 효과적으로 호소할 것인지 아닌지는 당신에게 달려 있다. 그리고 특히 비용이 더 드는 제품의 경우, 지출을 정당화하고 그렇게 해서 어른의 책임감을 충족시킬 수 있을 만큼 논리를 제공하는 것도 당신에게 달려 있다. 강력한 증거는 이렇게 할 수 있다. 강력한 증거는 설득력 있는 효과 외에도 당신의 회사에 대해 '적당한' 제품과 서비스를 제공하는 회사라는 긍정적인 인상을 줄 수 있다. 어쨌든 증거가 뒷받침해주지 않는가!

중요하거나 값비싼 제품이나 서비스를 사는 문제에 직면했을 때는 증거가 가장 효과적이다. 이러한 상황에서 우리는 구매에 대해 신중하게 생각하고 관련된 주장과 문제를 고려할 준비가 되어 있다. 중심경로를 통한 깊고 논리적인 생각의 부가적 이점은 잠재고객의 태도에 장기적 변화를 가져와서 경쟁사의 세일즈 메시지를 꺼리게 할 수 있다. 훌륭한 이점이 아닌가.

흥미롭게도, 주변적으로 얕게 생각하는 사람들마저도 강력한 증거에 영향을 받는다. 사실과 수치, 추천서와 도표에 맞닥뜨렸을 때 이들은 말한다. "우와…이 많은 사실과 수치 좀 봐. 이건 틀림없이 사실일거야!"

조언 주변경로를 통해 생각하는 우리 친구들에게 영향을 주려면 반드시 분명하고 이해하기 쉽게 증거를 제시해야 한다. 주변경로를 통해 생각하는 사람들은 당신의 말을 이해하려고 따로 시간을 내지 않을 것이다. 그들은 자료를 보고, 그것이 무슨 의미인지 결정을 내린다. 따라서 형형색색의 도표와 그래프, 사실, 수치, 그리고 존경받는 지식인과 전문가의 인용문을 특징적으로 다루어야 한다.

일단 영업사원이 고객을 '구석으로 몰아넣기만 하면', 그는 판매 기법이 들어있는 무기고를 활짝 열어놓을 수 있다. 광고에는 주장을 분명히 밝힐 공간이 한정되어 있고, 소비자의 관심을 끌고 구입을 권유하는 내내 그 관심을 계속 붙들어둘 시간도 한정되어 있다.

17
휴리스틱

길수록
강하다

우선 휴리스틱이라는 낯선 단어에 대한 두려움부터 극복하자. 휴리스틱은 '발견하다'라는 뜻의 그리스어heuriskein의 파생어이다. 휴리스틱은 비판적 사고와 추론에 의해서가 아니라 현명한 추측에 의해서 지식을 얻거나 발견하는 과정과 관련이 있다. 우리는 앞에서 사회 심리학자 로버트 치알디니가 널리 알린 6가지 단서 CLARCCS 모델에 대해 구체적으로 논의할 때, 이 과정을 발음하기 덜힘든 단서라는 용어로 지칭했다.

이에 뒤질세라 연구가 스텍과 번스타인은 자신만의 독특한 설득 휴리스틱을 제시했다. 정확히 말하자면 그중 세 가지는 길수록 강하다는 휴리스틱, 애칭인 균형이론으로 알려진 호감-호응 휴리스틱, 그리고 모두가 합의하고 있는 행동은 올바르다는 휴리스틱이다. 우리는 길수록 강하다는 첫 번째 원칙만 살펴볼 것이다. 치알디니가 제시한 영향력 있는 6가지 무기를 논의할 때 나머지 두 원칙, 즉 호감과 유사성을 각각 다루었기 때문이다.

우리 인간은 게으른 동물이다. 우리는 대부분 결정을 내리기 위해 가장 빠른 길로 가는 편을 더 좋아한다. 그렇게 하면 생각하는 '고통', 복잡하거나 압도적인 온갖 세부사항을 고려할 필요성 같은 수고를 덜 수 있기 때문이다. 빨리 결정할 수 있다면 유튜브에서 우스꽝스러운 비디오를 보는 것 같은 더 재미난 일을 다시 할 수가 있다. 그리고 두뇌를 이용하는 문제에 관해 말하자면, 대다수의 사람들은 거의 무슨 짓을 해도 깊은 생각에 빠지는 것보다는 더 즐겁다고 느낀다. 천재 발명가 토마스 에디슨이 이를 가장 잘 표현했다. "생각이라는 노동을 피할 수만 있다면 인간은 수단과 방법을 가리지 않을 것이다."

휴리스틱 의사 결정이 구조에 나섰다! 올바른 유형의 정보에 노출된다면, 우리의 '정신적 기차'는 주변처리 선로에 그대로 머무르며 몇 시간이나 며칠 또는 몇 초나 몇 분 안에 결정을 내릴 태세를 완전히 갖춘 역에 들어올 것이다. 치알디니의 6가지 단서 외에도 심리학자들과 연구가들이 발견한 휴리스틱은 많이 있지만, 모든 휴리스틱이 그만큼 쉽게 광고에 적용되는 것은 아니다. 하지만 다음 휴리스틱은 가장 인기 있고 효과적이기 때문에 즉시 이용할 수 있다.

길수록 강하다는 휴리스틱은 증거와 비슷한 영향력을 발휘하는 원칙이다. 이 원칙은 광고가 길고 그 안에 믿을만한 사실과 수치가 많이 들어 있다면, 사람들이 제품과 서비스를 호의적으로 볼 가능성이 더 높다는 가정에 기반한다. 이러한 광고는 잠재고객에게 실제로 이렇게 말하게 한다. "우와…여기 얼마나 많은 것이 있는지 좀 봐. 그것은 틀림없이 사실일 거야." 그것은 어떤 사람이 특정 주제에 대해 상세하게 이야기하는 것을 듣는 상황과 비슷하다. 연사가 주장을 합리적으로 갈고 닦아서 제시하기만 한다면, 결국 당신은 들을 만큼 들었을 때 아마도 그를 전문가라고 생각할 것이다. 어쨌든 "그는 그렇게 오랫동안 계속 이야기했다!" 물론 길이 자체가 무언가가 진실하다는 의미는 아니지만, 이 원칙은 바로 그런 식으로 작용한다.

광고에 추천서를 담는 것은 잠재고객의 두뇌를 '첫 번째 휴리스틱 채널'에 고정시키는 한 가지 방법이다. 또 다른 방법으로는 길고 호감이 가는 카피를 쓰는 것이다. 긴 카피는 당신에게 설득할 기회를 더 많이 줄 뿐만 아니라, 잠재고객에게 카피가 그렇게 기니 그 광고에 무언가 있는 것이 틀림없다고 믿게 만드는 효과가 있다! 이것이야말로 길수록 강하다는 휴리스틱의 핵심이다.

만족한 고객의 사진을 몇 장이나 가지고 있는가. 그 사진들을 광고, 안내책자, 세일즈 레터, 웹사이트에 실어라. 사진을 한 장만 보여주면 당신에게 만족한 고객이 한 명 있다고 알리는 것에 불과하다. 수십 명의 사진을 보여주면 수량만으로도 당신의 주장이 믿을 만하고 확실하다는 대단히 긍정적인 인식을 가져온다.

무빙 타겟의 제이 시프라는 고객을 기억하는가. 그는 '101가지 성공담'이라는 4페이지짜리 컬러 안내책자를 잠재고객에게 보낸다. 당신도 짐작했다시피 이 안내책자에는 그의 서비스를 극찬하는 고객들이 보낸 추천서 101장과 사진이 들어있다. 이 안내책자에 감동받지 않기란 불가능하다. 이 책자에 딸린 나머지 정보를 읽지 않는다 하더라도 그가 홍보하는 서비스가 실제로 효과적이라고 믿고 싶어질 것이다. 그의 서비스가 대단히 효과적일 뿐만 아니라 101명까지 그렇다고 말한 것이다!

나는 광고 워크숍을 홍보하기 위해 '터놓고 말하기'라고 이름 붙인 전단지 한 장을 8.5×14인치로 만들었다. 이 전단지 한 페이지는 좁은 세로단 세 개로 나누고, 참가자들의 이름, 회사명, 도시, 주를 포함한 인용문으로 빈틈없이 꽉 채워져 있다. 페이지의 맨 위 좌측 상단에는 내 사진이 있다. 사진의 오른쪽에는 크고 굵은 헤드라인이 다음과 같이 쓰여 있다.

참가자들이 터놓고 말한다!
드류 에릭 휘트먼의 워크숍에 대해
그들은 이렇게 말하고 있다

이 전단지는 극찬하는 수많은 추천서로 꽉 차 있기 때문에 이 전단지를 다 읽거나 대충 다 훑어볼 때쯤에는 머릿속이 빙글빙글 돌고 있을 것이다! 당신은 적어도 경험적으로 그 워크숍에 틀림없이 무언가 특별한 것이 있다는 것을 '안다.'

당신은 잠재고객에게 제품이나 서비스를 사야 하는 합당한 이유를 몇 가지나 제시할 수 있는가. 간단한 리스트가 효과적이다.

나는 데이타이머Day-Timers에서 일할 때 데이타이머의 멋진 업무용 수첩을 사야 하는 22가지 합당한 이유를 잠재고객에게 제시했다. 그것은 거의 모든 각도에서 잠재고객을 공략했다. 당신에게 인생을 체계화하려는 경향이 조금이라도 있다면, 이 리스트는 (1)즐길 수 있는 많은 혜택에 흥분하게 만들 것이고 (2)내가 열거한 그 제품을 사야 하는 22가지 이유 때문에 그 제품에 진짜로 가치가 있다고 당신을 확신시킬 것이다.

잠재고객은 당신이 던진 이유 중 몇 가지를 무시할지도 모른다. 하지만 정보를 충분히 제공한다면, 길수록 강하다는 휴리스틱의 효과가 나타나기 시작해서 실패를 면하게 해줄 것이다. "이 리스트가 얼마나 긴지 한번 봐! 아마 이들 중 두어 개는 완벽한 사실이 아니겠지만 이건 괜찮아 보여⋯그리고 이건 멋진데⋯그리고 이런, 이 혜택은 도움이 되겠어."

한 정치가가 대중 앞에 서서 50페이지짜리 서류를 끄집어낸다. 그는 서류 안에 상대편 테드 토피Ted Torpy가 국가가 직면한 대단히 중요한 쟁점에 대해 어떤 식으로 입장을 번복했는지 보여주는 예가 200가지 이상이 들어있다고 주장한다. 그는 밀봉된 서류를 열고 상대방이 입장을 번복했다는 꼼짝달싹할 수 없는 인용문을 잇달아 줄줄 읽어 내려가기 시작한다. 그는 상대방의 걱정스러운 특징의 범위와 문제가 되는 수량을 청중에게 인식시키려는 노력에서 각각의 인용문에 목청껏 번호를 매긴다. 그가 읽는 내용뿐만 아니라 그 내용의 수치 자체도 청중을 성가시게 할 것이다.

이 정치꾼은 거기서 멈추지 않는다. 어림도 없다. 그는 그 다음에 상대방의 파악하기 힘든 진술을 모아서 '토피의 교묘한 진술 200가지'라는 꼬리표를 단다. 그리고 인쇄물와 TV 광고에 그 이야기를 언급하기 시작한다. 그는 그 서류를 인쇄한 후 제본해서 집회에서 나눠 준다. 그는 서류를 PDF로 만들어 자신의 웹사이트에서 즉시 다운로드할 수 있게 한다. 처음 몇 장을 읽고 나머지를 재빨리 넘겨본 사람들은 각각의 '입장 번복' 인용문에 눈에 띄게 번호가 매겨져 있는 것을 본다. 독자들 1,000명당 1명도 사실 여부를 확인하지 않는다. 그럴 시간이 어디 있겠는가. 따라서 '토피의 교묘한 진술 200가지'는 이 정치가가 예상하던 영향을 받기 시작하고, 결국 더는 누구도 통제할 수 없을 정도로 티셔츠, 유튜브 비디오, 범퍼 스티커, 블로그에 퍼진다. 서류 전체를 읽는 사람은 거의 없지만, 누가 그래야 하겠는가. 누구나 그 안에 200가지 인용문이 있는 것을 볼 수 있다. 그것은 틀림없이 무엇인가를 말하고 있다!

불쌍한 테드 토피. 그는 체험적 살인이 낳은 가장 최근의 피해자이다. 그는 그 정치꾼의 전략이 정확히 어떤 식으로 자신에게 불리하게 작용했는지 제대로 이해하지 못했다. 그리고 휴리스틱이라는 단어 이야기가 나와서 하는 말인데, 흥미롭게도 그에게 반대표를 던진 사람들 100명당 1명도 이 단어에 대해 들어본 적이 없었다.

03

지갑을 열게 하는
비밀

누구에게나 무엇이든 팔기 위한 41가지 검증된 기법

효 과 적 인

광 고 만 들 기

전구를 재발명하지 마라…스위치를 켜기만 하면 된다!

믿기 힘들지만 토마스 에디슨은 특허를 1,093개나 가지고 있었다. 그는 미국 ABC 방송사의 리얼리티 쇼 〈아메리칸 인벤터〉의 참가자 99%가 내놓는 것 같은 종류의 우스꽝스럽고 쓸모없는 자질구레한 특허를 가졌던 게 아니다. 사진, 백열등, 영화 촬영기, 자동 전신 시스템, 주식 시세 표시기, 전기 투표 기록기, 등사기, 전화 송화기 등 전 세계 수십억 명의 생활에 영향을 미치는 획기적이고 경이로운 발명품을 개발했다.

게다가 그는 끈질기기가 말도 못할 정도였다. 기존 전기 백열등은 그리 오래 가지 않았고 좁은 공간에 쓰기에 너무 밝았기에, 에디슨과 동료들은 전기 백열등을 개선하기 위해 애쓰면서 3,000가지 이상의 다양한 이론과 식물재료 수천 개를 실험했다.

에디슨은 이렇게 말했다. "나는 작업을 완수하기 전에 식물의 성장을 6,000번이나 실험했고, 가장 적합한 필라멘트 재료를 찾아 전 세계를 뒤졌다."

휴, 당신이라면 어느 시점에서 포기했을까? "흥미롭군요, 드류. 하지만 뜬금없이 역사적 교훈은 왜 이야기하는 거죠?"

내 주장이 맞다는 것을 입증하기 위해서이다. 어떤 엉뚱한 이유에서든지 당신이 직접 백열전구를 만들고 싶다면, 에디슨이 실패한 수천 가지 실험을 되풀이하느라 몇 년을 허비하는 대신, 그의 실험실 메모를 읽고 그가 어떻게 일했는지 알아보는 편이 더 현명하지 않겠는가! 그는 탄화 대나무 필라멘트가 진공상태에서 1,200시간 이상 확실한 빛을 만들어낼 정도로 천천히 연소한다는 사실을 어떻게 알아냈을까?

물론이다! 당신은 그저 그가 한 일을 따라하고, 오래 가는 백열전구를 만들어내고, 살던 대로 계속 잘 지내면 된다. 당신이 시도하려고 준비하고 있는 과제에 성공한 사람을 연구할 때마다, 성공에 이르는 놀라운 지름길을 닦게 된다.

같은 논리가 광고에도 적용된다. 수천 명의 에디슨이 이미 당신을 위해 실험했다면, 그 실험을 하느라 오랜 시간과 돈을 낭비할 필요는 없다. 실험을 좋아한다면 마음껏 해라. 반면 지금 당장 결과를 원한다면, 쓸데없는 수고를 덜고 바로 효과가 나는 일을 하는 것이 어떨까? 똑같은 일을 반복하기엔 인생은 너무 짧다.

다음에 나오는 41가지 기법은 광고 대행사 전문직 종사자, 마케팅 전문가, 그리고 헌신적인 소비자와 사회 심리학자 수십 명이 수십 년간 실제로 실험한 결과가 뒷받침한다. 그리고 가장 중요한 것은 각 기법이 실생활에 효과적인 것으로 입증되었다는 사실이다.

사실 이 책을 다 읽을 때쯤에는 돈벌이가 되는 매우 효과적인 광고를 만드는 방법에 대해 경쟁사 99%가 평생 일해서 알아낼 것보다 더 많이 알게 될 것이다. **보장한다.**

이제 시작하자.

1

카피는
쉽게 써라

이 책을 그만 읽어라. 이 첫 번째 수업의 조언을 따르지 않는다면, 당신의 제품이나 광고가 아무리 훌륭하다 해도 실패할 가능성이 크기 때문이다.

이 첫 번째 가르침은 내가 당신에게 가르쳐줄 다른 모든 것의 토대이다. 이 가르침은 처음 권투를 배우는 학생에게 첫 수업에 '서는 법'을 배울 것이라고 말하는 것과 같다. 따분하다고? 아마 그럴 것이다. 하지만 그 학생이 따분하다고 이 수업을 빼먹는다면, 아마 처음 링에 오르자마자 볼썽사납게 나뒹굴게 될 지도 모른다. 그 수업은 비록 누가 봐도 당연한 것을 가르치겠지만, 그래도 지극히 중요한 것이다. 이 첫 주제를 우습게 본다면 당신의 광고와 사업은 초보 권투선수처럼 연달아 잽을 얻어맞고 아픔을 호소하게 될 것이다. 말 그대로 너무나 간단하다.

사실 광고의 목표는 사람들에게 행동하게 하는 것이다. 그리고 TV나 라디오가 아니라 인쇄 광고를 만들기 위해 우리가 사용하는 도구는 소리나 움직이는 이미지가 아니라 말이다. 따라서 광고가 효과적이려면 논리적으로도 말을 효과적으로 사용해야 하지 않겠는가.

물론이다. 그리고 말을 효과적으로 사용한다는 이야기는 무슨 말을 하고 있는지 이해하도록 글을 써야 한다는 뜻이다. 말 그대로 간단하지만 방금 글을 통한 모든 효과적 의사소통의 첫 번째 핵심을 배웠다. **사람들이 이해할 수 있게 글을 써라.** 이 발상은 '소비 심리학의 원칙 11. 메시지 구성'에 근거한다.

> 침팬지 두뇌에 맞춰 글을 써라. 단순하고 직접적으로.
> – 유진 슈워츠Eugene Schwartz

현실을 직시하자. 당신은 실내 수도관 이후로 가장 위대한 발명품을 가지고 있을 수 있다. 하지만 당신이 그 발명품에 대해 도대체 무슨 말을 하려고 하는지 아무도 이해하지 못한다면, 차라리 가장 형편없는 물건을 가지는 편이 낫다. 마찬가지 아닌가.

어느 경우를 막론하고 사람들이 무조건 제품을 사는 것은 아니다. 의사소통하려고 애쓰는 사람들이 당신의 메시지를 이해하기 전까지는 효과적인 의사소통은 일어나지 않는다. 신문이나 잡지에 광고를 내고 있고, 웹사이트가 인터넷으로 연결된다고 해서 효과적으로 의사소통하고 있다는 뜻은 아니다. 당신은 광고를 하고 있다. 그 점은 인정한다. 하지만 누군가 그것을 읽고 이해하기 전까지는 그저 혼잣말을 하고 있을 뿐이다. 나도 자주 혼잣말을 하기 때문에 잘 안다.

간결하게 쓰려고 노력하는 것과 실제로 그렇게 쓰는 것은 별개의 일이다. 친구와 이웃 그리고 가족에게 세일즈 카피를 읽어보라고 하는 등 스스로 테스트하지 않으면, 카피가 얼마나 이해하기 쉬운지 실제로 감을 잡기 어렵다.

가독성 측정공식

루돌프 플레쉬 박사는 저서《평범한 말투의 미학 가제 The Art of Plain Talk》에서 무엇이 글을 읽기 쉽게 혹은 어렵게 만드는지 분석했다. 가독성을 결정하기 위해 1940년대 초반에 그가 개발한 공식은 거의 70년이 지난 오늘날에도 여전히 사용된다. 마이크로소프트 워드를 사용한다면, 단추 한 번만 클릭하면 플레쉬의 가독성 측정공식을 이용할 수 있다. 1점에서 100점까지 점수를 매겨 점수가 높을수록 읽기가 쉽다. 수학을 좋아하거나 공식이 어떻게 적용되는지 이해하고 싶다면 다음 다섯 단계를 참고하라. 마조히스트라면 손으로 공식을 계산할 수도 있을 것이다.

1단계 – 단어를 세라: 축약형, 하이픈으로 연결된 단어, 약어, 수치, 기호, 기호의 조합을 한 단어로 쳐라. 예를 들면 TV, 12, $17, 5% 등이 있다.

2단계 – 음절을 세라. 단어의 음절을 발음 나는 대로 세라. 약어, 수치, 기호, 기호의 조합을 한 음절 단어로 쳐라. 한 단어를 두 가지로 발음하는 것이 일반적으로 인정된다면, 더 짧은 음절로 발음되는 단어를 이용하라. 잘 모르겠는가. 사전을 찾아보라.

3단계 – 문장을 세라. 마침표, 콜론, 세미콜론, 물음표, 느낌표나 대시로 나누어지는 완전한 단위의 말을 각각 한 문장으로 쳐라. 문장 내에서 발견되는 단락 나누기, 콜론, 세미콜론, 이니셜 캡시작 문단의 첫 글자를 큰 대문자로 써서 첫 번째 줄의 나머지 텍스트보다 위쪽으로 표시되게 하는 방법, 대시는 무시하라.

4단계 – 단어 당 평균 음절 개수를 결정하라. 총 음절을 단어 개수로 나누어라.

5단계 – 문장 당 평균 단어 개수를 계산하라. 단어 개수를 문장 개수로 나누어라.

휴! 그 결과가 당신의 가독성 점수이다.

플레쉬는 훌륭한 예를 통해 복잡성이 점수에 어떤 영향을 미치는지 보여준다. "John loves Mary.존은 메리를 사랑한다"라는 문장은 92점에 해당한다. 아주 쉽다. 이제 난이도를 높이자.

"John has a profound affection for Mary.존은 메리에게 깊은 애정을 품고 있다" 그다지 간단하거나 구체적이지 않다, 그렇지 않은가. 점수는 67점이다. 그리 나쁘지 않지만, 분명히 방향을 잘못 잡았다.

> 당신의 광고는 사람들의 지성을 조금밖에 얻지 못한다. 사람들
> 은 당신의 광고를 주의 깊게 살피지 않는다. 그들은 굳이 그러고
> 싶어 하지 않는다. 그러니 광고를 간결하게 만들어야 한다.
>
> – 존 케이플스John Caples

이제 최악을 살펴보자.

"존은 자신의 깊은 감정을 드러내는 법이 없지만, 루시, 프란, 그리고 그보다 정도는 덜 하지만 수에게 품고 있는 것으로 보이는 더 차분한 감정에 비하면 메리에게 깊은 애정을 키워온 것으로 추정된다."

욱…아주 장황하고 엉망이다! 점수는 32점이다. 어렵다. 무엇이 어떻게 되었는지 보았는가. 이 문장은 복잡하고 괴팍한 언어로 전락했고 읽기 힘든 단어를 36개나 덧붙였다. 로미오는 줄리엣에게 자신의 애정을 이런 식으로 표현하지 않았을 것이다!

점수는 어떻게 학년으로 전환될까. 플레쉬에 의하면, 순위표는 다음과 같다. 플레쉬는 점수가 너무 낮다면 "원하는 점수가 나올 때까지 단어와 문장을 줄이라"고 제안한다.

점수	학년
0–30	대학 졸업생
30–50	대학생
50–60	고등학생
60–70	중학교 2,3학년
70–80	중학교 1학년
80–90	초등학교 6학년
90–100	초등학교 5학년

사실 가장 읽기 쉽게 하려면 문장 길이가 단어 약 11개로 이루어지는 것이 좋다고 한다. 밥, 아일린, 그, 그를, 그녀, 그녀를 등 사람에 대한 언급도 매 100단어 당 적어도 14번씩 해야 한다.

플레쉬 박사에 뒤질세라 다른 연구가들도 자신의 고유한 가독성 지표를 들고 봄철 크로커스이른 봄에 노랑, 자주, 흰색의 작은 튤립 같은 꽃이 피는 식물처럼 불쑥 나타나기 시작했다. 포그 지표는 독자가 당신을 이해하기 위해 몇 년이나 교육을 받아야 하는지 말해주는 것이고, 플레쉬 킨케이드 지표는 딱딱한 서식과 출판물의 가독성을 확인하기 위해 미 국방부에서 이용하는 것이고, 영국 신문 맥래플린 '스모그 공식'은 〈미러Mirror〉의 이전 편집장 해리 맥래플린Harry Mclaughlin이 1969년에 개발한 것이고, 포캐스트 공식은 미 육군의 기술 설명서와 서식을 평가하기 위해 개발된 것이다.

이것을 직접 계산할 필요는 없다. 나는 컴퓨터에게 그 일을 시킨다. 이 책의 단어를 치기 위해 지금 내가 이용하고 있는 바로 이 컴퓨터 말이다.

조언 방금 무슨 일이 있었는지 알았는가. 일이 돌아가고 있는 정황, 구체적으로 말해 당신이 이 책을 읽고 있다는 정황을 언급할 때 내가 컴퓨터를 이용해서 글쓰기라는 반대편에 있다는 점도 함께 암시함으로써, 당신에게 충격을 주어 판에 박힌 독서의 틀에서 약간 벗어나게 했다. 그렇지 않은가? 일이 돌아가고 있는 정황에 대해 주의를 환기시켰기 때문에 아마 그것을 조금 더 '현재' 일처럼 느꼈을 것이다. 논의되고 있는 주제에서 벗어난 현재 사건에 대한 언급으로 초점을 바꾸었기 때문이다. 이제 옆길로 그만 새고 나는 방금 또 다시 그렇게 했다! 주제로 되돌아가자.

다음에 같은 제안을 하는 두 테스트 단락이 있다. 두 단락을 다 읽고 어느 쪽을 더 재미있게 읽었는지 알아보라. 어느 쪽이 더 쉬운가. 어느 쪽이 더 분명한가. 당신이 두 단락을 다 읽고 나면, 컴퓨터 분석 결과가 어떻게 나왔는지 말해줄 것이다.

첫 번째 테스트 단락

"직접 아이스크림을 만들어 한 달에 만 달러씩 벌고 싶은가. 내 아내 린지와 나는 그렇게 한다. 사실 우리는 때때로 수천 달러를 더 번다. 우리는 친구 스티브에게 이를 가르쳐주었고, 이제 그는 매달 4,300달러 이상을 더 번다. 그렇다면 계속 읽어라. 이 편지를 다 읽을 때쯤에는 당신도 그 방법을 알게 될 것이기 때문이다.

사실 나는 1,000명당 1명도 모르는 48가지 내부 관계자만 아는 비밀을 당신에게 털어놓으려고 한다. 이러한 비밀 중 어느 한 가지만 알아도 이 패키지 전체에 비용을 들일 만큼 가치가 있다."

두 번째 테스트 단락

"방대한 재원을 획득하고 싶다면, 다음 정보에 주목하라. 냉동 제과업에 종사하는 많은 사람들은 터무니없이 짧은 기간 내에 인기 절정의 아이스크림 장인으로 자리 잡을 수 있는 지름길을 오랫동안 엄격히 비밀에 부쳐왔다. 그들은 그러한 자료를 일반 대중에게 넘겨준다는 생각만으로도 몸서리를 치지만, 나는 기밀 정보라고 말한 것을 당신에게 기꺼이 내주겠다."

자, 이제 통계를 재빨리 훑어보자.

우와, 엄청난 차이다! 첫 번째 테스트 단락에 들어있는 문장 수가 더 많지만, 두 번째 테스트 단락에 훨씬 더 긴 문장들이 나온다. 각 문장 당 열두 단어 이상 더 많다. 문장이 더 길다는 것은 더 오래 생각해야 한다는 것을 의미하고, 생각을 오래 하려면 정신적 노력이 더 많이 필요하다. 사람들에게 생각하라고 더 요구할수록 그들을 잃을 가능성이 더 크다.

게다가 첫 번째 테스트 단락은 더 짧은 단어를 이용한다. 하지만 가장 큰 차이는 어디에 있을까. 플레쉬 가독성 점수와 플레쉬-킨케이드 학년 수준에서 드러난다. 점수가 72.1점인100점이 최고점수이다 첫 번째 테스트 단락은 당신이 가장 좋아하는 영화를 볼 때 듣는 이해하기 쉬운 말하기와 맞먹는다. 초등학교 6학년생이라면 이 구절을 읽고 이해할 수 있어야 한다. 이와 대조적으로 두 번째 테스트 단락은 〈뉴욕 리뷰 오브 북스전문적인 서평 잡지〉와 비슷한 점수를 받았고, 보통 사람이 읽고 이해하기는 훨씬 더 어렵다. 34.1이라는 낮은 점수를 받은 두 번째 테스트 단락은 '대학생 읽기' 수준이다.

미 교육부 내에 있는 국립교육통계센터에 의하면, (1)2007년에 25세에서 29세 성인의 30% 정도만 학사 학위 이상을 수료했고,

(2)16세에서 24세 성인 중 약340만 명이 고등학교를 중퇴했다고
한다.

단락 번호	단락 당 문장 수	문장 당 단어 수	단어 당 글자 수	플레쉬 가독성 점수 (1-100: 높을수록 좋다)	플레쉬 -킨케이드 학년 수준
1	7.0	13.1	4.1	72.1	초등학교 6학년(6.4)
2	3.0	25.3	5.3	34.1	대학생 (14.7)

　잠재고객의 학력과 상관없이 짧은 단어와 짧은 문장은 모든 사람
이 읽기에 더 쉽다. 물론 대단히 짧은 단어와 문장 그리고 단락만 이
용하지는 마라. 카피가 로봇 같지 않고 자연스럽게 들리도록 변화를
주어라. 좋은 지침은 카피의 약 70에서 80%를 1음절 단어로 구성해
야 한다는 것이다.

　소프트웨어도 플레쉬가 분명한 말이라고 부르는 것을 확인한다.
이러한 말은 명사, 고유명사, 대명사, 동사와 세부 사항이다. 당신이
더 구체적으로 말할수록, 독자가 당신의 메시지를 이해하기 위해 생
각을 덜 해도 된다. "조이가 초콜릿을 먹었다"라는 말이 "누군가 무엇
을 했다"라는 말보다 더 분명하다.

　이렇게 말하지 말라: "재정적으로 성공하다."
　이렇게 말하라: "매주 2,495달러까지 벌 것이다."

이렇게 말하지 말라: "온몸을 더 매력적으로 보이고 싶은가?"

이렇게 말하라: "남자여! 바위처럼 단단한 초콜릿 복근을 가지고 싶은가? 여자여! 군살 없고 섹시한 허벅지를 가지고 싶은가?"

야호! 이러한 헤드라인은 사람들에게 굉장한 호응을 얻을 것이다. 다음은 글을 아주 쉽게 쓰기 위한 4가지 간단한 처방전이다.

처방 1 . 짧고 간단한 단어를 사용하라

"내가 정보를 담은 다음 글을 계속해서 발표할 때, 대다수 사람들이 그들의 인생 경험이 긍정적인 표시로 제시된 지침과 정반대인 지침을 지시한다는 사실에 따라 예측된 반대 의견을 무조건 계속해서 내놓을 것이라는 점을 당신이 이해하기 바란다. 불행히도 교육적 훈육이 극도로 중요한 분위기에서는 나도 자료를 취득할 가능성을 잃을 수 있다고 서둘러 제시하지만, 이는 사실 이렇게 상당히 부담스러운 상황이 인지되고 예측된 결과이다."

이 마지막 단락을 재미있게 읽었는가. 아마 아닐 것이다. 왜 그럴까? 이 글이 변비에 걸린 하버드 법대 교수가 쓴 것처럼 들리기 때문이다. 그리고 맥래플린 '스모그' 공식에 의하면 이 글은 대학원생 정도의 읽기 수준에서 쓰였고, 이는 미국 국세청의 세법 조항에 비교할 만하다. 따분하다.

불행히도 당신이 생각하는 것보다 더 많은 사람이 이런 식으로 글을 쓴다. 이런 사람이 광고를 쓴다면 이는 특히 불행한 일이다! 하지만 사람들이 이렇게 글을 쓰는 데는 충분한 이유가 있다. 많은 사람이 이렇게 글을 쓰라고 배웠기 때문이다!

학교에서 우리는 어른처럼 글을 쓰라고 배운다. 특히 '문자'를 쓰라고 배운다. 따라서 피곤하다라는 단어는 무기력하다가 된다. 배고프다는 굶주리다가 된다. 크다는 거대하다가 된다. 고집스럽다는 완고하다가 된다. 나쁘다는 사악하다가 된다. 휴…이해가 될 것이다.

하지만 이제 무슨 일이 있었는지 알겠는가. 우리는 이런 글쓰기 훈련을 받았기 때문에 이런 식으로 글쓰기를 한다. 이는 우리가 광고, 안내책자, 세일즈 레터, 이메일 또는 웹 페이지를 쓴다는 것 자체가 사실상 허드레 물 쓰듯 돈을 쓰고 있다는 뜻이다. 왜일까? 우리가 도대체 무슨 말을 하고 있는지 아무도 이해하지 못하기 때문이다!

학교와 사회에서 배운 짜증나는 단어와 구절은 잊어라. 이것이 무슨 뜻인지 알 것이다. 여기에 10가지 이유가 있다와 같은 표현 말이다. 그 외에도 다른 지겹고 갑갑한 표현이 있다. 그냥 알아듣기 쉽고, 자연스럽고, 간결하게 하라.

처방 2. 문장은 짧을수록 좋다

짧은 문장은 읽기가 더 쉽다, 그렇지 않은가. 물론이다! 빠르다! 생생하다! 흥미롭기도 하다, 그렇지 않은가. 크고 날렵한 도끼로 문장을 베어내라. 사람들에게 더 읽으라고 유도하면서 그들의 시선을 세일즈 카피에 고정시킬 수 있을 것이다.

지침 한 문장에 한 가지 생각만 표현하라. 그 이상은 안 된다. 다음 이야기를 하려면 다음 문장을 이용하라. 왜일까? 사람들은 한 번에 한 생각만 처리하고 이해하는 편이 훨씬 더 쉽기 때문이다. 그리고 당신이 하는 말은 다 중요하기 때문에 그들이 각각의 세일즈 포인트를 다 이해하길 바란다, 그렇지 않은가. 물론 그럴 것이다.

따라서 훌륭한 플레쉬 박사가 제안하는 대로 하라. (1)더 짧은 단어를 이용하라. 단어의 70에서 80%는 한 음절만으로 이루어져야 한다. (2)문장을 더 짧게 써라. 각 문장 당 단어 11개 정도를 목표로 하라. 사람들은 더 많이 읽을 것이다. 그들이 더 많이 읽을수록 제품을 사도록 설득할 가능성이 더 커진다. 그들이 제품을 더 많이 살수록 돈을 더 많이 벌 수 있다. 질문 있는가?

처방 3 . 시선을 끄는 짧은 문장

최고의 카피라이터가 쓰는 방법으로 사람들이 빠른 속도로 계속해서 읽게 하는 비결이 있다. 그것은 질문을 하거나 재빨리 진술을 하게 하는 것이다. 그리고 다음 단락에서 몇 마디로 대답을 하거나 계속해서 생각을 이어가기만 하면 된다. 예를 들어보자.

밥에게

TV를 보는 것만으로 돈을 버는 비밀스러운 방법을 알고 싶지 않은가? 그럴 것이라고 생각한다.

이제부터 내가 설명을 해주겠다…

이처럼 짧은 단락은 사람의 눈을 페이지 아래로 끌어내릴 뿐만 아니라 읽는 속도를 더 빠르게 하고, 광고나 편지를 훨씬 더 솔깃해 보이게 한다. 글씨가 빽빽한, 크고 빈틈없는 페이지와는 대조적이다. 이 기법을 너무 많이는 쓰지 마라. 그렇다면 글이 너무 기계적으로 보일 수도 있다. 보통의 단락을 짧은 문장 약 네다섯 개로 제한하라.

드류 알란 카플란Drew Alan Kaplan은 이 비결을 잘 알고 있다. 그는 폭발적 인기를 끌고 있는 자신의 다이렉트 메일 카탈로그에 엄청나게 호감이 가는 카피를 써서 제품이 불티나게 팔리게 한다. 그는 UCLA의 비좁은 기숙사에서 작은 사업을 시작했다. 그는 곧 그 사업을 400명이 북적거리는 세일즈 군단으로 키웠다. 그래서 레이더 탐지기 45만 대, 스테레오 이퀄라이저 25만 대, 서브 우퍼 10만 대, 제빵기 90만 개를 팔았다. 나는 레이더 탐지기를 샀고, 오늘도 신선한 빵을 굽는다. 그렇다. 나는 훌륭한 카피라면 사족을 못 쓴다. 그는 거의 모든 카탈로그 전면 광고에서 불과 두 단어에서 네 단어로 이루어진 문장으로 첫 단락을 시작한다. 그의 웹사이트에서 방금 확인한 제품 여덟 가지 중 여섯 가지가 이 기법을 이용한다.

"나는 고백한다."

"우리는 자유롭다."

"그것은 어렵다."

"이것은 중요하다."

"S.W.A.T.Special Weapons Attack Team 특수기동대 팀은 이것을 이용

한다."

"그것은 문제이다."

이러한 기법은 사람들을 당신의 광고로 유인하는 빠르고 쉬운 방법이다. 광고계의 유명인들도 이 기법을 지지한다.

처방 4. 인칭대명사를 후하게 써라

마지막으로 카피를 당신, 나, 그, 그녀, 그들과 같은 대명사로 가득 채우기 바란다. 당신과 나라는 단어를 특히 후하게 써라. 대명사는 사람들이 즉시 알아차리는 따뜻하고 인간적인 맛을 더한다. 대명사는 대중적 의사소통을 가장 효과적 유형인 개인적 의사소통으로 바꾸게 한다.

사실 잘 쓰인 카피에서 당신이라는 단어를 너무 많이 쓴다는 것은 거의 불가능하다. 피자에 파르메산 치즈를 흔들어 뿌리듯 카피 전체에 대명사를 아낌없이 뿌려라. 대명사로 문장을 시작하라! 대명사로 문장을 끝마쳐라! 대명사를 큰 활자로 시작하라! 대명사를 헤드라인에 넣어라! 대명사를 이용해서 질문하고 말을 하라!

"**당신**에게 질문해도 될까요? **당신**에게 조언을 구해도 될까요? **당신**의 의견을 들어볼 수 있을까요? **당신**에게 말씀드릴게요. **당신**이 이 아이디어를 좋아할 것 같아요……"

좋다, 지금까지 배운 내용을 다시 검토해보자.

- **당신이 배운 것은** 광고를 성공시키려면 우선 독자가 당신의 메시지를 이해하지 못하게 방해하는 것이 무엇인지 알아야 한다.
- **당신이 배운 것은** 고객은 당신의 방대한 어휘력에는 관심이 없고 그들을 위해 할 수 있는 일에만 신경 쓸 뿐이다. 이 말은 당신이 더 짧은 단어, 문장, 단락을 이용해야 한다는 뜻이다.
- **당신이 배운 것은** 광고 카피는 대학 작문의 온갖 규칙을 따를 필요가 없다는 것이다. 카피가 할 일은 한 가지뿐이다. 즉 **팔고, 팔고, 또 팔아야 한다!**
- **당신이 배운 것은** 사람들을 당신의 카피로 끌어들이고 계속 읽게 하기 위해 질문을 이용하는 것이다.
- **당신이 배운 것은** 카피를 개인적으로 보이게 하기 위해 **당신**과 **나** 같은 대명사를 많이 이용하는 것이다.

당신은 이제 플레쉬 공식을 이용하여 카피의 가독성을 결정하는 쉬운 방법도 알았다.

조언 내가 '당신이 배운 것은'이라는 말을 앞에 나온 다섯 단락에서 어떤 식으로 반복했는지 알겠는가. 단락의 시작 문구는 읽는 속도를 높이고, 광고에 경쾌한 템포를 줄 수 있는 강력한 방법이다. 중복은 용량에 대한 사람들의 인식을 높이고, 2장에서 논의된 길수록 강하다는 휴리스틱에 따라 신뢰성을 끌어올리는 데도 도움이 된다.

단락을 이끄는 효과적인 다른 말로는 '우리가 보장하는 것은', '우리가 약속하는 것은', '당신이 받을 것은' 등과 비슷한 말이다. 그리고 내가 '당신이 배운 것은'이라는 말을 앵무새처럼 되풀이했는데도 불구하고 당신이 이 내용을 전부 깨닫지 못했다 하더라도, "반복이 너무 확실하고…너무 구체적이고…너무 많이 있기 때문에" 단어를 반복하는 것만으로도 당신 자신의 느낌을 반신반의하게 할 수 있다.

> 첫 문장은 최대 11단어로 제한하라.　　　　　　　 – 데이비드 오길비

2

나한테
돌아오는 게 뭔데

이제 소비자의 머릿속에 들어가 보기 위한 백만 불짜리 비밀, 즉 혜택에 대해 이야기해보자. 주의해서 잘 들어라. 모든 광고에 이 생각을 포함시키지 않으려면, 당장 보따리를 싸서 인간 이외의 다른 존재에게 물건을 파는 사업을 하라.

1장에서 8가지 생명력에 관해 논의한 것을 기억하는가. 아마 기억하겠지만, 8가지 생명력은 우리 두뇌에 원래부터 갖춰져 있는 인간의 기본 욕구이다. 우리가 누구이건, 어디에 살건, 무엇을 하건, 우리는 이러한 강력한 욕구를 충족시키도록 생물학적으로 내몰린다.

당신의 제품이나 서비스가 이러한 욕구 중 한 가지, 또는 9가지 2차적 욕구 중 어느 한 가지라도 만족시킬 수 있다면, 매출을 올릴 수 있는 끝내주는 혜택이 있다고 주장할 자격이 있다. 사실 당신의 광고가 안내책자, 세일즈 레터, 웹사이트, 그밖에 무엇이건, 광고에 혜택을 표현하지 않는다면 돈과는 영원히 안녕이다!

자, 광고 용어로 혜택이 무엇인지 살펴보자. **혜택이란 잠재고객에게 가치를 제공하는 것이다.** 그리고 이 말이 암시하듯, 그것은 당신이 아니라 잠재고객에게 직접적으로 유익한 것이다.

혜택은 특성과 똑같을까? 아니다! 그 차이를 깨달아야 한다. 특성은 단순히 제품이나 서비스의 구성요소이다. 예를 들면 다음과 같다.

제품: 롤스로이스 팬텀 쿠페

특성: 직접 선별한 최상급 가죽 시트
혜택: 어떤 기후에서나 고급스러운 편안함

특성: 털이 긴 윌턴 양털 카펫
혜택: 발밑에서 느껴지는 깊은 부드러움과 우아함

특성: 453마력, 6.7리터 V형 12기통 앞 엔진
혜택: 힘, 제어력, 최고의 신뢰도

특성: 자동차 덮개 위에서 자랑스럽게 날고 있는 예술가 찰스 사이키스의 '환희의 여신'이 부착된 과감하고 품위 있는 스타일링.
혜택: 힘과 성공 그리고 '잘 도착했다'는 느낌

알겠는가. 특성은 속성이다. 혜택은 그러한 속성에서 얻는 것이다.

혜택은 사람들에게 물건을 사도록 유도하는 것이다. 광고를 읽는 동안 사람들은 의식적으로 "그래서 나한테 돌아오는 게 뭔데?"라고 생각한다는 점을 기억하라. 그들은 그 생각에서 벗어날 수가 없다! 그들은 몇 번이고 거듭해서 그 생각을 한다. 그것은 결코 반복을 멈추지 않는 손상된 MP3 파일과 같다. 광고를 혜택으로 채움으로써, 그들이 원하는 "그래서 나한테 돌아오는 게 뭔데?"라는 질문에 대답하고 있는 것이다. 그렇게 할 때 당신의 제품을 갖고 싶다는 잠재고객의 욕구가 증가하고, 당신은 조만간 물건을 팔 수 있을 것이다.

> 소비자는 제품에 어떤 성분이 들어있는지가 아니라 제품이 그
> 들을 위해 무엇을 해줄 것인지를 근거로 물건을 산다.
>
> — 미국 신문협회

나는 워크숍에서 '특성-혜택 연습'이라는 인기 있고 아주 웃기는 2인 대화로 요점을 납득시킨다. 나는 참가자들끼리 짝을 지어 한 사람은 판매자, 다른 사람은 잠재고객의 역할을 하라고 한다. 판매자는 자신의 제품이나 서비스의 특성 한 가지를 고객에게 말하는 것부터 시작한다. 그 다음에 나는 잠재고객에게 크고 짜증 섞인 목소리로 이렇게 대응하라고 한다. "그게 뭐 그리 대수죠? 그게 저랑 무슨 상관인데요?" 이렇게 소리치고 손사래 치면서 완전히 넌더리난다는 내색을 하라고 지시한다. 그러면 판매자는 "…하는 이득이 있습니다"라는 말로 대답하게 한다.

여기 전형적인 대화 내용이 있다.

사업주: 이 제품은 잉크젯 프린터입니다. 한 가지 특성은 잉크 탱크가 여러 개라는 점이죠.

고객: 그게 뭐 그리 대수죠? 그게 저랑 무슨 상관인데요?팔을 머리 위로 마구 흔든다.

사업주: 한 가지 잉크색만 다 떨어졌을 때 카트리지 전체를 교환할 필요가 없으니 큰돈을 아낀다는 이득이 있습니다.

고객: 그거 좋군요…지금 가지고 있는 프린터에 잉크를 교환하느라고 거금을 쓰거든요.

사업주: 또 다른 특성은 트레이에 종이가 500장이 들어간다는 점입니다.

고객: 그게 뭐 그리 대수죠? 그게 저랑 무슨 상관인데요?역겹고 짜증난다는 내색을 한다.

사업주: 종이 넣는 트레이를 자주 채우지 않아도 된다는 이득이 있습니다. 다른 프린터들은 대부분 절반밖에 안 들어가거든요.

고객: 제 컴퓨터 이야기 같군요. 트레이를 계속 채우는 게 아주 고역이거든요.

사업주: 또 다른 특성은 초절약형 인쇄 모드입니다.

고객: 그게 뭐 그리 대수죠? 그게 저랑 무슨 상관인데요?

사업주: 초절약형 인쇄 모드는 다른 프린터의 정상 인쇄 모드보다 잉크를 50%나 덜 사용하기 때문에 잉크에 들어가는 돈을 많이

절약한다는 이득이 있습니다.

잠재고객 수십 명이 불만스럽고 못 참겠다는 짜증스러운 얼굴과 미친 사람 같은 몸짓으로 소리치면 교실은 온통 웃음바다가 된다. 연습을 마칠 무렵이면 판매자들은 자신의 제품을 어떻게 팔아야 할지 정확하게 안다. 어쨌든 늘 생각하고 있는 것을 표현해도 좋다는 허락을 받은 잠재고객 때문에 결국 판매자들은 녹초가 되고 만다!

미안하지만, 사람들은 자신에게 유익하지 않는 한 당신의 새로운 장비에 관심이 없다. 또 가격을 대폭 낮추지 않는다면 당신이 10주년을 축하하고 있는 것에도 관심이 없다. 마찬가지로, 직원들의 사진은 아주 따뜻하고 푸근해보일지 모르지만, 당신이 혜택을 퍼붓기 전까지 그 사진은 별다른 효력을 발휘하지 않을 것이다.

혜택은 잠재고객이 정말로 관심을 갖는 것들이다. 혜택은 우리가 2장에서 다루었던 '소비 심리학의 원칙 5. 수단-목적 사슬'을 이용하고, 이는 항상 핵심 혜택과 긍정적 최종결과에 초점을 맞추어야 한다는 점을 암시한다. 광고에 혜택을 가득 담는 것이야말로 모든 광고의 핵심이다.

> 빨리 말하고 정직하게 말하라. 그렇지 않으면, 친구여, 당신이 어떻게 되든 상관없다……이 제품이 어떻게 나오게 됐는지가 아니라 그것이 나를 위해 무엇을 해주는지 말하라! — 작자 미상

헤드라인에서
시선을 끌어라

정보 과부화 현상은 말도 못할 정도이다! 추정에 의하면 우리는 어디에서건 하루에 광고 247개〈컨슈머 리포트〉에서 3,000개 이상미국 신문협회에 노출된다고 한다. 납득시키고, 설득하고, 동기를 부여하고, 팔 승산이 있으려면 반드시 군더더기를 쳐내야 한다! 이렇게 하는 가장 쉬운 방법은 예외 없이 항상 헤드라인에 가장 큰 혜택을 싣는 것이다.

> 헤드라인이 제품을 제대로 팔지 못하면 광고비의 90%를 낭비하는 셈이 된다.
> — 데이비드 오길비

광고를 읽는 모든 사람 중 60%가 헤드라인을 읽을 뿐이라는 사실을 알고 있는가. 그들은 관심을 끄는 것에 '시선이 꽂히기' 전까지 스치듯 지나친다. 이 말은 광고를 보는 사람의 약 60%가 처음 몇 마디만 읽는다는 뜻이다. 이크!

해결책 사람들에게 가장 중요한 한 가지를 그들이 가장 볼 것 같은 위치, 즉 헤드라인에 실어라.

예를 들어 종업원에게 수입을 올리는 방법을 가르치는 레스토랑 워크숍 헤드라인을 쓰고 있다고 가정해보자.

이렇게 말하지 말라: "서빙하는 직원은 주목하라: 새로운 워크숍에서 장사하는 요령을 가르친다!"

이렇게 말하라: "서빙하는 직원은 주목하라: 새로운 워크숍에서 팁을 512%씩 늘리는 방법을 가르친다…그렇지 않으면 모두 환불해준다!"

평범한 집을 아름다운 모델하우스로 만드는 일을 전문으로 하는 인테리어 디자이너가 수상 경력도 있다면,

이렇게 말하지 말라: "저명한 루이스 테일러가 집을 설계하다."

저명한? 이 주장은 너무 특징이 없다. 이 주장은 마음속의 영화를 만들지도 못하고 고객은 아무것도 파악하지 못한다. 그 대신,

이렇게 말하라: "수상 경력이 있는 인테리어 디자이너 루이스 테일러가 상상도 못할 기간에 당신의 집을 호화로운 모델하우스로 바꿔놓는다!"

아…이제야 루이스가 무엇을 할 수 있는지 알게 된다. 그녀는 자신과 계약해야 하는 가장 중요한 이유, 즉 고객의 집을 아름답게 꾸며준다는 점을 말하고 있다.

디지털화되고 있기 때문에 카메라 상점에 필름이 쌓여있는가?

이렇게 말하지 말라: "당신 생애 최고의 순간을 정확히 포착하는 것은 이제 스냅사진이다."

이렇게 말하라: "필름 대폭 할인! 35밀리미터 컬러 필름 25% 할인 – 금주 한정!"

퍼지가 잔뜩 든 '기막히게 맛있는' 새 패스트리로 고객을 낚으려고 생각 중인 제빵사인가?

이렇게 말하지 말라: "들어와서 우리 제과점의 최신 일품 과자를 시식하라."

이렇게 말하라: "초콜릿을 좋아하는 분들은 주목하라. 지금 4킬로그램이 넘는 퍼지 데블 볼케이노 파이를 한입 베어 물어보라. 완전 공짜다!"

간결함이 보이는가. 헤드라인은 당신이 낚고 싶은 고객의 시선을 즉시 끌어야 한다. 그에 반해, 지역 신문에서 쇼핑객을 위한 다음과 같은 헤드라인을 내세운 조명용품 가게의 광고를 본 적이 있다. "당신의 인생을 밝히고 큰돈을 절약하도록 도와준다." 욱, 이 무슨 낭비인가? 왜냐고? 이 광고는 고객을 끄는 일을 전혀 하지 않기 때문이다. 이 광고는 페인트, 창문 청소, 심지어 우울증 치료제를 선전하는 것일 수도 있다! 이보다는 터무니없이 간단한 이 헤드라인은 어떨까? "램프가 필요한가?" 한번 생각해보라. "램프가 필요한가?"라는 헤드라인에 끌릴 사람은 누구일까. 물론 램프가 필요한 사람이다! 이 경우는 고객을 확실하게 선택했다. 이 광고가 누구에게 들려주기 위한 것인지는 명백하다.

> 헤드라인은 '고기에 붙어있는 라벨'이다. 당신이 선전하고 있는 제품을 살 만한 잠재고객을 불러 세우기 위해 헤드라인을 이용하라. — 데이비드 오길비

질문 더 길거나 더 짧은 헤드라인은 더 효과적일까?

다시 한 번 심리학으로 눈을 돌려보자. 연구가들은 일반인이 효과적으로 '받아들이거나' 신경 쓸 수 있는 양이 얼마나 되는지 알아보기 위해 수백 번씩 테스트를 했다. 평범한 사람들은 '주의를 기울이는 행동 한 번'으로 최대 5에서 9에 이르는 수치를 처리할 수 있다.

조지 A. 밀러, 〈마법의 숫자 7, 더하기 2 또는 빼기 2 The Magical Number Seven, Plus or Minus Two〉, 1956

전화번호가 왜 일곱 자리거나 여덟 자리인지 궁금한 적이 있는가. 벨 전화사는 가장 많이 변형 가능하고, 사람들이 기억하기 좋을 만큼 짧게 전화번호를 만들고 싶었다. 단어에 익숙한 사람들 대부분은 한

번 흘낏 보고 대여섯 가지 단어의 의미를 파악할 수 있다.

그렇다면 이 말은 헤드라인이 짧아야 광고주목률_{신문·잡지에 게재된}이 높다는 의미인가? 그렇다. 연구 결과로도 이 말을 확인할 수 있다. 그 이유는 헤드라인에 쓰이는 단어의 개수가 읽는 속도에 영향을 미치고, 따라서 헤드라인을 얼마만큼 읽는지에 영향을 미치기 때문이다.

이 주장을 납득시켜 줄 예가 있다. 신문에서 '전쟁!'이라는 헤드라인을 본다면 그런 것쯤은 거뜬히 읽고 처리할 수 있을 것이다. 당신이 그 단어를 알아보는 한, 그 단어는 즉시 의미를 전달한다. 그렇기 때문에 광고주목률이 높다. 시선이 그 단어에 닿기만 하면 이미 읽은 것이나 다름없다. 단어를 덧붙이는 동안에 당신은 속도, 일, 쉬움, 이해와 반대방향으로 움직이고 있다.

다음 헤드라인을 예로 들어보자. "어제 킴부투라는 국가의 블로도니 족이 역사적으로 더 공격적인 남쪽의 이웃나라 움움스에 선전포고를 했다." 우스꽝스러운 종족 이름에도 불구하고, 이처럼 긴 헤드라인을 세세히 보려면 더 많은 시간과 노력이 필요하다.

헤드라인이 길면 더 많이 생각해야 하고, 의미를 못 알아듣거나 지루해질 확률이 높다. 그렇기 때문에 헤드라인이 짧아야 광고주목률이 더 높다.

> 짧은 헤드라인이 긴 헤드라인보다 광고주목률이 더 높다. 헤드라인이 길수록 광고주목률은 줄어든다.   – 스타치 리서치

하지만 도끼를 들고 헤드라인을 떡갈나무처럼 베어내기 전, 헤드라인이 길더라도 잘 쓰기만 한다면, 종종 대단히 효과적일 수 있다는 점을 알아야 한다. 사실 카피가 긴 몇몇 직접 반응 광고는 단어 수십 개로 헤드라인과 서브헤드 도입부를 만들기도 한다.

해롤드 J. 루돌프는 1939년부터 1940년까지 〈새터데이 이브닝 포스트〉에 실린 광고 2,500개를 연구했다. 그 결과를 보면 헤드라인이 짧을수록 광고주목률이 높은 것을 알 수 있다.

이 연구 결과, 가장 짧은 헤드라인은 가장 긴 헤드라인보다 평균 광고주목률이 1/7 정도 더 좋았다. 우리는 단어 12개 이상으로 만든 헤드라인의 평균 광고주목률이 가장 큰 폭으로 떨어지는 것을 알 수 있다.

헤드라인에 단어가 몇 개나 나오는가?	헤드라인을 다 읽는 사람은 얼마나 되는가?
3개까지	87.3%
4-6	86.3%
7-9	84%
13-12	82.5%
13개 이상	77.9%

루돌프에 의하면, "헤드라인이 꾸준히 잘 읽히려면 짧기만 하면 된다는 것으로 이 결과를 해석할 수는 없다. 헤드라인의 내용이야말로 의심할 여지없이 광고주목률에 영향을 미치는 주요 요소이다."

그렇다. 짧은 헤드라인이 반드시 효과적인 것은 아니다. 단어 3개를 써도 15개를 쓸 때 못지않게 고전할 수 있고, 광고가 완전히 실패할 수도 있다. 아, 물론 단어 3개로 된 헤드라인은 힘들이지 않고 읽히기 때문에 광고주목률이 더 높을 것 같다. 그렇다고 해서 적절한 단어를 선택했다는 뜻은 아니다.

데이비드 오길비에 의하면, 더 긴 헤드라인이 더 많은 제품을 팔기도 한다.

"드류. 이제 훨씬 더 혼란스러워요!"

알았다…간단히 정리해보자.

1. 항상 헤드라인에 가장 큰 혜택을 실어라.
2. 똑같이 효과적인 헤드라인 두 개를 쓸 수 있다면, 다른 모든 변수가 같을 때 더 짧은 헤드라인이 더 많은 사람에 의해 읽힐 가능성이 높다.

실용적 목적을 위해 첫 번째 규칙을 절대로 소홀히 하지 마라. 그리고 다음 광고를 만들 때, 광고주목률을 극대화하기 위해 두 번째 규칙을 명심하라. 자, 기분이 나아지지 않는가.

4

희귀성을
높여라

당신의 광고는 당신의 세일즈맨이다. 나는 세미나에서 어떤 사업체도 부정하지 않을 세일즈맨을 예로 든다. 나는 건조하고 지루하고 단조로운 목소리로 이렇게 말한다. "그냥 천천히 결정하세요. 지금 당장 결정할 필요는 없어요. 그 제품은 앞으로도 언제든지 구할 수 있을 테니까요."

여기서 문제가 무엇인지 알겠는가? 세일즈맨은 지금 행동할 필요가 없다고 제안함으로써 잠재고객에게 지금 사고자 하는 의욕을 심어주지 않는다.

우리는 인간의 타성에 대한 이야기를 하고 있다. 간단히 말해서, 타성이란 물체가 현재의 운동 상태를 변화시키지 않으려고 하는 물리적 성질이다. 타성이란 드라마의 재방송을 보면서 소파에 앉아 있는 것과 같다! 자리에서 일어나서 옷을 갈아입고 러닝머신을 뛰러 가려면 때때로 기적이라도 일으켜야 한다.

우리가 광고인이라면 지금 당장 행동을 취하도록 동기를 부여해야 한다. 사람들이 기다리거나, 생각해보거나, 결코 오지 않는 '나중'까지 결정을 미루도록 두지 않을 것이다. 당신은 그들이 지금 크레디트 카드를 획 긋고 주문하기를 바란다.

그런데 그것은 그저 주문하라고 요구한다고 해서 되는 일이 아니다. 훌륭한 세일즈맨이라면 그렇게 하는 법을 안다. 그것은 잠재고객이 제의를 받았을 때 행동하게 만드는 문제이다. 그것은 제한을 둠으로써 희귀성을 인식하게 하면 그렇게 할 수 있다.

사람들에게 무언가를 가질 수 없다고 말하면 그 어느 때보다 더 원하게 된다. CLARCCS, 즉 '영향력 있는 6가지 무기'에 대해 논한 것을 기억하는가. 마지막 약어 'S'는 강력한 동기를 부여하는 희귀성을 의미한다. 제한에 힘을 실어주는 것은 상실에 대한 두려움이다.

뛰어난 카피, 멋진 그래픽, 완벽한 소구로 가득 찬 강력한 광고를 상상할 수 있는가? 가격은 딱 적당하고, 놀라운 추천서가 빼곡히 담겨 있고, 아주 효과가 좋은 정기간행물에 그 광고를 내고 있다. 당신이 빠뜨린 것은 희귀성을 포함시키는 것뿐이다. '8월 21일이면 세일이 끝난다'와 같은 구체적 마감 날짜가 나오는 '엄격한' 기한을 이용하건, '물량이 엄격하게 한정되어 있다'와 같은 '한정된' 희귀함을 이용하건 상관없다. 기한이 없으면 제안이 늘 유효하다는 뜻이다. 그리고 무엇보다 이것은 지금 살 필요가 없고, 제품이 모두에게 돌아갈 수 있을 만큼 넉넉하다는 뜻을 함축한다.

내일부터 전 세계 세일즈맨들이 다음과 같은 문구로 판매를 유도한다면 어떤 일이 일어날 것 같은가?

"이 제품을 지금 살 필요는 없다. 시간을 두고 결정하라. 당신이 어떤 결정을 내렸는지 알아보고 그 다음에 다시 얘기하겠다." 그것은 세계가 지금껏 알지 못한 규모의 경제적 붕괴를 가져올 것이다.

광고는 설득이다. 그리고 설득하기 위한 가장 중요한 시간은 당신이 행동을 요청하고 있는 지금이다. 인간의 타성을 꺾기 위해 항상 기한을 특징적으로 보여주어라. 이와 관련된 특별한 기술은 없다. 이보다 더 쉬울 수는 없다. 하지만 맙소사, 그 방법은 항상 강력하다. 간단히 다음과 같은 기본 문구만 포함하라.

- 4월 5일 전에 전화하라
- 물량이 엄격하게 한정되어 있다
- 5월 15일에 기한 만료
- 8월 3일까지만 가격 보장
- 오후 4시까지만 제안 유효
- 참가자 50명으로 좌석 한정
- 다음 기회는 없다
- 처음 전화 건 50명에게만 유효

5

강력한
헤드라인이란

헤드라인을 읽는 것은 운전하면서 표지판을 읽는 것과 비슷하다. 당신이 가고 싶은 방향을 가리키는 표지판을 보면, 그 길을 따라 계속 갈 것이다. 그렇지 않다면, 길을 벗어나서 가고 싶은 곳으로 이어지는 길을 찾을 것이다.

이와 마찬가지로, 흥미를 끄는 헤드라인을 보면 계속 읽을 것이다. 그 카피가 충분히 강력하다면, 아마 호주머니를 뒤져서 현금을 지불하기도 할 것이다. 그렇지 않다면 재빨리 다른 길을 택해서, 다른 광고를 흘끗 보거나 페이지를 넘기거나 다른 웹사이트를 클릭할 것이다. 이 경우 광고인이 보기에 당신은 이미 물 건너간 사람이다.

그렇기 때문에 헤드라인에 있어 다음과 같은 두 가지 임무가 중요하다. (1)사람들의 주의를 끌고 (2)사람들에게 계속 읽도록 동기를 부여한다. 헤드라인이 두 가지 일을 다 하지 않는다면, 대부분의 사람들은 당신이 금괴를 무료로 주어버리는 꼴이 되어도 알아차리지 못할 수 있다. 그러므로 단어 선택이 중요하다. 다행히 '지갑을 열게 하는 비밀 3. 헤드라인에서 시선을 끌어라'라는 조언 덕분에 당신은 무엇을 헤드라인에 실어야 하는지 알고 있다.

> 좋은 헤드라인이 갖출 수 있는 중요한 자질은 네 가지이다.
> 1. 자기 관심, 2. 뉴스, 3. 호기심, 4. 빠르고 쉬운 길 – 존 케이플스

자신에게 관심 없는 사람이 어디 있겠는가? 고객의 자기 관심에 호소하려면, 개인적 혜택을 약속하는 헤드라인을 쓰기만 하면 된다. 더 하얀 이, 더 높은 소득, 더 건강한 몸, 더 나은 관계, 그리고 특히 1장에서 논의된 8가지 생명력을 이용하는 다른 혜택을 약속하라.

사람들은 뉴스와 다른 정보를 얻으려고 신문을 본다. 우리는 새로운 것, 주변의 소식에 자연스럽게 관심을 갖는다. 뉴스 풍으로 혜택을 표현할 때 매력적인 흥밋거리를 더 첨가하는 것이다. 당신의 '뉴스'는 제품의 출시나 판매 여부, 그리고 구매자에게 어떻게 유용한지 알리는 것처럼 간단할 수 있다. 또는 시의성을 살짝 더하기 위해 광고를 현재 사건, 날씨, 스포츠나 화젯거리와 연결시켜라.

"로스엔젤리스는 주목하라. 아래 쿠폰을 제시하면 버거릴라에서 햄버거 구입액의 10%를 지진 희생자 돕기에 기부할 것이다 –오늘부터 금요일까지."

호기심이 많은가? 대부분의 사람들이 그렇다. 그리고 다음에 나오는 헤드라인처럼, 잘 만든 헤드라인은 사람들에게 계속 읽도록 동기를 부여할 만큼 호기심을 자극할 수 있다.

하지만 그저 시선을 끌 목적으로 헤드라인을 귀엽게 굴리거나 잔머리 굴리지 마라. 이에 대한 가장 좋은 예는 섹스와 많은 관련이 있는 광고에 '섹스!'라는 헤드라인을 붙이는 것이다. 당신은 그저 시선을 많이 원하는 것이 아니라, 꼭맞는 시선을 원하는 것이다.

다음에 나오는 검증된 헤드라인 시작 문구 17가지는 거의 어떤 제품이나 서비스에도 이용될 수 있다. 예제의 표현을 당신의 사업과 관련된 단어로 바꾸기만 하면 된다.

1. 무료 책자는 실제로 당신에게 돈을 보내게 만드는 교묘한 광고 쓰는 법을 보여준다.

2. 새로운 세미나에서 벼룩시장 판매자들에게 구매에 열광하게 하는 '벼룩 심리학'의 힘을 가르친다.

3. 마침내 유기농 설탕, 밀가루, 우유, 계란만 사용하는 제과점이 등장했다!

4. 이러한 새 발명품만 있으면 총이나 칼 또는 태권도 유단자가 아니라도 어떤 공격이든 저지할 수 있다.

5. 알린다. 남부 캘리포니아에서 샌드위치 열풍을 몰고 있는 화제의 가게가 새롭게 선보인다. 말리부 크러스트 포켓이다!

6. 경고! 어떤 애견 미용사들은 당신 개의 목에 올가미를 두른다!

7. 최근 발표된 심리학자의 연구는 무례한 세일즈맨의 코를 납작하게 해주는 잘 알려지지 않은 말하기 패턴을 밝힌다.

8. 이제 총이나 칼 또는 태권도 유단자가 아니라도 불량배의 공격을 막을 수 있다.

9. 여기에 43킬로그램인 할머니가 125킬로그램이 넘는 사이코패스 살인자를 딸랑이를 달라고 우는 아기처럼 만든 방법을 소개한다.

10. 바로 이 이탈리아 남자 세 명이 끝내주는 피자를 만든다.

11. 드디어 당신을 감동시키고, 평생을 바꾸며, 당신에게 힘을 주는 자기계발 세미나가 열린다!

12. 보라! 이제 당신은 솜사탕 기계를 도매가에 살 수 있다.

13. 새롭게 선보이는 피아노를 배울 수 있는 가장 쉬운 방법.

14. 새롭게 소개하는 필라델피아에서 유일하게 신선한 생과일을 사용하는 빙과류 가판대.

15. 놀라운 최신 DVD는 보기만 해도 혈압이 내려간다!

16. 만약에 수영장을 청소하는 것이 싫다면, 이 광고가 반가운 소식을 전한다!

17. 오늘부터 당신은 97% 더 춤을 잘 출 수 있다…이 규칙을 따른다면 말이다.

6

보디 카피를
쓰는 요령 12가지

당신은 잠재고객을 겨냥해서 더 읽게 만드는 멋진 헤드라인을 썼다. 당신은 그들의 이목을 사로잡았고, 호기심을 자극했고, 욕구를 이용했다. 지금 그것을 잃고 싶지는 않다!

하지만 보디 카피를 어떻게 써야 헤드라인에서 자연스럽게 흐르고 앞으로 이득이 될 잠재고객을 계속 묶어둘 수 있을까? 여기에 수백 가지 광고의 결과에 근거한 12가지 쉬운 방법이 있다. 다음 12가지 예제는 각각 같은 헤드라인을 변형의 출발점으로 한다.

1. 헤드라인의 생각을 계속 이어가라

"당신은 우리가 의미하는 무례한 세일즈맨이 어떤 사람인지 잘 알 것이다. 이들은 No!라는 단어를 이해하지 못하는 수다쟁이들이다.

이들은 계속 독촉하고 당신을 내버려두지 않을 사람들이다."

2. 질문하라

"당신이라면 이와 같은 불쾌한 상황에서 어떻게 대처할 것인가?"

3. 존경 받는 권위자의 말을 인용하라

"의사소통 심리학자인 R. 버틀러 싱클레어에 따르면, 누구도 이들이 이용하는 강매 전술에 주눅들 필요가 없다고 한다."

4. 공짜로 경험하게 하라

"다음번에 강매하려 드는 세일즈맨과 맞닥뜨리면, 그가 말을 마치기를 기다려라. 그 다음에 손을 입까지 들어 올리고 이렇게 말하라. '있잖아요, 당신은 정말…….'"

5. 그들에게 그것이 효과적인지 증명해보라고 요구하라

"당신이 이렇게 했으면 한다. 이 놀라운 새 책의 8페이지와 9페이지를 읽어라. 더 이상은 읽지 말라. 그다음에 가장 불쾌하고 공격적이라고 정평이 나 있는 대리점에 가라……."

6. 회의적인 이야기부터 시작하라

"저자에게서 처음 원고를 받았을 때 우리는 회의적이었다. 하지만 편집실에 있는 우리 중 몇 사람은 실제로 싱클레어의 방법을 시도해봤고, 그 결과 우리는 혀를 내둘렀다."

7. 다른 사람들이 뭐라고 이야기하는지 말하라 _{밴드왜건 효과}

"무례한 세일즈맨을 나보다 더 싫어하는 사람은 없다. 그래서 처음이 책에 대한 광고를 보았을 때는 너무 그럴 듯해서 사실 같지가 않았다. 사실 그 책은 무례한 동료, 세일즈맨, 시어머니에 대처하는 문제에 관한 한 내가 읽은 책들 중 가장 설득력 있는 책이다." - 밥 맨스트레스, 펜실베이니아 주 필라델피아

8. 기자처럼 말하라

"펜실베이니아 주 필라델피아입니다. 뉴욕의 한 심리학자는 최근 7년간의 연구 결과를 발표해 새로운 유형의 의사소통 심리학을 어떻게 불쾌한 사람에게 대처하도록 이용하는지를 설명합니다."

9. 사적인 질문을 하라

"싫다는 대답을 받아들이지 못하는 세일즈맨에게 들볶인 적이 있는가? 사람들이 당신에게 이래라저래라 하고 조종하는 것이 싫은가? 이러한 불쾌한 사람들의 코를 납작하게 할 수 있는 강력하고 새로운 방법을 알고 싶은가? 당신에게 주도권을 쥐어줄 방법을……"

10. 극적인 이야기를 하라

"의사소통 심리학자 R. 버틀러 싱클레어는 더 이상 어느 누구도 불쾌한 사람이 이용하는 강매 전술에 주눅들 필요가 없다고 한다."

11. 사양을 대단히 상세하게 설명하라

"이 놀라운 새 책은 8.5×11인치로 묵직하게 가죽 장정이 된 예쁜 양장본이다. 327페이지, 정보로 가득한 10개의 장, 이제껏 개발된 45가지의 가장 효과적인 새로운 의사소통 도구로 꽉 차 있다."

12. 아주 짧은 첫 문장으로 관심을 끌어라

그것이 싫지 않은가?, 그것은 너무 짜증스럽다! 정말 역겹다! 못 참겠다! 등

7

달라야
시선을 끈다

불량배 열 명이 용의자 선상에 있는 모습을 상상하라. 그들은 불량배 같은 차림을 하고 있다. 그들은 화가 난 불량배 같은 표정을 하고 있다. 얼굴도 불량배처럼 무섭다. 면도습관도 불량배처럼 형편없다. 게다가 전반적으로 '불량배다운' 분위기를 풍긴다. 똑바로 서 있는 이들 한가운데에는 방금 전용 비행기 걸프스트림에서 내린 것처럼 보이는 말쑥한 신사가 서 있다. 우와, 이 남자는 돈이 많아 보이는 것일까 뭘까? 그 양복! 그 구두! 그 백만 불짜리 미소란!

질문 용의자 선상에서 눈에 띄는 사람은 누구인가? **색달라야 마음이 끌린다.** "한 배의 강아지들 중에는 자주색 강아지에게 모든 관심이 쏠린다."

광고에서는 불량배와 강아지 이외에, 사람들의 주목을 끄는 한 가지 방법이 그래픽 디자인이라는 것을 알고 있다. 우리의 목표는 우리 광고가 다른 모든 사람의 광고처럼 보이게 하는 것이 아니다. 우리는 눈에 띄고 싶다, 그렇지 않은가? 하지만 광고인들 중 실제로 눈에 띄게 하는 사람들은 얼마나 되는가? 거의 없다. 직접 확인해보라.

잠시 책을 손에서 놓고 신문을 집어 들어라. 광고는 대부분 어떤 모양인가? 당신이 읽고 있는 신문을 보지 않고도 광고가 대부분 정사각형이고, 그 다음이 직사각형이라는 것을 나는 알고 있다. 계속해서 아무리 봐도 두 가지 모양뿐이다. 그 모양이 가장 효과적이라고 입증되었기 때문이 아니다. 그런 적은 없다. 단지 이러한 모양을 써야 신문사가 판매지면을 최대한으로 활용할 수 있기 때문이다. 이런 모양을 나란히 끼워 맞추기는 쉽다.

그러니 반항아가 되어라. 눈길을 사로잡는 원형 광고를 내서 흉내쟁이 무리에서 이탈하고, 가장 빽빽한 신문에서도 눈에 띄어라. 광고전문지 〈프린터스 잉크〉는 수십 년 전에 이러한 간단한 기법이 효과적이라고 보도했다. 하지만 이 기법을 아는 광고인은 거의 없고, 이 기법을 사용해본 광고인은 훨씬 더 적다.

당신의 광고를 전형적인 직사각형이나 정사각형 대신 원형에 넣어라. 카피는 일반적인 방법으로 게재하라. 카피를 원형 내부를 따라 굴리지 마라. 원형 광고는 더 주목을 끈다. 그리고 당신의 광고는 '정사각형' 경쟁에서 극적으로 돋보일 것이다.

당신이 구매하고 있는 정사각형 광고 지면에 꼭 들어맞는 원형 경계선 안에 카피를 넣어달라고 업체나 신문사, 아니 그래픽 디자이너에게 요청하기만 해라. 그 원형을 훨씬 더 강조하려면, 원의 바깥쪽 가장자리부터 원이 들어있는 정사각형의 안쪽 가장자리까지 검정색이나 당신이 선택하고 싶은 색상으로 다 채워라. 이렇게 하면 원형의 내부 전체가 카피를 쓸 공간으로 남는다. 모양의 특성상 자연히 원의 위나 아래보다 정중앙에 가로 공간이 더 많이 생긴다.

이것은 정말로 눈길을 끈다. 당신의 광고가 아무리 많은 광고에 둘러싸여도 상관없다. 이러한 광고는 단조로움의 바다 속에서 네온사인처럼 눈에 확 띌 것이다.

> 좁은 지면에서 성공한 광고들은 제품을 더 잘 표현하기 위해 특이한 모양을 잘 활용했다. 좋지 못한 광고들은 너무 많은 정보를 빽빽이 채우려 했고, 처음부터 독자를 끌어들이는 문제에 신경 쓰지 않았다. ─ '위대한 신문 광고', 2001년 2월 5일자 〈마케팅 매거진〉

8

가독성을
따져라

"아니 이런! 뒤바꾸지 마세요! 그만두세요! 어두운 바탕에 흰 글자를 인쇄하기만 해 봐요!"

그래픽 디자이너, 카피라이터, 광고 제작 감독, 컨설턴트, 신문 광고 판매 대리인, 그리고 광고 지식이 있는 다른 사람들에게서 이런 말을 들어보았을 것이다. 하지만 그들에게 이렇게 질문한 적이 있는가. "왜 안 되죠?" 아마 그들은 이렇게 말할 것이다. "읽기가 더 힘드니까요." 그리고 더 이상 아무 말이 없을 것이다.

당신은 이 조언에 따랐는가. 그래야 한다. 그 원칙이 건전한 심리학 원칙과 사실에 근거를 두기 때문이다. 당신의 웹사이트는 어떤가? HTML 광고는 어떤가? 인쇄물은 어떤가?

해서는 안 되는 이러한 것을 역상 처리짙은 색상을 배경으로 이미지를 흰색

으로 처리하는 과정 활자라고 한다. 당신의 광고가 웹사이트나 신문 또는 다른 곳에서 다른 광고들에 둘러싸여 말 그대로 구겨져 있길 바라지 않는다면 역상처리하지 마라. 연구 결과에 따르면 역상 처리하면 카피를 알아보기가 더 힘들다고 한다.

왜 그럴까? 우리 눈이 반대로 읽는 것에 익숙하지 않기 때문이다. 활자가 작은 경우에는 특히 그러하다. 불행히도 나는 대기업에 종사하는 많은 사람들이 이러한 실수를 저지르는 것을 보았다. 배경이 활자보다 더 진한 웹사이트를 얼마나 많이 보았는가? 이것은 읽기가 매우 힘들다.

이 규칙에 대한 예외는 무엇일까? 활자가 크고 단어가 적을 때는 짙은 색상을 배경으로 하는 헤드라인이 효과적일 수 있다. 예를 들어 보자. **무료 조콜렛 트뤼플!** 또는 **이 뉴 람보르기니를 차지하라!** 그러면 아마 미친 듯이 시선을 끌 것이다.

하지만 이 경고를 길게 반복하는 배경은 무엇일까? 스스로에게 그저 하지 말라고만 하지 말고, 광고 전문가들이 이러한 조언을 한 이유를 이해해야 한다. 그들 자신도 대부분 모르겠지만……

첫 번째 실험 : 검은 활자와 흰 활자

1931년에 〈응용심리학 저널〉에 게재된 '검은 활자와 흰 활자의 상대적 가독성'이라는 제목의 기사는 G. 홈즈라는 신비한 이름의 연구가가 짧은 단어를 이용해서 실시한 실험 결과를 담고 있다. 그는 어떤 단어는 흰색 종이에 검은 잉크로 인쇄했고, 다른 단어는 검은 배경에 흰 활자로 인쇄했다. 모든 단어는 같은 글꼴과 같은 활자 크기를 이용했다. 홈즈는 실험 대상자가 읽을 수 없을 만큼 멀리 떨어진 거리에서 양쪽 단어를 보여주었다. 그 다음에 그는 실제로 이렇게 말했다. "좋아요, 여러분, 이 단어를 읽을 수 있을 만큼 더 가까이 앞으로 나오세요."

그는 어떤 결과를 얻었을까? 흰 종이에 검은 색으로 찍힌 단어는 약 66인치 거리에서 읽을 수 있는 반면, 검은 종이에 흰색으로 찍힌 단어는 거의 55인치까지 가까이 오기 전까지는 읽지 못했다는 사실이다. 결론은 무엇일까? **역상처리는 활자를 더 읽기 어렵게 만든다.**

두 번째 실험 : 역상 처리와 읽는 속도

광고 연구가 대니얼 스타치가 실시한 실험도 홈즈의 연구결과와 일치한다. 스타치는 참가자들에게 역상처리하지 않은 짧은 구절을 읽게 했다. "이것을 읽으세요!" 그는 소리를 질렀다. 사실 일반적인 참가자들은 정확히 1초에 여섯 단어보다 더 빨리 그 구절을 읽었다.

그다음에 그는 그들에게 역상처리한 구절을 읽게 했다. 속도는 어떠했을까. 정확히 1초에 네 단어보다 더 빨랐고, 역상처리하지 않은 인쇄물보다 1초 당 약 두 단어 더 느렸다. 결론은 무엇일까, **역상처리는 읽는 속도를 늦춘다.**

세 번째 실험 : 역상 활자의 문제점

이제 대가들을 관여시켜 이 역상 활자의 문제점을 규명할 시간이다. 그리고 심리학자 패터슨Patterson과 팅커Tinker가 이 문제에 관여했다. 이들은 광고 연구에 영향력 있는 인물이다. 그들은 지체 없이 스타치의 실험을 되풀이했고, 살짝 비틀어서 실험한 결과 흥미로운 결과를 얻었다.

참가자에게 흰색 바탕에 검은 글씨 유형을 보여준 뒤 즉시 역상처리 유형을 보여주었더니 4% 정도 더 읽기 어려운 것으로 나타났다. 이들에게 역상처리 유형만 보여주었을 때는 16% 더 읽기 어려운 것으로 나타났다. 이는 통계적으로 의미 있는 수치이다.

어떤 판단을 해야 할까? 뒤바꾸지 마라. 이제 당신은 아무 생각 없는 로봇처럼 조언을 따르지는 않을 것이다. 당신은 자신이 왜 그렇게 하고 있지 않은지 알 것이다. 어서 가서 당신이 가장 좋아하는 광고 전문가에게 이 정보를 주지시켜라. 그는 아마 다시는 당신을 예전과 똑같이 보지 않을 것이다.

9

구체적으로
차별화하라

이 기법은 정말 강력해서 경쟁에서 주도권을 잡는데 도움이 될 수 있다. 이의 효과는 존경 받는 클로드 홉킨스《과학적 광고》에서부터 재기 넘치는 유진 슈워츠《획기적 광고(가제)》에 이르기까지 전설적인 광고 대가들에 의해 찬양받았다. 나는 이것을 극단적 구체성extreme specificity이라고 부른다. 그리고 당신의 경쟁사들은 이를 써먹는 당신을 저주할 것이다.

이 기법은 간단하다. 이렇게 하면 된다. 오늘 이후로 당신의 제품이나 서비스를 설명할 때마다 극도로 구체적으로 말하기 시작하라. 내 말은 이런 뜻이다.

어느 날 나는 실험을 했다. 나는 전화기와 전화번호부를 집어 들고 마구잡이로 동네 피자가게 약 25군데에 전화를 걸었다. 그리고 이렇게 말했다. "안녕하세요. 이번 주 토요일에 친구들 열 명이 피자를 먹으러 갈려고 합니다. 저는 당신 가게에 가고 싶은데 친구 한 명이 다른 피자가게에 가자고 하네요. 친구를 설득하게 도와주세요. 당신네 피자가 더 나은 점이 뭐에요?"

첫 번째 응답 짜증스럽게 "음…잘 모르겠습니다. 그건 '당신'이 결정할 일이죠!"

분석 한심하다. 여기 돈 많은 고객으로부터 자신의 식당을 나머지 식당과 차별할 수 있는 기회를 얻은 한 남자가 있었다. 그는 30초 만에 앞으로 오랫동안 새로운 고객이 될 열 명을 잃었다.

두 번째 응답 "우리는 더 좋은 식자재를 이용합니다."

분석 이 대답으로는 아무것도 알 수가 없다. 이는 머릿속에 긍정적 이미지를 심어주지도, 그의 피자를 원할 만한 특별한 이유가 되지도 못한다. 그리고 너무 포괄적이다. 다른 식당보다 돋보일 수 있는 또 한 번의 기회가 날아갔다.

세 번째 응답 "품질이 더 좋습니다. 우리 식당의 소스와 밀가루는 이탈리아에서 들여온 것입니다."

분석 훌륭하지는 않지만 더 낫다! 그는 그저 '품질'이나 '식자재'라고만 말하지 않고, 어떤 식자재인지도 구체적으로 명시했다. 그다음에는 그것이 진짜 이탈리아 식자재이기 때문에 더 낫다고 말한다. 브롱크스Bronx에서 만든 밀가루와 치즈보다는 확실히 더 나을 것 같다.

이보다 더 잘 대답할 수도 있었을까? 물론이다.

자신의 치즈가 더 나은 점이 무엇인지 말하면 어떨까? 그 치즈가 그냥 소젖 모차렐라가 아니라, 놀랄 만큼 풍미 있고 구하기 어려운 물소젖 모차렐라라고. 또 잘게 썬 치즈는 파이의 수분을 많이 날려 보내기 때문에 진짜 뉴욕 스타일 전통대로 절대 손으로 찢지 않고 덩어리째 위에 올린다고 말하면 된다.

밀가루는 어떨까? 북부의 선별된 지역에서만 수확한 경질 춘맥단백질 함량이 높고 우수한 강력분 제조용 밀만 이용한다. 아주 잘 부풀어 오르고, 겉은 바삭하고 속은 쫄깃하기 때문이다.

하지만 왜 거기까지만 말하는가? 소스는…자, 이것이야말로 진정한 아름다움이다. 그는 경쟁사들처럼 미리 준비된 소스는 쓰지 않는다, 결단코! 그는 직접 토마토를 으깬다. 오래된 토마토도 안 된다. 그는 이탈리아에서 들여오는 산 마르자노 토마토만 고집한다!

올리브 오일은 어떨까? 물론 엑스트라 버진 올리비에리만 쓴다. 도우는 대형 체인 피자점들처럼 생각 없는 금속 롤러로 납작하게 만든 것이 아니라 손으로 늘인 것이다. 그의 일품 피자는 이탈리아에서 직접 공수한 석탄을 때는 오븐에서 구워진다. 그래서 경쟁사의 평범하고 낡은 가스 오븐으로는 흉내낼 수 없는 놀라운 풍미가 더해진다.

고기와 야채는 어떨까? 경쟁사들은 미리 가공된 식자재를 규격화된 큰 비닐 봉투로 배달해서 쓴다. 여기서는 모든 식자재를 아침마다 신선하게 손으로 자른다.

허브는 어떨까? 그는 풍미를 가장 잘 내기 위해 신선한 바질과 오레가노를 기른다.

그리고 그 분위기는 말도 못할 정도이다! 아늑한 식당은 최근 바닥부터 천정까지 수리하여 크기가 거의 두 배가 되었고, 칸막이한 자리를 새로 넓게 마련했다. 의자는 다른 피자가게 대부분에 놓여있는 싸구려 플라스틱 의자보다 훨씬 더 편안하다. 저 화려한 이탈리아 타일과 멋진 미술작품을 보라.

모든 것이 마땅치 않은 듯 그의 가족은 4대째 손으로 피자를 만들어오고 있다. 바삭한 피자를 한 입씩 베어 물 때마다 80년 동안 구워온 정통피자를 맛보는 것이다.

"하지만 드류! 이런 것이 오늘날 '손님에게 더 많이 받고 덜 주는' 세상에서 정말 중요한가요?"

그렇다. 특히 아무도 그렇게 하고 있지 않기 때문에 그 어느 때보다 더 중요하다. 당신이 할 수 있는 가장 효과적인 일은 제품이나 서비스 사양을 잠재고객에게 가르치는 것이다. 당신의 제품이 적어도 경쟁사만큼 좋기만 하다면, 잠재고객은 일단 알기만 하면, 당신이 제안하는 내용의 진가를 더 잘 알아볼 것이다.

생각해보라! 당신의 제품이나 서비스에 대해 사람들에게 어떤 흥미로운 이야기를 할 수 있는가? 당신이 하는 일이나 그 일을 하는 방식에 대해 어떻게 가르칠 수 있는가.

두 레스토랑 이야기

첫 번째 레스토랑 루이지스는 치킨 파르메산, 스파게티, 마니코티 등 훌륭한 가정식 요리를 만든다고 한다. 게다가 쿠폰을 발행한다. 그렇다, 그것이 광고의 전부이다.

광고를 하는 목적은 눈에 띄고, 자신을 차별화하고, 사람들에게 행동하도록 설득하는 것이다. 나는 루이지스가 쿠폰을 발행한 점은 높이 산다. 하지만 광고는 쿠폰을 교환할 어떤 필연적인 이유도 제시하지 않는다.

이제 두 번째 레스토랑 프라텔리스를 살펴보자. 그들도 루이지스와 비슷하게 자신의 식당에서 제공하는 것들을 열거한다. 그들도 쿠폰을 발행한다. 하지만 그들은 자신의 음식에 대해 극단적으로 자세히 알려준다. 그들은 사람들이 알고 싶어 하는 이야기를 함으로써 시장에서 자신을 차별화한다.

"우리는 매일 겉을 바삭하고 노릇노릇하게 빵을 구워낸다. 파스타는 맨 처음 단계부터 시작한다. 우리는 모든 조리법에 신선한 허브만 쓰고, 저온 냉압착법으로 만든 순수한 100% 버진 올리브 오일만 제공한다. 생수가 당신의 컵을 채우고, 감미로운 이탈리아 음악이 분위기를 압도하며, 부드럽게 빛나는 촛불이 테이블을 밝힌다."

우와! 차이가 느껴지는가? 그렇다.…그것은 실제로 느낌이다. 당신은 프라텔리스에서 더 좋은 느낌을 받을 것이다. 그 광고는 더 많은 이야기를 한다. 그 광고는 그저 팔려고만 하는 것이 아니라, 실제로 구애를 하고 있다. 단어는 당신의 머릿속에 사진을 찍고, 식당 문으로 걸어 들어가기 한참 전에 머릿속으로 음식과 분위기를 시연해 보게 한다.

자신이 하는 일을 당신에게 알리기 위해 이 정도까지 하는 식당이 몇 개나 될까? 도시에 있는 많은 식당이 정확히 똑같은 일을 하고 있다 하더라도, 누구도 자신의 장점을 말하지 않기 때문에 실제로 이런 이야기를 하는 식당이 이긴다!

따라서 스스로에게 물어보라. "우리 제품이나 서비스에 대해 시장이 전혀 모르고 있는 점을 어떻게 말할 수 있을까? 어떤 과정을 거치는지, 시간과 돈과 노력을 얼마나 들이는지 어떻게 말할 수 있을까? 어떻게 해야 우리 제품의 주요 장점을 지적하고 사람들에게 경쟁사의 자질에 대해 의문을 갖게 만들 수 있을까?"

또 다른 사업체들은 이러한 기법을 다음과 같이 이용한다.

두 철물점 이야기

철물점은 광고에서 무슨 이야기를 할까? 거의 없다. 그들의 광고는 흔히 할인 판매를 하는 몇 가지 품목을 재빨리 언급하는 명함에 지나지 않는다. 다음 두 광고에 나오는 카피에 대해 생각해보라.

첫 번째 철물점: 망치, 드라이버, 전동 도구, 가정용 수리 도구, 잔디밭과 정원용 장비가 있다. 폴슨스에는 여러분이 찾고 있는 장비가 있다…이웃 분들에게 친절한 가격에 드린다!

두 번째 철물점: 핸디맨 잭스는 평범한 철물점이 아니다. 우리는 장비 슈퍼스토어다! 우리는 잠금장치 343종, 못 28종, 86가지 치수의

전선, 43가지 모래 크기의 사포, 16가지 다른 스타일의 망치, 드라이버 28종, 열쇠 47종, 볼트와 나사 일일 재고량 354,000개, 온갖 최고 브랜드의 전동 도구를 더 싼 가격에 취급한다. 그리고 실제로 완전히 만족하지 않으면 환불을 보장한다.

질문 당신은 장비가 필요하다. 광고에서 본 것 이외에는 이 두 가게 중 어느 곳에 대해서도 아는 바가 없고, 두 가게가 집에서 거의 똑같은 거리에 있다면…어디로 가겠는가? 대답은 누가 봐도 분명하다. 핸디맨 잭스이다. 그 도시에 있는 다른 모든 철물점이 정확히 똑같은 상품을 취급한다 하더라도, 누구도 이러한 이야기를 하지 않기 때문이다.

기억하라 사람들이 모든 정보를 알아야 한다는 점은 중요하지 않다. 사람들이 원하는 것이 당신 가게에 있는 한, 못과 볼트가 얼마나 많은지 누가 정말로 신경이나 쓰겠는가. 하지만 그 뒤에 숨어 있는 심리학, 즉 길면 강하다는 휴리스틱이 그 이야기를 엄청 강력하게 만든다. 다른 가게가 이러한 이야기를 거의 하지 않기 때문에, 사람들은 그 이야기를 실제로 하는 가게를 어떤 식으로든 더 낫고, 더 복잡하고, 더 성공적이라고 판단한다.

당신은 그러한 이야기를 전하고 싶지 않은가?

10

오길비의
레이아웃 원칙

흔히 '광고의 아버지'라고도 불리는 광고의 천재 데이비드 오길비는 그 당시 가장 잘 알려진 광고 몇 가지를 만들었다. 그가 개발한 간단한 레이아웃을 따라 하기만 하면, 눈길을 사로잡는 광고가 되고, 연구가 대니얼 스타치의 '가장 주목받는 상'을 받기도 한다.

3분의2/ 3분의1 법칙, 즉 '오길비'라고 불리는 원칙에 따라 광고의 맨 위 3분의 2에 큰 사진 한 장을 둔다. 광고의 나머지 3분의 1은 사진 바로 아래에 놓이는 헤드라인과 헤드라인 아래의 세일즈 카피로 이루어진다. 헤드라인은 사람들의 시선을 세일즈 메시지로 끌어들이기 위해 흔히 큰 '드롭 캡'시작 문단의 첫 글자를 큰 대문자로 써서 첫 번째 줄의 나머지 텍스트보다 좀 더 아래까지 표시되게 하는 방법으로 시작한다. 회사 로고는 오른쪽 하단 구석에 깔끔하게 들어간다.

> 보디 카피를 드롭 이니셜로 시작하면 광고주목률을 평균 13% 정도 올린다.
>
> — 데이비드 오길비

3분의1/ 3분의2 변형인 '역 오길비'도 있다. 여기서는 광고의 맨 위 3분의 1이 사진이고, 헤드라인이 그 밑에 놓이고, 남은 3분의 2가 세일즈 카피이다. 전과 마찬가지로 회사의 로고는 오른쪽 하단 구석으로 떨어뜨린다. 이 두 경우에 헤드라인과 바디 카피는 실제로 사진에 대한 '캡션'사진·삽화 등에 붙이는 설명이다.

> 헤드라인을 시각 자료 아래 두어라. 시선이 사진에 먼저 가고, 그다음에 아래로 내려가기 때문이다.
>
> 스타치 리서치

다음 사실을 알고 있지 않다면, 이 레이아웃이 얼마나 기발한지 그 진가를 인정하지 않을 수도 있다.

연구에 의하면 사람들이 보디 카피보다 캡션을 두 배 정도 더 읽는 것으로 밝혀졌다. 오길비 자신도 이렇게 조언했다. "보디 카피를 읽는 사람보다 일러스트레이션 아래에 있는 캡션을 읽는 사람이 더 많다. 따라서 아래에 캡션이 들어있지 않은 일러스트레이션은 절대로 사용하지 마라."

이것은 시간이라는 시험에도 견디고, 대기업이 업계의 선두주자가 되도록 도와준 기발한 비결이다. 그 비결의 효과가 '해더웨이 셔츠를 입은 남자'데이비드 오길비가 만든 해더웨이 셔츠 광고. 오길비는 이 광고 하나로 해더웨이 셔츠를 대 메이커로 만들었다와 롤스로이스에 있었다면, 물론 당신과 나에게도 효과가 있을 것 같다.

> 아래에 캡션을 넣지 않은 채로 사진을 게재하지 마라. 당신이 사용하는 모든 일러스트레이션 아래에 간단한 판매 메시지나 인간적 관심을 끄는 메시지를 넣어라.　　　　　　　　　 — 존 케이플스

11

서체의
심리학

서체는 다양한 이미지를 보일 수 있다. 서체는 권위적일 수 있고, 창조적일 수 있고, 아름다울 수 있고, 극적일 수 있고, 장식적일 수 있고, 특이할 수 있고, 세련될 수 있다. 그렇다, 심지어 완전히 흉측할 수도 있다. 그래서 서체를 다르게 쓴다면 메시지에 다른 의미를 전할 수도 있다.

예를 들어, 주름 장식이 많은 여성용 란제리를 광고할 때, 짙고 굵으면서 남성스러운 서체인 쿠퍼 블랙Cooper Black으로 쓴 헤드라인을 사용하지는 않을 것이다. 반면, 땀투성이에 끙끙 소리를 내며 스테로이드를 주사하는 괴물들로 북적거리는 하드코어 보디빌딩 헬스클럽을 광고할 때, 사랑스럽고 섬세하고 성긴 팰리스Palace 서체를 사용하지 않을 것이다. 광고가 우스꽝스러워 보일 것이기 때문이다!

물론 당신의 제품이 어떤 특별한 감정이나 시각적 자료를 단적으로 연상시키는 것은 아니겠지만, 어떤 서체를 고르더라도 그것이 무언가를 전달할 것이라는 사실은 알아두어라.

> 엉뚱한 서체를 사용함으로써 고객의 4분의 3을 날려버릴 수 있다. 뭔가를 팔기 위해 광고에 의지한다면, 이에 대해 깊이 고려해야 한다. — 콜린 월든《활자와 레이아웃》가제

지난 수십 년 동안 실시된 수십 가지 연구 외에도, 어떤 서체가 가장 읽기 쉬운지 결정하기 위해 최근 몇 가지 실험이 있었다. 나는 몇몇 사람이 이렇게 말하는 것을 들은 적이 있다. "무엇이든 당신이 읽기에 익숙한 것이 가장 쉬운 것이다."

허튼 소리다! 물론 어떤 서체는 더 읽기 쉽고, 다른 서체는 그렇지 않다고 말하는 것은 말도 안 된다. 더러운 옷을 돌 위에 놓고 문질러 씻는 데 익숙할 수 있지만, 그렇다고 세탁기의 '시작' 버튼을 누르는 것이 더 쉽지 않다는 뜻은 아니다.

플래그 데이Flag Day라고 불리는 서체를 생각해보라. 각각의 글자는 번갈아 나오며 출렁거리는 흑백의 가로 줄무늬로 이루어진 작은 기가 흔들리는 것처럼 보인다. 그것은 내가 본 서체 중 가장 읽기 힘든 것이다. 나는 24포인트 이하는 읽을 수가 없다. 24포인트보다 커도 여전히 읽을 수가 없다. 내 이름을 입력할 때조차도 아무 단어나 입력한 편이 더 나을 지경이다.

자, 나는 당신이 서체 연구를 얼마나 많이 했는지 신경 쓰지 않는다. 사실 플래그 데이는 글자처럼 보이지 않고 물결 모양이나 줄무늬 얼룩말처럼 보이기 때문에 무척 읽기가 어렵다. 물론 당신은 그 서체에 익숙해질 수도 있을 것이다. 하지만 그렇다고 아리엘Arial처럼 더 또렷하고 더 분명한 폰트가 더 알아보기 어려울 것이라는 뜻은 아니다. 이렇게 말하는 것과 같다. "에이, 난 똑같은 무딘 면도날을 28년 동안 썼어…새 면도날을 쓴다고 뭐가 더 쉽겠어? 나는 이미 무딘 면도날에 익숙해졌단 말이야!"

인 쇄 물 에   적 합 한   서 체

세리프와 산세리프 서체의 차이점을 아는가? 당신의 눈은 틀림없이 그럴 것이다. 세리프 서체는 작은 발이 달렸고, 각 글자의 맨 위와 맨 아래 부분에 장식이 있다. 산프랑스어로 '없다'세리프체에는 그러한 세리프가 없다. 쉽게 말해자면 한글의 돋움체 고딕체가 이에 속한다.

세리프는 각각의 글자를 더 또렷하고 알아보기 쉽게 만든다. 수많은 연구가들은 세리프체가 단어를 더 읽기 쉽게 만든다는 사실을 확인했다.워든 1991, 하틀리 1994 세리프체의 예로는 타임스 뉴 로만Times New Roman, 팔라티노Palatino, 스쿨북Schoolbook, 조지아Georgia, 커리어Courier, 첼튼엄Cheltenham, 북맨Bookman, 개러몬드Garamond가 있다. 한글에서는 명조와 바탕체가 여기에 속한다.

1926년에 영국 의학회는 산세리프체가 빛 투사를 일으킨다고 발표했다. 이는 행간 공간이 글자들 속으로 들어가 보이는 광학적 이상

현상으로, 읽기를 더 힘들고 불편하게 만드는 일종의 빛 떨림 현상을 초래한다. 월든은 이해력에 관한 연구1986에서, 참가자들의 12%만 산세리프체로 쓰인 구절을 효과적으로 이해한 데 반해, 세리프판을 받은 독자는 67%가 구절을 이해했다고 했다. 산세리프판을 받은 사람들은 글을 읽느라 힘들었고 "이해하지 못한 부분을 다시 이해하려고 계속 되짚어봐야 했다"고 말했다.

월든은 수십만 명을 대상으로 한 대대적인 테스트에서, 한 광고를 개러몬드, 타임스 로만이상 세리프과 헬베티카산세리프 등 세 가지 서체로 만들었다. 그가 발견한 결과는 다음과 같다.

- 개러몬드Garamond는 테스트 대상의 66%인 67만 명에 의해 읽히고 이해되었다.
- 타임스 로만Times Roman은 개러몬드의 절반에 못 미치는 32만 명에 의해 이해되었다.
- 헬베티카Helvetica는 대상의 12.5%에 불과한 12만 명에 의해 이해되었다.

결론 적어도 지면상으로는 세리프 폰트가 읽기 더 쉽다. 테스트를 실시한 적이 있는 거의 모든 연구가들도 이와 똑같은 연구결과를 내놓는다. 신문과 잡지 편집자들 대부분이 보디 카피를 세리프 서체로 만드는 것도 당연하다.

"좋아요. 드류, 알겠어요. 하지만 구체적으로 어떤 세리프 서체를 이용해야 합니까?"

아, 이제 이 질문 때문에 새로운 골치 아픈 문제를 다루어야 한다. 불행히도 나는 확실한 대답을 제시하는 연구를 본 적이 없다. 그래서 나는 B. E. 로슬린B. E. Roethlin이 〈미국 심리학저널〉에 '인쇄용 활자로 다른 서체를 썼을 때의 상대적 가독성'이라는 글을 실었던 1912년까지 거슬러 올라가서 검토했다.

이 질문에 가장 근접한 연구는 패터슨과 팅커가 1932년에 실시한 것으로, 그들이 연구한 서체군들은 읽는 속도를 식별하기가 어려웠지만 독서 속도를 늦춘 두 가지 서체는 예외였다. 즉 클로이스터 블랙Cloister Black 고대 영어은 16.5%, 아메리칸 타이프라이터American Typewriter는 5.1%만큼 읽는 속도가 느렸다.

사람들이 나름대로 의견을 가지고 있지 않다는 뜻은 아니다.

〈비포 & 애프터 매거진〉의 발행인 존 맥웨이드John McWade는 어도브 캐슬론Adobe Caslon, 개러몬드, ITC 스톤 셰리프ITC Stone Serif, 잰슨 텍스트 55 로만Janson Text 55 Roman을 좋아한다.

《타이포그래피 교과서》의 공동저자 제임스 크레이그James Craig, 아이린 코롤 스칼라Irene Korol Scala, 윌리엄 베빙톤William Bevington은 이렇게 말한다. "배스커빌Baskerville은 가장 유쾌하고 읽기 쉬운 서체이다."

광고 카피계의 대가 존 케이플스는 헤드라인에 첼튼엄 볼드를 사용하기를 좋아했다.

데이비드 오길비는 센추리 패밀리Century family, 캐슬론, 배스커빌,

젠슨을 선호했다.

다이렉트 마케팅의 전문가 게리 핼버트는 커리어로 세일즈 레터에서 맹세했다.

나는 대개 헤드라인에 클리어페이스 블랙Clearface Black을, 보디 카피에 스쿨북을 사용한다.

어센더 코퍼레이션은 〈1면에 나오는 폰트〉라는 연구에서 판매부수 기준 미국의 100대 신문사가 이용하는 가장 인기 있는 서체 10가지를 순서대로 밝힌다.

1. 포인터 시리즈Poynter Series

2. 프랭클린 고딕Franklin Gothic

3. 헬베티카Helvetica

4. 유토피아Utopia

5. 타임스Times

6. 니므롯Nimrod

7. 센추리 올드 스타일Century Old Style

8. 인터스테이트Interstate

9. 뷰러 그로테스크Bureau Grotesque

10. 밀러Miller

여기서 제안한 세리프 폰트를 이용하면 이를 함께 사용하는 좋은 동료들도 많이 생길 뿐만 아니라, 매력적이고 더 읽기 쉬운 세일즈 자료를 만드는 데도 도움이 될 것이다.

헤드라인은 이니셜 캡으로

헤드라인이 '공짜 쿠키'처럼 단어 두어 개 정도 길이라면, 대문자와 소문자의 조합인 이니셜 캡으로 만들어야 한다. 전부 대문자로 쓰면 광고주목률을 11.8% 떨어뜨린다.패터슨과 팅커, 1956

〈뉴욕 타임스〉의 편집자 시어도어 번스타인Theodore Bernstein은 패터슨과 팅커의 연구결과에 이의를 제기하고 전부 대문자로 쓰인 헤드라인이 더 빨리 읽힐 수 있다고 했다. 이 논쟁은 맹렬히 계속되었다. 그리고 연기가 걷혔을 때 불쌍한 번스타인은 대문자에 관한 자신의 말을 취소했다.

결과 이니셜 캡 헤드라인이 18.9% 차이로 우세했다. 이는 패터슨과 팅커가 연구 결과로 밝힌 수치보다도 훨씬 더 크다. 꿀꺽!

잠깐만 기다려라. 팅커의 연구는 여기서 끝나지 않았다. 그는 이 대문자/소문자 문제에 너무 매료된 나머지 사람이 얼마나 눈을 깜빡거리는지가 광고주목률을 측정하는 믿을 만한 척도가 될 수 있는지 알아보기 위해 테스트했다.

결과 전부 대문자로 쓰면 읽는 속도가 느려진다. 별로 놀랄 것도 없다. 하지만 그는 눈꺼풀이 이끄는 '깜빡깜빡' 가설로 노다지를 캐지는 못했다.

하지만 왜 전부 대문자로 쓰면 읽는 속도가 느려질까? 눈이 윤곽으로 알아보기 때문이다.

이 테스트를 해보라: ADVERTISING POWER라는 두 단어 주위로 선을 그려라. 각 글자의 맨 위와 맨 아래에 펜이 닿아도 된다. 그 결과로 생긴 모양은 사방이 전부 평평한 직사각형이다.

이제 Advertising Power라는 이니셜 캡으로 쓰인 두 단어 주위로 선을 그어라. 이번에도 각 단어의 맨 위와 맨 아래에 펜이 닿아도 된다. 대문자나 다른 글자의 어센더ascender:x자 높이보다 위로 나오는 부분, 또는 그것이 있는 글자 b, d, f, h 등와 디센더descender: 문자 표시 기본선 아래로 뻗은 부분, 또는 그것이 있는 글자 g, j, p, q, y 위로 넘나들면서 펜은 롤러코스터처럼 올라갔다가 떨어진다.

결과 더 또렷하고 쉽게 알아볼 수 있는 글자와 단어는 더 쉽고 빨리 읽힌다고 해석된다.

온 라 인   읽 기 에   적 합 한   서 체

지면에서 보기 좋다고 반드시 화면에서도 잘 읽히는 것은 아니다. 그 차이는 무엇일까? 해상도이다.

예를 들어 책, 신문, 광고전단, 안내책자는 보통 인치 당 점dpi 300개로 인쇄된다. 맥이나 맥OS 호환을 가지고 있다면 화면은 72dpi이다. 윈도우 PC는 화면이 96dpi이다. 한 매체에서 보기 좋다고 다른 것에서도 훌륭해 보이는 것은 아니다.

이 주제를 인터넷으로 검색해보라. 누군가 관심을 가졌을 것이라고 상상할 수 있는 수치보다 더 많은 온라인 폰트 가독성 테스트를 찾을 수 있을 것이다. 나는 그중 몇 가지 결론을 공유한 다음, 모든 연구결과를 검토한 권고를 들려줄 것이다.

어떤 연구가들은 가독성을 알아보기 위해 교정을 이용했다. 툴리스Tullis, 보인턴Boynton, 허시Hersh 같은 연구가들은 1995년에 피델리티 인베스트먼트를 위한 연구에서 교정을 이용했다. 그들은 6포인트부터 9.75포인트까지 12가지 다른 크기의 폰트를 살펴보았다.

결과 가장 선호되는 폰트는 9.75포인트 크기의 아리엘과 MS 산세리프였다.

다른 연구가 두 명버나드와 밀스, 2000은 10포인트와 12포인트로 아리엘과 타임스 뉴 로만 폰트를 평가했다.

결과 읽는 속도나 실수 감지에 믿을 만한 차이는 없었다. 하지만 독자들은 12포인트 폰트가 더 좋다고 말했다.

버나드는 여기서 그치지 않았다. 그는 3가지 다양한 폰트 크기10, 12, 14포인트를 8가지 다양한 서체로 도마에 올려놓았다.버나드 외, 2001 센추리 스쿨북, 커리어 뉴, 조지아, 타임스 뉴 로만 등 세리프 폰트 네 가지와 아리엘, 코믹 산Comic Sans, 타호마Tahoma, 버다나Verdana 등 산세리프 폰트 네 가지였다.

결과

1. 커리어, 스쿨북, 조지아보다 아리엘과 타임스 뉴 로만을 더 빨

리 읽었다.

2. 10포인트 폰트보다 12포인트 폰트를 더 빨리 읽었다.

3. 타임스 뉴 로만보다 센추리 스쿨북을 제외한 폰트를 좋아했다.

2002년에 소프트웨어 사용연구소는 〈인기 있는 온라인 폰트 비교: 어떤 크기와 활자가 가장 좋은가〉라는 제목의 연구 결과를 발표했다.

결과

1. 가장 읽기 쉬운 폰트는 아리엘과 커리어 그리고 버다나이다.

2. 20포인트일 때 참가자들은 버다나를 선호했다. 타임스 뉴 로만은 가장 싫어하는 폰트로 나타났다.

3. 12포인트일 때 아리엘을 선호했고, 타임스 뉴 로만을 가장 싫어했다.

4. 전반적으로 선호하는 폰트는 버다나였고, 타임스 뉴 로만을 가장 싫어하는 것으로 나타났다.

결론 온라인에서 가장 쉽게 읽게 하려면, 아리엘을 이용하고 크기를 12포인트 이상으로 하라. 12포인트보다 더 작다면, 버다나로 하라. 하지만 가급적 10포인트 이하로 하지 마라. 더 정중하게 보이려면 조지아를 이용하라. 연령층이 더 높은 독자를 대상으로 한다면 14포인트를 이용하라.

참고로 온라인 강국 한국에서 사용하는 한글의 경우는 어떨까? 요즘은 인테넷이나 모바일폰이 트렌드가 되면서 서체의 사용면에서도 변화를 보이고 있다. 인쇄물, 각종 매체에서의 헤드라인은 산세리프체인 고딕체를 선호하고, 본문은 주로 세리프체인 명조를 사용한다. 하지만 웹페이지에서는 헤드라인이나 본문 대부분에서 산세리프체류인 고딕체를 즐겨쓰는 경향이 있다. 아마도 고딕체가 디자인면에서 꽉 짜인 느낌이 들기 때문이 아닌가 한다.

조언 긴 헤드라인을 검은색으로 만들어라. 다른 색상은 빨간색마저도 읽기가 더 어렵다. 흰 바탕이 가장 좋고 그다음으로 노란색이 좋다. '지갑을 열게 하는 비밀 8. 역상 활자의 함정'에서 논의한 것처럼, 인쇄물을 다룰 때와 마찬가지로 역상 처리를 피하라.

12

프로 디자이너에게
의뢰하라

망치가 있다고 다 목수는 아니다. 메스를 들었다고 다 의사는 아니다. 그리고 그래픽 디자인 소프트웨어를 이용한다고 다 그래픽 디자이너는 아니다. 따라서 손수 세일즈 자료를 디자인하지 말기를 간절히 당부한다. 내가 본 어떤 광고는 너무 아마추어급이라 학생이 디자인한 것처럼 보였다. 특히 당신을 잘 모르는 사람들에게 세일즈할 때 당신의 이미지는 대단히 중요하다. 당신이 스스로를 그래픽 면에서 어떻게 표현하느냐 하는 것만으로 매출이 많이 오르기도 하고 떨어지기도 한다.

조언 지역 광고대행사에 전화해서 아트 디렉터나 광고 제작 감독을 바꿔달라고 한 후 이렇게 말한다.

"안녕하세요, 저는 ○○○라고 합니다. 저를 좀 도와주셨으면 합니다. 저는 조그마하게 사업하면서 광고_{안내책자, 광고전단, 웹광고}를 준비하고 있습니다. 실력 있는 프리랜서 디자이너를 추천해주시겠습니까?"

그들은 보통 디자이너 여러 명과 함께 일한다. 따라서 몇 명을 소개해 달라고 하라. 온라인에서 디자이너를 찾기로 했다면 포트폴리오를 반드시 검토하라. 그가 가격을 얼마나 청구하는지, 또 시간당으로 하는지 프로젝트 건당으로 하는지 질문하라.

많은 디자이너가 당신의 회사 크기를 감안해서 비용을 청구한다. 금전적으로 빠듯하다면 그래픽 아트 학원에 전화를 걸어라. 이들은 보통 저렴하게라도 그 일을 하게 되어 열광하는 학원생들을 소개해 줄 수 있을 것이다.

하지만 한 푼이라도 쓰기 전에 샘플을 보여 달라고 하라. 어떤 샘플은 훌륭하겠지만, 다른 샘플은 당신을 공포에 질려 도망가게 할 것이다.

13

질문은
궁금하게 한다

어떤 종류의 질문을 할까? 어떤 종류라도 좋다! 이 책의 글을 보라. 이 전략에 관한 예를 많이 보게 될 것이다. 질문이 하는 일은 무엇일까? 질문은 잠재고객에게 대답을 듣고 싶게 한다. 그러면 어떤 일이 일어날까? 그들은 대답을 찾아내기 위해 계속 읽는다.

나는 이 기법을 좋아한다. 왜일까? 더 많은 독자층을 사로잡도록 도와주는 미끼처럼 작용하기 때문이다. 질문을 헤드라인에 이용하라! 질문을 서브헤드에 이용하라! 물론 보디 카피에도 이용하라!

신경언어 프로그래밍NLP: 신경 언어학을 기반으로 하여 적극적 사고를 돕는 기법 지지자들에 의하면, 질문은 독자의 두뇌 속에 소위 개방 루프라는 것을 만든다고 한다.

예를 들고 싶은가.내가 방금 만들어낸 개방 루프에 주목하라 별도의 비용이나 수고를 들이지 않고 쿠폰 회수를 세 배로 만들 간단한 기법을 알고 싶은가? 당신은 대답을 스스로 알아차렸는가? 당신이 다른 사업가들 대부분과 비슷하다면, 아마 적어도 속으로라도 그렇다고 대답했을 것이다. 당신이 그 질문에 대한 대답을 알고 싶어 하기 때문에 나는 당신의 두뇌에 개방 루프를 효과적으로 '설치했다.'

내 가설은 일단 개방 루프가 설치되면 두뇌는 루프를 닫기 위해서 계속 정보를 찾는다는 것이다. 그리고 그러한 주장을 뒷받침할 과학적 연구는 본 적이 없지만, **질문은 사람들을 계속 읽게 할 수 있는 강력한 방법이다.**

나는 이러한 기법을 이용하는 사업 교육 강사를 알고 있다. 그는 장황하게 횡설수설하는 대신, 계속해서 이야기에 질문을 끼워 넣는다. 모든 질문은 청중의 관심을 끌고 그들에게 질문에 대답하도록 요구한다. 질문은 '듣는 사람에게 정신을 바짝 차리게 만드는 약식 쪽지시험'처럼 작용하기 때문에 모든 사람을 긴장시킨다.

이제 이 작은 술책을 밝혔으니, 이 책에서 그것을 어떻게 이용하는지 주의를 기울여라, 알겠는가? 질문이 없었다면 독백이 되어버렸을 것을 질문이 어떻게 양방향 대화에 가깝게 느껴지는 것으로 바꾸는지, 그리고 당신에게 어떤 영향을 미치는지 주목하라.

14

손편지는
정겹다

래리라는 이름의 세일즈맨과 직접 대면하고 있다고 가정해보자. 래리는 해산물을 판다. 오늘 래리는 당신에게 바닷가재를 팔고 싶다. 그는 당신을 끝내주게 좋은 잠재고객일 것이라고 생각한다.

우선 래리는 당신과 친밀한 관계를 맺으려 할 것이다.《아메리칸 헤리티지 사전》에서는 친밀한 관계를 '상호 신뢰나 정서적 친밀감으로 맺어진 관계'라고 정의한다. 다시 말해서, 래리는 당신이 그를 좋아하기를 원한다. 그러면 당신이 그의 큰 바닷가재를 살 가능성이 더 높을 것이다.

래리는 자신을 좋아하도록 당신이 공감할 수 있는 이야기를 하여 '당신의 세계에서 당신을 만날' 것이다. 당신이 차를 좋아한다면, 그는 아주 멋진 새 벤츠에 대해 말할 것이다.

당신이 멕시코 음식을 좋아한다면, 그는 푸에르토 바야르타 해변에 있는 아늑하고 작은 레스토랑 라스 팔로마스에 대해 말할 것이다. 당신이 개를 좋아한다면, 그는 자신의 사랑스러운 플랫 코티드 리트리버 조이의 사진을 보여줄 것이다. 그가 모든 일을 제대로 한다면, 당신과 비슷한 점이 많다고 생각하기 시작할 것이다. 따라서 래리는 친밀한 관계를 맺는 데 성공한다. 당신은 이제 그가 하는 말을 받아들이고 그가 파는 것을 살 가능성이 더 높다. 소비 심리학의 원칙 10. 치알디니의 호감도.

래리는 한바탕 수다를 늘어놓은 후, 아직도 물려고 달려드는 갓 잡아 올린 바닷가재를 당신이 사도록 하기 위해 마침내 서류가방을 열고 온갖 종류의 샘플을 꺼낼 것이다.

이제 유추해보자. 세일즈 레터는 래리의 말과 같다. 그것은 개인적이고, 1대 1로 대응하고, '당신의 세계에서 당신을 만나려고' 한다.

이와 대조적으로 안내책자는 래리의 서류가방과 같다. 그것은 특정 개인과 상관 없이 샘플과 사진 그리고 세부사항으로 가득 차 있다. 각각의 구성요소는 매출이라는 똑같은 최종결과를 위해 서로 다르게 작용한다.

기억하라 광고는 인쇄된 세일즈맨이고, 대중에게 방송된 세일즈맨이다. 당신의 세일즈 레터는 당신의 세일즈맨이다. 세일즈 레터를 그렇게 생각하라!

세일즈 레터는 개인적이어야 한다. 훌륭한 세일즈맨은 당신을 맞

이하며 이렇게 말하지 않을 것이다. "안녕하세요, 사용자님……"

당신의 세일즈 레터도 그렇게 해서는 안 된다. 세일즈 레터는 잠재 고객의 입장에서 그들을 만나야 한다. 큰손 고객인 10대에게 메일을 보내고 있다고 가정해보자.

이렇게 말하지 말라:

저스틴에게.

주말은 아직 여유가 많고, 친구들은 대부분 미리 알아서 계획을 세웠습니다. 하지만 당신은 집에서 멍하니 전화기만 쳐다보고 있네요.

그 대신에 이렇게 말하라.

이봐요, 저스틴……

주말마다 친구들은 전부 나가서 잔뜩 먹고 마시며 놀고 있는데, 혹 집에서 인터넷 검색만 하다 진절머리가 난다면……

그 차이가 느껴지는가. 그것은 사실적 느낌이다! 그것은 더 긍정적이고, 낙관적이고, 젊은이답고, 흥미진진하고, 개인적이다. 훌륭한 세일즈맨은 로봇처럼 말하지 않는다.

현재 데이트 상황과 상관없이 즉시 행동하는 것이 좋습니다.

욱! 그 대신 훌륭한 세일즈맨은 인간답게 말한다.

이봐요 저스틴, 저 섹시한 아가씨에게 오랫동안 눈독을 들이지 않았 나요? 가만히 앉아서 더 용기 있는 다른 남자가 그녀에게 데이트 신 청하게 내버려두는 것이 지겹지 않나요?

서두르세요. 제 즉석 자신감 시스템을 써보세요……효과가 없다면 48시간 내에 온라인 결제로 환불해드립니다. 이보다 더 공정한 일이 있을까요.

광고를 쓰는 가장 좋은 방법은 당신의 제품이나 서비스가 제공하 는 모든 혜택을 목록으로 작성하는 것부터 시작하는 것이다. 그러니 어서 목록을 적어라.

이렇게 말하지 마라. "저는 목록을 적고 싶지 않아요. 어떤 혜택이 있는지 머릿속으로 다 아는데요 뭐."

내 말대로 하라! 그리고 기억하라. 특성이 아니라 혜택만 적어 라.지갑을 열게 하는 비밀 2. 나한테 돌아오는 게 뭔데

목록을 다 작성하고 난 후에는 당신이 아니라 고객에게 중요한 순 서대로 순위를 매겨라. 즉 당신이 가장 강력한 셀링세일즈 포인트라고 느끼는 혜택을 첫 번째로 놓고, 그 밖의 것을 목록의 아래에 열거하 라. 다 작성하고 나면, 제품의 핵심 셀링 포인트를 열거한 목록을 갖 게 될 것이다.

이제 첫 번째 혜택을 선택해서 그 혜택을 편지의 시작 부분으로

삼아라.

조언 언제나 쉽고 빠르다는 발상을 첫 문장에 포함시키는 것이 좋다. 무엇이든 빨리 해결하는 사회에 살고 있기 때문이다. 사람들은 편안함과 속도를 원한다. 당신이 제공하는 것이 이러한 소구에 적합하다면, 그것을 이용하라! 예를 들어보자.

- 연비를 22% 더 좋게 하기 위해 차를 살살 달래는 빠르고 쉬운 방법을 원하는가?
- 무거운 근력 트레이닝이나 말도 안 되는 다이어트를 하지 않고, 군살 없이 탄탄한 근육 9킬로그램을 키우는 빠른 방법을 원하는가?
- 기억력을 향상시키거나 가진 돈을 두 배로 만들어줄 것을 보장하는 5분짜리 비법을 알고 싶은가?
- 누군가 당신에게 거짓말을 하고 있는지 즉시 밝혀내는, FBI에 의해 검증된 심문 기법에 대해 아는가?

이메일을 보내건 인쇄된 편지를 보내건, 인사말이 특정 개인에 맞춰 준비되어 있을 때 가장 효과적이다. "친구에게"보다 "밥에게"가 항상 더 낫다. 각 개인에 맞게 준비할 수 없다면, 잠재고객이 당신의 제품을 산 다음 어떻게 변할 것인지 함축하는 인사말을 써보라.

예를 들어 "주말 전사_{주말에 집중적으로 술을 마시거나 운동을 하는 사람}에게" 또는 "곧 백만장자가 될 사람에게"라고 쓰라. 그리고 제발 "사용자에게"라고 말하지 마라! 그런 시작용 멘트를 가지고 당신의 집에 가면 당신은 나를 문전 박대할 것이다.

조언 질문으로 편지를 시작하라. 질문은 사람들에게 더 깊이 읽게 하는 매우 효과적인 도구이다.

기억하라 첫 문장과 단락의 목적은 사람들에게 두 번째 문장과 단락을 읽게 하는 것이다. 크림 같은 프렌치 바닐라 커스터드 위에 올려진 핫 퍼지처럼 문장이 서로 매끄럽게 이어지도록 글을 쓸 때 이 점을 명심하라.

이제 시작 문장으로 돌아가자. 첫 문장에서 질문하고, 뒤이어 매우 긍정적인 혜택을 제시하는 것은 잠재고객에게 편지를 계속 읽게 하는 좋은 방법이다.

- 죽여주는 '무지방' 치즈케이크를 만드는 비법을 알고 싶은가?
- 시장가치에서 50% 할인된 금액에 '호화' 부동산을 사는 방법을 아는가?
- 동네에서 '무료로' 요가 수업을 받는 비결을 아는가?
- 3일 안에 읽기 속도를 두 배, 심지어 세 배로 만들고 싶은가?

이 간단한 질문의 힘을 알겠는가? 당신이 하고 있는 일은 당신의 제품이 제공하는 혜택을 원하는지 잠재고객에게 묻는 것뿐이다.

강경하게 말하라 사람들은 자신이 받는 우편물의 99%가 쓰레기일 것이라고 생각한다. 사실 많은 사람들이 쓰레기통 위에서 우편물을 열어본다. 잠재고객의 주의를 끌고 흥미를 불러일으킬 시간은 몇 초뿐이다……그렇지 않으면 영원히 그들을 잃는다.

세일즈를 위한 AIDA 공식

거의 모든 사람이 AIDA 공식을 안다. 그것은 세일즈 메시지의 구성요소를 미리 정해놓은 순서로 구성하는 방식이다. AIDA는 주의 Attention, 흥미Interest, 욕구Desire, 행동Action을 나타낸다.

이에 따르면, 가장 먼저 할 일은 사람들의 주의를 끄는 것이다. 그 다음에 흥미를 불러일으킨다. 다음으로 욕구를 자극한다. 그리고 마지막으로 행동을 취하도록 독촉한다.

예를 들어 당신이 암 치료법을 찾아냈다고 가정해보자. 당신은 좋은 소식을 알리기 위해 흥분해서 FDA에 편지를 쓴다. 가령 AIDA 기법을 모른다면, 당신은 편지를 FDA가 매일 받는 다른 편지봉투 수천 통처럼 보이는 편지봉투에 밀어 넣을 것이다.

상상해보라……그들은 아마 암 치료법에 관한 당신의 편지보다 전기 요금 고지서를 먼저 열어볼 것이다! 이렇게 되면 아무 소용이 없다.

당신의 봉투를 어떻게든 다른 봉투보다 눈에 띄게 만들어야 한다.

겉봉투_{광고계에서 'OSE' 또는 '캐리어carrier'라고 불리는}에 적힌 메시지를 '티저_{leaser}'라고 한다. 티저는 당신의 제안에 대한 정보를 주거나, 또는 구체적인 내용이 전혀 없는 것일 수 있다. 당신의 제품이 정확한 우편물 수신자를 대상으로 하지 않는다면, 내 생각에는 정보를 제공하는 티저를 겉봉투에 거의 사용하지 말아야 할 것 같다.

왜일까? 티저는 봉투 안에 구매 권유가 들어있다고 수신자에게 즉시 말해주기 때문이다. 무언가 쓸 바에야 수신인의 이름과 주소 위에 "…앞", "…에게 개인적으로 드리는 편지", "…에게 드리는 중요한 편지" 같은 불특정한 티저를 쓰는 편이 훨씬 더 좋다.

이 비결을 시도해보라

밝은 색상의 봉투를 보내라. 선홍색 잉크로 '긴급'이라고 고무도장을 찍거나 인쇄하라. 앞면에 우표 한 장만 달랑 붙이기보다는 더 작은 액수의 우표를 많이 붙여라.

그리고 나에게 전화를 건 사람의 정보 요청을 들어준 다음에 내가 사용하는 아주 유용한 비결을 활용해보라. 우선 편지봉투의 앞면에 사람들의 이름과 주소를 타이핑하고 그 옆에 "아일린, 여기에 우리가 이야기했던 정보가 있습니다! – 드류."와 같은 개인적인 메시지를 적어라.

하지만 전화 연락을 한 적이 없고, 불특정한 대상에게 우편물을 발송하고 있고, 당신이 보내고 있는 것을 그들이 요청한 적조차 없다면 어떻게 할까? "미르코, 이 편지를 오늘밤 9시 30분까지 꼭 읽으세요! - 드류." 그 다음에 편지 내용에서 9시 30분이라는 기한을 주문 마감이라고 설명하는 등 어떻게든 정당화하라. 또는 "신디, 제가 잘못 알고 있다면 알려주세요 - 드류"라고 적으면 어떨까? 이러한 문구는 끝없이 변형시킬 수 있다.

이러한 개인적 티저는 개인적으로 보이는 겉봉투, 즉 기업이 아니라 개인이 수작업이나 개인용 잉크젯 프린터로 만든 듯이 보이는 것과 함께 써야 가장 효과가 좋다.

그럼 이제 우리 이야기로 돌아가자. FDA 직원들은 봉투를 연 후에 당신의 편지를 꺼낼 것이다. OSE, 편지, 안내책자 등 각각의 구성요소가 첫 번째로 할 일이 주의를 끄는 것이라는 사실을 모른다면, 당신은 일자리에 지원하고 있는 것처럼 들리는 지루하고 아무 의미가 없는 말을 쏟아내서 편지의 효과를 반감시킬 수도 있다.

맨스트레스 씨에게

저는 지난 23년 동안 미국에서 가장 진보적인 의학연구소에서 일했습니다. 저는 뉴욕에서 캘리포니아까지 활동 무대를 넓히면서, 케네디 연구소, 싱클레어 연구센터, 로젠 병원, 그리고 로렌스 생물학 연구실에서 일했습니다.

저는 그 기간 내내 언젠가 당신에게 이 편지를 쓸 수 있기를 꿈꾸었습니다……

하품이 나온다! 이 사람의 문제는 무엇일까? 그는 암 치료법을 찾아냈지만, 자신의 경력을 맥 빠지게 시시콜콜히 설명해서 읽는 사람을 따분하게 만들고 있다.

그는 편지를 급한 것처럼 보이기 위해 택배로 보내거나 전보를 쳤어야 했다. 그 다음에 온갖 지루한 경력 나부랭이를 긁어내고 바로 본론으로 들어갔어야 했다.

> 맨스트레스 씨에게
> 저는 암 치료법을 찾아냈습니다.
> 저는 아일린 액설로드Eileen Exelrod에게서 될 수 있는 대로 빨리 당신과 연구센터의 스코트 로렌스Scott Lawrence를 만날 약속을 정하라는 이야기를 들었습니다.
> 의과대학 교육증명서 뿐만 아니라 제 연구결과에 관한 예비 정보를 동봉합니다. (213) 123 - 4567로 즉시 전화해주시기 바랍니다.
>
> I. M. Rich 드림

첫 문장은 굶주린 거대한 문어처럼 간단한 단어 네 개만 이용해 읽는 사람의 주의를 끈다! 물론 당신의 환불제도가 아무리 좋다 하더라도, 당신의 제품이나 서비스가 암 치료법만큼 중요한 의미를 갖지는 않을 것이다.

따라서 다른 편지를 몇 가지 살펴보자.

세 일 즈 레 터 쓰 는 법

당신이 여성용 최루가스 스프레이를 판다고 가정해보자. 편지를 다음과 같이 시작해서는 안 된다.

재닛에게

요즘처럼 길거리가 뒤숭숭한 때에는 여성들이 겪는 참혹한 경험에 관한 이야기를 계속 읽게 됩니다. 우리는 암울한 모습을 묘사하고 있는 끔찍한 통계치를 읽습니다.

그 대신에 이렇게 써라

재닛에게

100킬로그램 이상인 강간범에게서 스스로를 지킬 수 있습니까?

어느 쪽이 주의를 *끄는가?* 대답은 분명하다!

자, 이번에는 사람들에게 자신감을 갖게 하는 방법을 가르치는 DVD를 판다고 가정해보자. 이렇게 쓰지 마라.

에릭에게

최근 뇌심의학 기술의 발전은 정말 흥미진진합니다! DVD를 틀기만 하면 자신감을 키우고 자존감을 북돋울 수 있습니다⋯⋯

그 대신 이렇게 써라.

에릭에게

자신감을 두 배, 세 배, 심지어 네 배로 만들고 싶습니까? 그렇다면 이 편지가 당신의 인생을 바꿔줄 것입니다.

지금부터 불과 열흘 내에 금세기 최강의 재계와 군사 지도자들이 가졌던 확고부동한 자신감을 당신에게 줄 것이기 때문입니다.

질문 당신이 자신감을 더 갖고 싶다면, 어떤 편지의 시작 부분에 마음이 끌릴까? 이번에도 대답은 분명하다.

그렇다면 더 많은 사람이 광고 카피를 이렇게 쓰지 않는 이유는 무엇일까? 너무 소심하기 때문이다.

그들은 사람들을 공격하는 것을 두려워한다. 그들은 카피를 예쁘고, 고상하고, 우아하게 들리게 만드는 것에 더 관심이 있다. 개인적으로 나는 내 카피가 얼마나 우아하게 들리는지 따위는 전혀 신경 쓰지 않는다. 나는 회신을 받으려고 글을 쓰고 있다.

사실 사람들은 당신의 제안이 도착하기를 기다리고 있지 않다. 그러니 발끝으로 살금살금 걸을 시간이 없다. 당신은 빨리 큰 영향을 주어야 한다!

할머니 규칙에 의하면, 다이렉트 메일로 사람들의 주의를 끌려면 사랑하는 할머니가 당신에게 보내는 것처럼 메일링을 만드는 것이 좋다. 화려한 색깔의 조각을 이어 만든 손뜨개 숄을 걸친 상냥한 할머니가 무늬 없는 흰 편지봉투를 꺼내는 모습을 상상하라. 그녀는 평범한 파란색 볼펜을 집는다. 그리고 당신의 이름과 주소를 손으로 쓴다. 그다음에 소박한 흰 종이를 집어 당신에게 직접 편지를 쓴다. 당신의 이름을 부르고, 할머니들이 하듯이 일상적인 어조로 당신의 행복을 진심으로 걱정하며 그리고 당신이 더 자주 찾아오도록 죄책감을 함께 유발하면서 따뜻하게 편지를 쓴다. 그다음에 할머니는 봉투에 침을 발라 진짜 우표를 붙여서 보낸다.

사실 할머니가 하는 일은 실제로 사업체가 다이렉트 메일을 준비할 때 할 수 있는, 번드르르하지 않고 돈이 많이 들지 않는 가장 효과적인 일이다. 하지만 간단하고 개인적이다.

그리고 그거 아는가? 할머니는 자신의 편지를 전부 열어보게 만든다. 왜일까? 개인적으로 보이기 때문이다!

요즘에는 우편 광고의 약 99%가 그것의 본질, 즉 권유 그 자체로 보인다. 우편 광고들은 마치 이렇게 소리치고 있는 것처럼 보인다. "이봐, 멍청아! 이 봉투를 빨리 열어! 우리는 당신의 지갑을 딱 60초 내에 열기 위해 비싼 광고대행사를 고용해서 이 우편 광고를 만든 대기업이란 말이야!"

아까워라. 당신의 우편 광고가 공략대상을 제대로 겨냥하고 있지 않다면, 당신의 번드르르한 소포는 휴지통 신세가 되기 십상이다.

예를 들어 보디빌더에게 근력 증가 제품을 팔아서 돈을 벌고 싶다면, 온라인이나 통신 판매로 최근에 자주, 돈을 많이 쓴 보디빌더의 우편물 명단을 찾아봐야 한다. 우편물 수신자 명단을 살 때면 언제든, 당신이 제안하는 유형에 응답할 것 같은 사람을 찾은 다음에 다음과 같은 요소를 고려하라.

1. 구매의 최근성. 더 최근일수록 더 좋다.
2. 구매 빈도. 당신이 파는 유사 제품을 여러 번 샀을수록 더 좋다.
3. 고가 구매. 이는 2.5달러만 쓴 사람보다 몰입도가 더 크다.

예를 들어, 최근에 비슷한 제품을 산 적이 있고, 큰돈을 썼고 게다가 여러 번 산 사람들의 직통전화 리스트를 구할 수 있다면, 당신은 제품을 팔 잠재성 있는 최고의 리스트를 가진 것이다.

겉봉투에 주소 라벨을 이용하지 마라. 주소 라벨은 "여기 대량 우편물이요!"라고 소리친다. 편지봉투 더미를 넣을 수 있는 프린터를 사거나, 좋은 인쇄소에서 수신인의 이름을 사실적인 친필 폰트로 뿌리게 하라. 그렇지 않으면 프로젝트 전체를 경로당에 맡기고 편지봉투에 손으로 주소를 쓰는 대가를 지불하라. 몇 달러만 내면 가장 매력적인 형태로 주소를 쓸 수 있을 것이다. 게다가 좋은 집단에게 재미있는 일거리를 주게 될 것이다.

친필은 주의를 끈다. 사람들이 보통 처음으로 달려드는 것은 친필 주소가 적힌 겉봉투이다. 왜일까? 사랑하는 옛 친구에게서 온 개인적인 편지처럼 보이기 때문이다.

세일즈 레터는 어떻게 할까? 멋지고 알아보기 쉬운 폰트를 골라

라. 커리어 서체가 정말 개인적으로 보이기 때문에 나는 커리어의 효과를 확실히 믿었고, 아직도 가끔씩 커리어를 이용한다.

하지만 이제 모든 사람이 타임스, 스쿨북, 북맨, 팔라티노 같은 세리프체를 이용하면서, '개인적으로 보이는' 폰트의 정의도 변하고 있다.

광고인들이 주문서라 부르는 응답 장치의 경우, 할머니스러운 일을 하려면 그것을 절대로 '주문서'라고 부르지 않고 대신 '개인적 체험 증서'라 불러야 할 것이다. 또는 '아무 조건 없는 개인적 체험 증서'라 불러라. 수신인의 이름과 주소가 이미 이 서식에 있다면 훨씬 더 좋다.

서식을 멋진 카나리아 색 종이에 출력해서 우편물 속 다른 종이들 사이에서 눈에 띄게 하라. 항상 이 종이에 제안을 다시 말하라. 그리고 승인을 의미하는 굵은 확인 표시가 들어있는 네모 상자 오른편에 'YES!'라는 중요한 단어를 써라.

카피의 대가 존 케이플스의 조언에 따르면, 사람들이 회신할 때 얻게 될 것을 서식에 작은 사진으로 보여주는 것이 좋다.

예를 들어 책 주문서라면 책을 보여줘라. 당신의 보장도 크게 다루어라. 그들이 우편광고의 나머지를 잃는 경우에 대비해서 서식의 맨 아래에 우편 주소, 전화번호, 이메일과 웹사이트 주소를 써라. 사실 당신의 이름과 주소는 모든 구성요소에 나와야 한다.

그리고 희귀성 요소를 기억하라. 그 서식을 지체 없이 되돌려 보내는 것이 얼마나 긴급한지 반드시 강조하라. 응답 기한이 있다면 아주 좋다! 응답 기한이 반드시 편지와 안내책자 그리고 다른 자료에 나올 뿐만 아니라 재촉하기 위해 응답 장치에도 나오게 하라.

기억하라, 기한이 없다면 사람들은 '생각만 하는' 경향이 있다.

그리고 마지막으로 사람들이 온라인으로 주문하지 않기로 결정하는 경우, 응답 절차에서 마지막 장애를 없애기 위해 상용 반송 우편 봉투를 동봉하라. 잠재고객이 우표를 찾지 못했거나 게을러서 봉투에 주소를 못 썼기 때문에 물건을 못 팔고 싶은가? 상용 반송 허가를 가지고 있지 않거나 받고 싶다면, 반송용 우편봉투에 '진짜' 우표를 찰싹 붙일 수도 있다.

누구나 초고속 서비스를 원한다. 따라서 반송용 우편봉투를 더 적극적으로 중요하게 검토하도록 '서둘러라! 주문서 동봉!'이나 '24시간 처리'와 비슷한 표현을 붉은색으로 인쇄하거나 고무도장을 찍어서 사람들의 심리를 이용하라.

이제 소중한 할머니 같은 다이렉트 메일의 세계를 향해 나아가라. 음, 본때를 보여라!

15

추천 글을 받아라

제품을 의사에게 팔건 피자집 주인에게 팔건 상관없이 사람들은 추천 글을 믿는다. 콜드크림 회사 폰즈가 1926년에 처음으로 이를 이용한 이래 사람들은 추천 글을 믿어왔다. 그리고 추천 글을 이용하고 있지 않다면 당신은 그냥 배를 놓치고 있는 것이 아니라 22만 톤에 달하는 로열 캐리비안사의 세계 최대 규모 크루즈선 오아시스 오브 더 씨즈를 놓치고 있다!

추천글은 어떻게 받을까? 요청하라! 고객에게 편지나 이메일을 써서 이렇게 말하라. "유명하게 만들어 드리고 싶습니다!" 그다음에 당신의 제품이나 서비스에 대한 솔직한 의견을 듣고 싶다고 말하라. 새로운 광고, 안내책자, 웹사이트나 그런 종류를 편집하고 있고, 그들만 좋다면 그들의 사진과 함께 추천 글을 이용하고 싶다고 설명하라. 사람들은 대부분 이에 대한 대가로 친구들과 가족들에게 보여줄 최종 사본 몇 장에 만족할 것이다.

예를 들어 당신이 웹사이트 디자이너라고 가정해보자. 당신은 다음과 같은 질문을 할 수 있다.

"우리 회사의 디자인 서비스에 대해 어떻게 생각하는가? 당신의 새로운 웹사이트에서 어떤 종류의 반응을 얻고 있는가? 당신이 이용한 다른 디자이너들에 비해 우리 서비스는 어떠한가? 우리가 사업을 하는 방식에서 어떤 점이 가장 좋은가? 우리의 가격은 적당한가? 우리를 친구에게 추천하겠는가? 우리를 다시 고용하겠는가?"

그다음에 나는 질문 아래에 이렇게 쓰인 법적 면책약관을 넣는다. "나는 플래밍 래디쉬 웹 디자인Flaming Radish Web Design에 광고·홍보의 목적으로 위와 같은 나의 인용문을 기재 완료된 형태나 편집된 형태로, 나의 이름과 시·도주소와 전화번호는 사용하지 않을 것이다를 ( )에 넣거나 ( )를 넣지 않고 사용해도 좋다고 허가한다. 플래밍 래디쉬는 완전한 보상으로 나의 추천글이 들어있는 초판 10부를 나에게 제공할 것이다."

서명란과 날짜 기입란만 제공하면 그것으로 끝이다! 이렇게 쉬운데 왜 더 많은 기업체가 추천 글을 이용하고 있지 않은지 놀라울 뿐이다. 인쇄물 사본을 보내야 한다는 점을 기억하라. 이 사본은 법으로 '약인consideration' 계약의 채무대가로서 제공되는 작위, 부작위, 법률관계의 설정, 약속이라 부르는 것으로, 본질적으로 합의를 약속한다.

또는 당신이 원한다면, 요청사항을 보낼 때 다음과 같이 말하며

1달러를 동봉하라. "이 서식을 우리에게 보낼 때 발생하는 비용을 충당하는 데 도움이 되도록 1달러를 동봉한다." 이 경우에는 1달러가 약인이 된다. 그리고 그들이 서식을 당신에게 보낼 때 어떤 비용도 발생하게 하지 마라. 당신이 요금 별납 반송용 봉투를 써서 우편 요금을 지불하지 않는가.

기억하라 사람들이 당신의 제안에 응답하기를 바란다면, 그 일을 그들에게 될 수 있는 대로 쉽게 만들어야 한다! 당신이 게으름을 부려서는 안 된다!

16

얼굴 사진을
활용하라

내가 '단두대'라고 부르는 이 기법은 시선을 끄는 검증된 방법이다. 이 기법은 머리나 얼굴이 가장 주목을 끄는 부위라는 생각에 근거한다. 광고에 누군가의 머리를 찍은 사진을 넣기만 하라. 얼굴이나 머리는 독자를 정면으로 쳐다보고 있어야 한다. 웃는 얼굴이 일반적으로 더 바람직하지만, 이는 물론 당신이 어떤 유형의 제품이나 서비스를 제공하고 있느냐에 달려 있다. 최루가스를 선전하는 광고에서 100 킬로그램이 넘는 강도가 일그러진 얼굴로 비명을 지르는 사진을 쓴다면 정말 충격적일 것이다.

당신은 목수인가? 광고 어딘가에 클로즈업한 당신의 얼굴을 넣어라. 치과의사인가? 당신의 얼굴을 보여줘라! 얼굴은 즉시 주의를 끌 뿐만 아니라, 광고에 더 따뜻하고 개인적인 느낌도 준다. 멋지게 꾸밀 필요는 없다. 심지어 작은 흑백사진도 괜찮다.

이렇게 하면 부산물로 신뢰가 추가된다. 이제 당신은 이름 없고, 얼굴 없는 기업체를 넘어 진짜 사람이기 때문이다. 게다가 사진을 끊임없이 반복해서 보여주면 유명해질 수 있다. 모든 광고에 당신의 얼굴과 이름을 포함하라. 그러면 당신은 곧 일상용어가 될 것이다. 그리고 아마 사람들은 때때로 길거리에서 당신을 멈춰 세우고 이렇게 물을 것이다. "저기, ○○○ 아니세요?"

조언 광고의 맨 위에 당신의 사진을 넣고, 인용문으로 헤드라인을 만들어라. 예를 들어 나는 광고 속 내 사진 옆에 인용부호를 넣은 헤드라인을 이렇게 적는다. "나에게 90분을 주면, 당신의 광고 응답률을 두 배…세 배…네 배로 만드는 법을 가르쳐주겠다!"

이러한 광고에는 관심을 기울일 수밖에 없다. 그러니 '단두대' 기법을 한번 시도해보라!

17

시각적
이미지를 만들어라

질문 다음 중 어떤 문장이 흥분과 관심을 더 많이 전달하는가?

1. 당신은 우리 엄마가 뒤뜰 농장에서 손으로 딴 빨간 사과 여섯 개를 받는다. 그것은 정말 맛있어서 아마 당신이 지금까지 먹어본 중에 가장 맛있는 사과일 것이다.

2. 당신은 지금까지 먹어본 중에 가장 달고, 가장 과즙이 많고, 가장 군침이 돌게 하는 맛있는 빨간 사과를 한입 베어 물 때까지 기다려라! 한두 개가 아니라, 이 사각사각하고 달콤한 예쁜 과일 꼭 한 다스이다. 이 사과 하나하나는 73세인 우리 엄마가 바로 우리 집 뒤뜰에 있는 햇볕이 많이 내리쬐는 특별한 과수원에서 조심스럽게 손으로 딴 것이다!

대답은 분명하다, 그렇지 않은가? 두 번째 단락은 내가 강력한 시각적 형용사PVAs: Powerful Visual Adjectives라고 부르는 것으로 가득 차 있다. 이러한 PVAs는 뚜렷하고, 선명하고, 강력한 시각적 이미지를 만든다. 이러한 PVAs는 실제로 잠재고객이 머릿속으로 당신의 제품을 시연하도록 돕는다.

이렇게 말하지 마라: 돈을 많이 벌어라!
이렇게 말하라: 매주 현금 2,750달러를 긁어 들여라!

이렇게 말하지 마라: 과즙이 많은 빨간 사과
이렇게 말하라: 군침이 돌게 하고, 꿀처럼 달콤한, 손으로 딴 사과!

이렇게 말하지 마라: 더 깨끗한 물을 마셔라.
이렇게 말하라: 순수하고, 수정같이 맑고, 빙하로 만든 신선한 물을 즐겨라!

이렇게 말하지 마라: 유용한 신용한도를 얻어라!
이렇게 말하라: 크레디트 카드를 휙 내보여라. 그러면 보석, 전자제품, 가구 그리고 열대 지방에서 보내는 휴가가 당신 것이다!

이렇게 말하지 마라: 벼룩시장에서 금을 팔아서 큰돈을 벌어라.
이렇게 말하라: 사용자가 많이 몰리는 벼룩시장에 있는 금시장을

장악하고, 달러가 줄줄이 들어오는 것을 지켜보라!

구 체 적 단 어 로 이 미 지 묘 사

나는 머리숱이 많다. 그리고 그것은 좋은 일이다. 왜냐하면 머리를 잡아 뜯게 만드는 화제에 대해 누군가와 종종 '논의'를 하기 때문이다.

예를 들어 나는 한 친구의 안내책자 만드는 일을 도와주고 있는데 최근에 그와 전화 통화를 했다. 그와 그의 아내는 수제 비누를 판다. 실은 아주 멋진 비누이다. 색상과 향기도 아름답다. 어떤 비누는 크고 좋고 과즙이 많은 수박 덩어리처럼 보인다. 다른 비누들은 신선한 오렌지 조각, 밝은 레몬 조각, 그리고 과육이 풍부한 코코넛 덩어리를 닮았다. 강력한 시각적 형용사가 당신의 카피를 위해 어떤 일을 할 수 있는지 알겠는가 내가 기억하기로, 우리의 대화는 다음과 같았다.

> 드류: 이봐 조지…과일 향이 강한 이 비누들은 상당히 괜찮은걸. 하지만 왜 그냥 밋밋하게 '오렌지 향 비누'나 '코코넛 향 비누'라고 말하는 건가? 가장 신선하고 과즙이 많은 플로리다 오렌지 조각에 비유하는 게 어때? 비누로 얼굴을 씻는 것이 액체로 된 햇빛을 피부에 끼얹는 것 같다고 얘기하면 어떨까? 그 향기를 맡으면 햇살이 눈부시게 내리쬐고 산들바람이 부는 플로리다의 오렌지 밭을 걷던 길이 얼마나 생각나는지 말하는 게 어때? 그리고 자네의 코코넛 비누는 정말 끝내주는데! 왜 "진짜 코코넛 냄새가 난다"고만 말하나? 서부 카리브해 지역의 햇볕을 듬뿍

빨아들인 금방 자른 코코넛…과육이 풍부한 뽀얀 속살과 달콤

하고 맛있는 주스를 떠올리게 하는 코코넛에 비유하면 어떤가?

조지: 그건 좀 지나친 감이 있는 것 같아, 그렇지 않아? 어쨌든 우리는

과일을 파는 게 아니잖아. 우리는 비누를 팔고 있다고!

드류: 물론 자네는 비누를 팔고 있지. 하지만 자네는 어떤 낭만…어떤

심상…사람들이 관심을 쏟을 수 있는 어떤 것을 창조하고 싶잖

아. 그걸 판매라고 하잖아.

조지: 그렇게까지 할 필요는 없는 것 같아.

드류: 필요? 자네도 비누를 팔 필요는 없어! 하지만 그 일을 하려거든

제대로 하는 게 어떤가? 공격적으로 하는 게 어때? 자네의 경쟁

사가 하고 있는 것 이상으로 하는 게 어때? 알다시피 자네만 이

업계에 있는 게 아니잖아.

조지: 응, 그렇지.

드류: 이 비누들은 근사해! 하지만 자네는 경쟁사보다 더 많은 일을

해야 돼. 자네는 눈에 띄어야 돼!

조지: 음, 자네가 말하고 있는 것이 그렇게 좋다면 왜 다른 사람은 그

렇게 하지 않지?

드류: 간단해. 사람들이 대부분 가능한 최선의 방법으로 일을 하지 않

기 때문이야. 그들은 자신이 생각하기에 최고인 일을 하거든.

그리고 사업가들은 대부분 효과적인 광고 만드는 것에 대해 잘

모르기 때문에 가장 효과적일 수 있는 일을 안 하고 있어!

조지: 생각하고 있다. 내 말이 귀뚜라미가 들판에서 우는 소리처럼 들린다.

드류: 자네는 특제품을 팔고 있어. 아이보리나 제스트 또는 아이리쉬 스프링이 아니라고. 자네는 두 가지 장점을 가지고 있는 비싼 비누를 팔고 있어. 첫째로, 아름다워 보이고 둘째로, 맛있는 향기가 나는 비누 말이야. 자네의 비누를 그렇게 매력적으로 만드는 두 가지를 부각시키지 않는다면 큰 실수를 하는 거야. 사람들은 그저 깨끗해져야 하기 때문에 자네 비누를 사는 게 아니야. 저렴한 아이보리 비누로도 깨끗해질 수 있거든.

조지: 맞아…하지만 사람들은 그것을 살 때 어떤 냄새가 나는지 알 거야. 게다가 오렌지와 코코넛 그리고 레몬이 어떤 향인지 누구나 아는 걸. 그것들은 오렌지, 코코넛, 레몬 향이 나.

드류: 속으로 주님, 저를 도와주소서.

조지: …그러니 왜 이미 알고 있는 사람들에게 그것을 묘사하기 위해 그렇게까지 자리를 차지하나?

드류: 설득하는 데 도움이 되기 때문이야! 이렇게 생각해보게. 누군가 자네의 안내책자를 보았는데, 그 누군가가 오렌지 향을 좋아한다면, 그녀는 자신이 좋아하는 것에 잘 어울리는 묘사의 영향을 받을 거야. 그러한 묘사는 그녀에게 상상하도록 도와줘! 그러한 묘사는 그 제품에 대한 마음속의 영화를 만들어냄으로써 그녀의 머릿속에서 더 많은 '공간'을 차지해! 과즙이 많은 조각, 햇살이 눈부시게 내리쬐는 들판, 과수원에서 과일을 따는 모습, 껍질을 벗겼을 때 달콤한 향기가 사방에 진동하는 것을 묘사하게. 그리고 거기서 멈추지 마! 그녀가 떨쳐버릴 수 없을 표현으

로 정신적으로 깊이 낚아야 해. 이렇게 말하는 거야. "오렌지 과
즙으로 씻는!" '비누 거품'이라고 부르지 말고 "달콤한 오렌지
크림 거품"이라고 부르게.

조지: 웃음을 참으면서 무슨 말을 하는지 알겠어. 하지만 그런 온갖 화
려한 표현은⋯나는 그저 비누를 팔고 있다는 사실을 지울 수가
없어.

드류: 시계를 보며 자, 조지, 그것이 내 조언이야. 그리고 나는 이 일을
고작 23년 동안 해왔어. 뭐든지 자네가 느끼기에 자네에게 적
합한 일을 할 거라고 믿네. 이만 나가봐야겠어! 갈색 머리카락을 잡
아 뜯는 소리.

기억하라 PVAs로 묘사된 더 구체적인 단어일수록 그림이 더 분명
해진다. 당신의 제품이나 서비스가 경쟁사와 비슷하다 하더라도, 당
신은 여전히 이러한 기법을 써서 눈에 띌 수 있다.

첫 번째 예: 청소 서비스

이렇게 말하지 마라: 전문 청소부가 당신의 사무실을 새것처럼 반
짝거리게 만들어준다.

이렇게 말하라: 벽과 바닥을 병원처럼 밝게, 화장실을 반짝거리고
위생적으로, 창문을 빛이 나도록 깨끗하게, 카펫을 푹신하고 말쑥하
고 보기 좋게 꾸며준다.

두 번째 예: 이탈리아 식당

이렇게 말하지 마라: 우리는 가족을 위해 준비하듯 음식을 준비하기 때문에 사람들은 우리의 정통 이탈리아 음식을 좋아한다. 한번 맛을 보라, 맛있다!

이렇게 말하라: 우리는 매일 아침 신선한 파스타를 만든다. 우리는 겉을 바삭하고 노릇노릇하게 갓 구워낸 빵을 쓴다. 우리 소스는 맨 첫 단계부터 직접 만든 것이고 통조림은 절대 쓰지 않는다. 우리가 제공하는 것은 전부 직접 만든 것이고, 100% 자연산이고 맛도 좋다.

조언 PVAs 게임을 하지 않는 사업은 결과적으로 진다. 이 기법을 이용하는 광고인들이 더 자격이 있고, 장비를 더 잘 갖추었고, 더 성실하고, 고객의 요구를 더 잘 충족시켜 줄 수 있다는 인상을 주기 때문이다. 왜 그럴까? 그들이 자초지종을 이야기하는 유일한 사람들이고, 이는 자동적으로 다른 사람들이 이러한 일을 하지 않는다는 인상을 주기 때문이다.

당신이 이 강력한 심리적 도구를 사용하면 경쟁사들은 서로 쟁탈전을 벌이게 된다. 당신이 경쟁사들에게 떠안긴 불이익을 그들이 금세 알아차릴 것이기 때문이다.

마음속
영화감독이 되라

아래 질문에 솔직하게 대답하라

1. 갓 딴 유기농 과일과 얇게 벗겨지고 버터 맛이 나는 직접 구운 빵 껍질로 만든 두툼한 빙 체리 파이 조각에, 칼로리와 지방을 줄인 더블 천드 바닐라 빈 아이스크림 한 수저를 듬뿍 올린 것을 먹는 것이 좋은가, 과일 타르트를 먹는 것이 좋은가? 아, 근사하고 두툼한 파이 조각에 포크를 찔러 넣을 때마다 달콤한 체리 과즙이 흘러 넘치는 모습을 보라! 그렇다…그 위에 휘핑크림을 조금 올려라, 그렇게 하지 않겠는가! 우와…그렇게 많은 과일을 본 적이 있는가!

2. 벌레 몇 마리를 죽이는 것이 더 불쾌한가, 화난 흑거미가 활동하는 거미집과 독이빨을 가진 어미가 지키는, 갓 부화된 따끈한 알이 붙

어 있는 거미줄까지 제거하는 것이 더 불쾌한가? 암컷 흑거미 한 마리는 매년 여름 알주머니 네 개에서 아홉 개를 내뿜을 수 있고, 각 알주머니에는 14일에서 30일이면 새끼거미 750마리를 부화시키는 알이 들어있다. 설상가상으로, 독성이 있는 거미류는 아이들과 애완동물이 있는 당신의 집 안에서 최대 꼬박 3년까지 짝짓기나 알을 낳고 산다! 그래야 한다면 그것을 직접 죽여보라.

하지만 이렇게 생각하라. 알이 꽉 찬 암컷 한 마리나 거의 현미경으로나 보이는 기어 다니는 거미새끼 수백 마리 중 한 마리를 못 죽이고 놓치면, 곧 성충이 된 거미류가 득실거리는 경험을 할 것이다!

나는 지난 5년 동안 흑거미와 전쟁을 벌였고, 밤에 자고 있을 때 무언가 피부 위를 기어서 지나가는 느낌보다 끔찍한 일도 없었다. 아니, 사실 더 끔찍한 일이 한 가지 있다……'여왕 모후'가 당신의 베개 밑에 새로 따끈따끈한 알 더미를 내뿜은 것을 발견하는 일이다!

내가 무슨 일을 했는지 알겠는가. 세심한 단어 선정은 평범한 옛날식 파이를 훨씬 더 매력적으로 만들었다. 그리고, 내가 이야기하지 않았다면 당신이 직접 처리했을 저 '작은' 거미 문제는 이제 89달러를 내고 해충방제 전문업체에 전화할 가치가 있는 일로 변질된다.

그렇다면 도대체 무슨 일이 일어나고 있는가.

우선, 모든 경험은 다섯 가지 요소 V-A-K-O-G로만 이루어진다는 점을 깨달아야 한다.

1. 시각 Visual

2. 청각 Auditory

3. 운동감각, 촉각 Kinesthetic

4. 후각 Olfactory

5. 미각 Gustatory

이러한 요소, 즉 우리의 감각은 경험을 구성하는 요소이다. 우리가 인생에서 어떤 경험을 할 때면 이러한 요소들의 조합이 항상 존재한다. 우리는 이러한 요소를 '내적 표상 IRs internal representations'이라고 부른다. 이러한 요소가 우리 주변 세상의 경험을 머릿속에서 표현하기 때문이다. 사실 기억은 이러한 요소들의 조합일 뿐이다. 어떤 경험을 떠올릴 때마다, 그것이 어제 먹은 피자이건 28년 전에 괴성을 지르며 타던 롤러코스터건, 당신은 이러한 다섯 가지 요소의 조합, 즉 당신의 경험이나 '마찬가지인' 정해진 패턴에 접근하고 있다.

광고이건, 안내책자이건, 세일즈 레터이건, 광고전단이건, 이메일이건, 웹사이트이건, 옥외 광고판이건, 라디오나 TV광고이건, 당신이 어떤 종류의 광고를 쓰고 있다 하더라도 마찬가지다.

단어의 효과를 높이기 위해 당신이 할 일은 **잠재고객의 두뇌 속에서 표상의 힘을 증가시키는 것이다.** 당신은 다섯 가지 요소의 강도를 증가시켜서 잠재고객의 행동에 영향을 미치기에 충분하게 내적 경험을 만들어야 한다. 이것이 사람들에게 행동을 취하게 하는 비법이다.

현실을 직시하자. 잠재고객은 각자의 인생을 사느라 바쁘다. 그들은 제품 자체에 신경 쓰지 않고, 제품이나 서비스가 어떤 식으로 더 살기 좋게 만들 수 있는지에만 관심을 갖는다. 예외가 있기는 하지만 대부분의 제품과 서비스의 경우, 당신 자신은 잠재고객에게 아무런 의미가 없다.

"드류! 그건 너무 냉소적이에요! 어떻게 그렇게 지독한 말을 할 수 있어요?" 진정하라! 내 말은 전 과정을 보는 방법일 뿐이다.

그 말은 다음과 같은 오래된 격언으로 거슬러 올라간다. "사람들은 특성이 아니라 혜택 때문에 당신의 제품을 산다." 그러니 우리가 사람들에게 행동하도록 하고, 사게 하고, 더 많은 정보를 요청하게 하는 방법은 그들의 뇌 속에서 따분하고 애매한 이미지를 선명하고, 집중적이고, 소란스럽고, 다채롭고, 맛있고, 향기롭고, 매우 감각적인 경험으로 바꾸는 것이다.

태권도 학원을 운영하는가? 아이들에게 자신감을 심어주고 학업 성적을 올리는 법을 가르칠 것이라고만 말해서는 안 된다. 모든 학원이 그렇게 말한다! 그들의 아이들이 더러운 얼굴에 상스러운 말투를 쓰고 주먹을 불끈 쥐고 다니는 학교 불량배의 샌드백이 되는 일이 절대로 없을 것이라는 이야기도 하라. 차이가 느껴지는가?

"하지만 드류, 아무도 그런 식으로 카피를 쓰지 않아요! 태권도 학원은 으레 이렇게 말하죠. '우리는 아이들에게 자신감과 규율을 가르친다. 그리고 등록할 때 무술복을 무료로 준다.' 그들은 '더러운 얼굴에 상스러운 말투' 이야기는 전혀 하지 않아요!"

그 이유는 (1)그들이 이런 식으로 글을 쓸 생각을 하지 않거나 (2)

사람들이 어떻게 생각할까 겁이 나서 이런 식으로 글 쓰기를 두려워하거나 (3)그들이 다른 사람의 그저 그런 광고를 재탕하고 있기 때문이다. 그것은 '사업상의 근친교배'의 형태이고, 최종결과는 어느 누구에게도 아무런 의미가 없는 약한 돌연변이 광고일 뿐이다.

자신의 두뇌를 이용하기를 두려워하지 마라! 자신의 길을 구축하고 자신의 발자취를 남겨라! 자신의 방식대로 일하기 위해 누군가에게 허락을 받을 필요는 없다. 직접 선도자가 되어라! 정말 독특하게 일해서 다른 사람들이 모방하게끔 하라! 자신의 업계에서 사람들을 일깨워라! 왜 자신의 업계에서 새로운 일, 주목할 만한 일, 사람들에게 이야기하고 사게 만드는 일이라고는 전혀 하지 않는 또 다른 사람이 되려 하는가!

좋다. 거미 예에서 우리가 어떤 일을 했는지 보았는가? 우리는 사람들의 IRs, 즉 내적 표상을 확대하거나 고조시키기만 했다. 우리는 비유적으로 고객의 팔을 잡고 그를 일깨웠다. 또렷하고 시각적 구역질 나는 운동 감각적 표현으로 우리는 이제 그들의 두뇌 속에서 훨씬 더 큰 공간을 차지하고 있다. 그리고 그에게 이제는 혐오스러운 거미에 관한 시련을 더 깊이 생각하게 함으로써 중심경로 처리를 기억하는가 우리는 더 많은 두뇌 세포를 효과적으로 활성화시켰다.

사람들의 두뇌를 더 많이 차지할 때마다 그들을 설득할 수 있는 가능성이 훨씬 더 커진다. 그들을 행동하게 만들 가능성도 더 커진다. 우리는 색상과 세부 설명이 거의 없는 애매한 이미지를 꺼내서 수정처럼 선명하게 만들었다.

그렇기 때문에 긴 카피가 짧은 카피보다 꾸준히 매출을 더 많이 올린다. 그래서 당신과 두 시간을 보내는 세일즈맨이 대체로 당신과 5분을 보내는 세일즈맨보다 더 많이 판다. 더 많은 시간과 더 많은 단어는 더 많은 설득으로 이어진다.

당신은 무엇을 파는가? 당신은 어떻게 묘사를 '강화'할 수 있는가? 당신은 어떻게 고객을 당신의 제품이나 서비스를 보러가는 관광에 데려갈 수 있는가?

한 예를 들어보면, 나는 수영장 자동 청소기를 샀다. 수영장 안에 있는 전용 흡입선에 그것을 연결해서 수영장 안에 넣는다. 청소기는 수영장 바닥을 치우고 깨끗하게 청소한다. 원한다면 청소기를 하루 종일 수영장 안에 놔두고 그것이 작동하는 동안 안전하게 수영할 수도 있다. 청소기는 250달러이고, 2년간 품질 보증이 된다.

좋다, 이제 당신에게 수영장이 있지만 수영장 청소기는 없다고 가정하자. 내 설명을 보고 청소기를 살 준비가 되었는가? 그렇지 않을 것이다. 그렇지 않은 이유는 무엇일까? 어쨌든 나는 그것이 어떤 일을 하고, 그것을 어떻게 연결하고, 가격이 얼마이고, 그것이 효과적이고, 2년간 품질 보증이 된다고 말했다! 도대체 무엇을 더 알아야 하는가? 내가 보기에 당신은 구매 결정을 내리기 위해 필요한 모든 것을 가지고 있는 것 같다. 내가 추천까지 해주었다! 하지만 당신은 설득당하지 않았기 때문에 사지 않은 것이다. 당신은 돈을 쓸 만큼 내적 표상을 충분히 모으지 않았기 때문에 사지 않고 있다.

당신은 그 사실을 알고 있다. 그렇다. 사실만으로 IRs가 창조되는 것은 아니다. 사실만으로 두뇌가 물건을 살 준비를 하는 것은 아니다.

그렇다면 당신에게 이 제품을 사도록 동기를 부여하기 위해 어떤 말을 해야 할까? 시각적 IRs, 청각적 IRs, 운동감각적 IRs, 후각적 IRs, 그리고 아마 미각적 IRs까지 창조하고, 당신에게 그 제품의 사용 측면을 완전히 둘러보게 하기만 하면 된다. 예를 들어보자.

스코트에게.

우와, 세상에! 제가 방금 설치한 이 새 수영장 청소기는 정말 굉장합니다! 당신도 수영장에 쓸 청소기를 하나 사야 합니다! 그것은 제가 지금까지 써본 중에 단연코 가장 쉬운 수영장 청소기입니다. 그리고 정말이지, 저는 조사도 했습니다.

당신의 진공선이나 거르는 기구에 붙이는 것은 길고 골이 있는 플라스틱 호스입니다. 청소기는 약 60센티미터 길이의 파란 쥐가 오리처럼 생겼고, 수영장 바닥 위로 우아하게 스치듯 지나갑니다. 그것은 거의 살아있는 것처럼 보여서 저는 '스퀴들리 디들리'만화영화에 등장하는 주인공, 오징어처럼 생겼다라는 이름까지 붙였습니다.

어쨌든 스퀴들리는 벽을 오르고, 나뭇잎과 모래 그리고 다른 지저분한 것을 작은 입으로 전부 빨아들이고, 그것을 빨리 제거하도록 필터 바스켓에 넣습니다.

청소기에는 10분 내에 조립하도록 도와주는 비디오도 딸려 있습니다. 조립법은 정말 쉬워서 제 리트리버 강아지 주세페도 할 수 있을 정도입니다!

제조사는 업계에서 잘 알려져 있고, 세계적으로 이 청소기를 125만 대 이상 판매했습니다. 저는 청소기를 사기 전에 조사를 엄청나게 많이 했는데, 평가도 호의적일뿐더러 이 가격대의 다른 수영장 청소기보다 훨씬 더 좋았습니다. 가격이요? 250달러 밖에 안 되고, 2년 동안 품질 보장이 되고, 할인 금액 50달러를 현금으로 돌려줍니다!

질문이 있어서 전화했더니 바로 누군가와 연결이 되더군요. 정말 친절하고 적극적으로 도와주었습니다. 하아! 이 글을 쓰는 동안 아내가 집안으로 들어와서, 스퀴들리가 후루룩 들이마신 쓰레기로 수영장 필터가 꽉 찼다고 말합니다. 이 물건은 정말 미친 듯이 일합니다!

스퀴들리는 일을 할 때 '추가-추가-추가' 하고 우스운 소리를 내지만, 아주 조용합니다. 스퀴들리가 일을 정말 잘해서, 우리는 그것이 수영장에서 빨아들이는 온갖 쓰레기를 더 편리하게 버리려고 필터 옆에 양동이를 놓아두어야 했습니다. 우리 집 수영장이 지난주에 얼마나 시커멓고 진흙투성이로 보였는지 기억하십니까? 지금 당신이 수영장 물을 봐야 하는데…수영장 물은 카리브 해의 석호처럼 반짝거리고, 냄새도 더 좋다고 맹세합니다!

수영장을 직접 진공청소기로 청소하던 일은 잊으세요! 제 친구 스퀴들리가 있으니 제가 하는 일이라고는 그것이 저 대신 수영장을 청소하는 동안 느긋하게 쉬면서 피나콜라다를 홀짝홀짝 마시는 것뿐이랍니다. 그것은 하루도 빠지지 않고, 불평하는 법도 없고, 임금을 올리지도 않습니다. 아, 그건 그렇고 저는 수영장 청소부 프랭크를 다음 주에 해고할 겁니다. 그는 정말 좋은 사람이지만, 이 자동 청소기가 연간 850달러를 절약해줄 테니까요!

교훈은 간단하다. 잠재고객의 두뇌 속에 내적 표상을 충분히 만들지 않으면, 그들에게 지갑을 꺼내서 당신이 팔고 있는 것을 사게 하는 IRs를 마음속으로 만들고 싶은 마음이 들게 하기에는 역부족일 것이다.

물론 항상 내적 표상의 다섯 가지 방식을 전부 이용할 수 있는 것은 아니다. 예를 들어 인쇄소를 운영한다면, 빨간색과 오렌지색 잉크가 얼마나 과일 맛이 풍부하게 나는지_{미각} 사람들에게 말하지 않을 것이다. 하지만 광이 나고 매끄럽거나 보드라운 감촉이 풍부한 질 좋은 종이가 어떤 식으로 그들의 편지지를 시각적으로 훨씬 더 매력적으로 만들 수 있는지, 그리고 사람들이 편지와 안내책자를 집었을 때 종이의 질을 실제로 어떻게 느낄 것인지는 말할 수 있다. 이는 다시 당신의 회사 그리고 당신의 제품과 서비스까지 무의식적으로 연관시킨다고 해석된다.

마음속의 영화는 차 배터리에 시동을 거는 것과 같다. 가솔린을 충분히 쓰지 않으면 차는 출발하지 않을 것이다. 잠재고객의 두뇌에 당신이 설치하는 마음속의 영화도 마찬가지이다. 잠재고객에게 당신이 말하고 있는 것에 관해 더 생각하게 만들 만큼 매력적인 '영화예고편'을 설치하지 않는다면, 그들은 그냥 페이지를 넘기거나 다른 사이트로 클릭해서 넘어갈 것이다.

19

행동하기
쉽게 하라

나는 종종 늙고 따분한 세일즈맨 역할로 세미나를 시작한다. 나는 청중 앞에 놓인 의자에 자리를 잡고, 가장 의욕 없는 목소리, 당신이 상상할 수 있는 가장 밋밋하고 설득력 없고 매사에 부정적인 구매 권유를 계속 웅얼거린다. "서둘러서 사겠다고 결정할 필요는 없어요." 나는 이렇게 말한다. "아마 다른 회사들 수십 군데서도 같은 제품을 같은 가격에 팔고, 같은 서비스를 제공할 것입니다. 필요할 땐 그 제품이 여기에 있을 겁니다."

욱! 나는 그런 다음에 의자에서 벌떡 일어나서 소리친다. "광고가 인쇄된 세일즈맨일 뿐이라는 옛날 표현이 사실이라면, 저것_{내가 벌떡 일어선 의자를 다시 가리키며}은 단언하건대 오늘날 바깥세상에서 자신을 대변하는 세일즈맨의 전형입니다!"

요점은 무엇일까? 세일즈맨이 아무리 말을 번드르르하게 해도, 광고가 아무리 아름다워도, 사람들이 행동을 취하게 하지 않는다면 그것은 모두 헛물켠 투자이다. 정보를 알려주기만 하고 사람들에게 제품을 사게 하지 않는 광고는 거래를 성사시키지 못하는 세일즈맨이나 마찬가지이다. 세일즈맨을 해고하라. 광고를 버려라. 그것은 당신의 시간과 돈을 낭비하고 있다.

> 광고의 가장 간단한 정의이자 비판적 검토라는 시험을 충족시킬 정의는 광고가 인쇄된 형태로 팔고 있다는 것이다.
>
> – 대니얼 스타치

행동을 얻으려면 2단계가 필요하다. (1)행동하기 쉽게 만든다. 그 다음에 (2)행동하라고 요청한다.

면책약관: 이러한 구성요소가 사람들이 행동하게 할 것이라고 보장하지는 않는다. 그래도 이를 따르면, 당신이 게재하는 모든 광고는 대단히 성공할 것이다. 하지만 이 두 단계를 따르면 성공할 가능성을 더 크게 높일 것이다. 그렇지 않은가? 따라서 '첫 번째 단계: 행동하기 쉽게 만들기'에 대해 이야기하자.

조앤 리버스Joan Rivers가 종종 말하던 것처럼, "이야기 좀 할 수 있을까?" 우리 인간은 게으른 동물이다. 현재 버튼이 없는 거의 모든 것을 버튼을 눌러 해결할 수 있다면 우리는 그렇게 할 것이다. 버튼식 샤워기? 버튼식 자가용 출근? 버튼식, 버튼식! 사실 버튼식의 편리성을 제공하지 않는 것은 거의 더 이상 남아있지 않다. 우리는 지금 만족하고 싶다. 우리는 당장 결과를 보고 싶다.

이는 사람들이 골치 아파 보이는 것에 민감하다는 의미이다. 우리는 '휘말리기'를 달가워하지 않는다.

예를 들어 자동차 사고 현장에서 운전사가 구경꾼에게 목격자가 되어달라고 한다. 구경꾼은 이렇게 대답한다. "아, 휘말리고 싶지 않아요." 그 구경꾼은 머릿속으로 에너지 소모를 필요로 하는 온갖 종류의 번거로움과 호된 시련 그리고 성가신 일이라는 불쾌한 장면으로 가득 찬 영화를 틀고 있다. 따라서 그는 돌아서서 가버린다.

사람들은 있는 힘껏 노력하는 것에 민감하고, 수고를 피할 수 있다면 무슨 일이든 하기 때문에, 될 수 있는 한 구매를 쉽게 만드는 편이 현명할 것이다.

예를 들어, 이미 당신의 이름과 주소가 기입되어 있는 주문서가 동봉된 판촉 다이렉트 메일을 받은 적이 있는가? 이 경우 주문서에 크레디트 카드 번호만 추가해 우표를 붙인 반송용 봉투에 끼워 넣기만 하면 된다. 오늘날 디지털 인쇄술 덕분에 이 일은 비용면에서 효과적이고 쉬워졌다. 수신자 부담 전화번호도 있다. 그들은 이것이 당신이 주문하는 것을 막는 장애물을 제거하는 것이라고 알고 있기 때문에 어쩌면 심지어 착불로 지불해도 될 것이다. 말하자면 그들은 미끄럼틀에 기름을 발라놓고 "이야, 얼마나 쉬운지 한번 봐봐!"라는 무의식적인 반응을 기다리고 있다.

대체 지불 수단을 될 수 있는 대로 많이 만들어라. 주요 크레디트 카드, 가계 수표, 우편환, 온라인 결제를 전부 허용하라. 빨리 실어 나르지 않으면 거래가 중단될 수도 있으니, 일반 육상 배송부터 속달우편까지 여러 가지 운송 조건을 제안해야 한다.

선물 포장을 해주면 생일과 연말연시에 고객의 시간과 노력이 절약된다. 상실에 대한 두려움을 가라앉히기 위해 강력하게 보장하겠다고 제안하라. 돈을 쓴다는 심리적 고통을 줄이기 위해 '석 달 동안 한 달에 딱 14.99달러' 같은 결제 방식을 제안하라.

특히 경쟁사가 온라인 주문을 받지 않는다면, 당신은 온라인 주문을 제안하라. 잠재고객에게 단계별로 정확히 어떻게 주문하는지 설명하라. 당신이 소매업체라면, 항상 주소, 전화번호, 간결한 운전 경로, 그리고 업무시간을 알려라.

"주문하기 쉽다!"고 말하고, 당신의 사업 유형에 적합하게 이 말을 변형해서 사용하라. "무료 견적을 받을 수 있다!", "방문 점검 일정을 잡기가 쉽다!", "50% 할인된 가격에 명함을 찍기가 쉽다!", "카펫을 증기 세탁하고 199달러를 절약하기 쉽다!"

이 외에도 변형의 물결은 끝없이 이어진다. 사람들은 더 편하게 살기를 원한다. 당신에게서 물건을 사기가 얼마나 쉬운지 말하라.

20

독특하게
포지셔닝하라

당신이 내 세미나에 참석한 적이 있다면, 시장에서 자신을 차별화하기 위해 고유한 판매를USP: Unique Selling Proposition: 다른 제품에는 없는 자사 제품만의 차별화된 강점 제안해야 한다는 것을 알 것이다.

당신의 제품이 식료품점에 있는 2킬로그램짜리 설탕이나 소금같이 되고 싶지 않을 것이다, 그렇지 않은가? 자신이 사는 설탕이나 소금 브랜드에 목숨을 거는 사람은 거의 없다. 그들에게 있어서 설탕은 설탕이고, 소금은 소금일 뿐이다. 친구에게 "네가 가장 좋아하는 소금 브랜드가 뭐야?"라고 물어보면, "너 혹시 뭐 잘못 먹은 거 아냐" 하듯 당신을 쳐다볼 것이다.

사람들은 대부분 이러한 생필품에는 크게 신경 쓰지 않는다. 그러한 제품은 눈에 띄지 않는다. 그것은 다른 브랜드 속에 섞여 있다. 결과는 어떨까. 그것은 특별히 선호하지 않는다.

사실 경쟁사와 구별할 수 없다면, 당신 제품을 선호할 이유가 없다. 그리고 사업 목표는 사람들에게 당신의 제품을 선호하게 하고, 같거나 비슷한 것을 제공하는 다른 사람들보다 당신 제품을 선택하게 하는 것이다.

나는 필라델피아 북동 지역에서 자랐다. 우리 집에서 약 1.6킬로미터만 가면 그랜트 애비뉴와 블루 그래스 로드가 만나는 붐비는 모퉁이에 니프티 피프티라는 50년대 풍의 작은 식당이 있다. 이 식당은 자신을 경쟁사와 차별화하는 일을 믿기 어려울 정도로 잘 한다. 점심과 저녁시간이면 보도 위로 길게 늘어선 줄이 그 사실을 증명한다. 그 식당은 약 30년 전에 지어진 쇼핑센터 안에 자리 잡고 있다. 그곳에는 댄스 교습소, 여성 전용 헬스클럽, 멕시코 음식점이 있고, 그 밖에 무엇이 있었는지 기억나지 않는다. 하지만 그 식당만 장사가 잘 되었고, 이제 점포를 다섯 군데로 확장했다. 그도 그럴 것이, 그 식당은 모든 일을 제대로 한다. 웹사이트 www.niffftyfiftys.com에서 수상 페이지를 확인해보라. 경이롭다는 표현이 딱 어울린다.

요점은 이것이다. **사업자는 자신의 위대함을 비밀로 간직하지 않는다.**

그들은 자신이 얼마나 훌륭한지 당신에게 알릴 수 있는 모든 기회를 이용한다. 그들은 냉동 소고기를 절대로 쓰지 않고, 햄버거용 소고기를 매일 새로 갈고, 프렌치프라이를 금방 잘라 직접 만들고, 냉동 어니언 링을 절대로 쓰지 않는다고 반드시 당신에게 알게 한다.

정문으로 들어가자마자 커다란 유리창을 통해 부엌 안을 들여다 볼 수 있고, 종이 모자를 쓴 남자가 즙이 많고 달콤한 큰 양파 조각을 손수 만든 튀김옷에 살짝 담근 다음, 허브로 양념한 근사한 빵가루를 묻히는 것을 볼 수 있다.

그들은 어떤 종류의 기름에 튀기는지 말한다. 얼마 안 떨어진 버거 슬롭이 아니라 거기서 먹는 것이 왜 당신에게 이로운지 말한다. 그들은 다른 업체의 99.9%가 하듯이, 당신이 이러한 것들을 발견하기를 바라고만 있지 않다. 그들은 앞서서 주도한다. 그들은 직접 자랑한다. 그들은 자신이 왜 훌륭한지 당신에게 말한다.

생각하라! 당신의 제품이나 서비스에 대해 어떤 흥미로운 이야기를 할 수 있는가. 사람들에게 무엇을 가르칠 수 있는가.

> 즐거워하려고 하지 마라. 돈을 쓰는 것은 심각한 문제이다.
>
> – 클로드 홉킨스

조언 반드시 제품이나 서비스의 품질을 우수하게 하라. 그렇지 않으면 괜히 잠재 구매자를 가르치려다가 멀리 쫓아버릴지 모른다!

- 철물점에 그치지 마라… '슈퍼 장비스토어'가 되라!
- 사무실 청소부에 그치지 마라… '사무실 청소 전문가'가 되라!
- 작은 애완 동물 가게에 그치지 마라… '한 지붕 아래에 있는 애완동물의 세상'이 되라!

- 덴버에 사는 그래픽 디자이너에 그치지 마라… '덴버 최고의 그래픽 디자이너'가 되라!
- 아이스크림 가게에 그치지 마라… '거대한 소스의 발상지'가 되라!
- 부동산 중개업소에 그치지 마라… '신속 판매 시스템의 전문가'가 되라!

당신에게 '신속 판매 시스템'이 없다면, 창의력을 발휘해 신속 판매 시스템이라고 부를 만한 프로그램을 만들어라. 때때로 USP를 개발하려면, 성공 가능성이 있는 슬로건을 개발하기만 하는 것이 아니라 일을 달리할 필요가 있다. 당신이 전문가라고 말한다고 전문가가 되는 것은 아니다. 당신의 포지셔닝은 당신에 관한 진실을 반영해야 한다. 그리고 좋은 USP를 생각해냈지만 그것이 있는 그대로의 당신과 다르다면, 그것을 있는 그대로의 당신으로 만들어라!

예를 들어, 사무실 청소 전문가라고 부르고 싶지만, 직원들이 헐렁한 외출복 차림의 의욕 없는 건달 무리처럼 보인다면, 내 '청소 전문가' 포지셔닝은 크게 성공하지 않을 것이다, 그렇지 않은가? 내 아랫사람들이 결코 전문가가 아니라 지저분한 건달이라는 말이 떠돌 것이다. 그렇다면 어떻게 해야 할까?

나는 우선 그렇게 보이고 행동하는 사람들을 해고할 것이다. 이미지에는 한계가 있다. 당신이 성능을 보여줘야 할 때가 오고, 양질의 성능이야말로 사업을 계속하게 하는 것이다. 그다음 소매에 새로 디자인한 로고가 새겨진 '최첨단' 파란색이나 오렌지색 점프 슈트를 모든 직원에게 입힐 것이다. 밴을 다시 칠할 것이고, 디자이너에게 각각의 밴에 새로운 이미지를 붙이게 할 것이다.

발송용 편지지를 다시 디자인할 것이고, 디자이너를 고용해서 내가 보여주고 싶은 깨끗하고 현대적인 모습을 구체화한 신선하고 새로운 안내책자를 만들 것이다.

이제 내 '전문가' 포지셔닝은 시장에서 성공할 기회를 갖는다. 이제 내 포지셔닝은 그저 인상적인 슬로건 말고 다른 것으로 뒷받침된다. 내가 말하는 내 모습과 사람들에 의해 인식되는 내 모습은 이제 일치한다. 이런 방식으로 당신의 사업을 새로운 포지셔닝에 맞추는 것이다.

내 세미나에 자극을 받은 한 여성은 자신의 사업을 그저 또 다른 인쇄업체라 부르지 않고, 대신 자신의 서비스를 '비즈니스 이미지 메이커'라고 강력하게 판촉하기 시작했다.

그리고 자신의 주장을 뒷받침하기 위해 인쇄비용을 최대한 활용하는 방법을 알려주는 기사를 지역 신문과 비즈니스 잡지에 싣는다. 그녀는 〈당신의 사업이 더 전문적으로 보이기 위해 잘 알려지지 않은 인쇄 비밀 10가지를 이용하는 방법〉, 〈당신의 사업을 눈에 띄게 하기 위해 색상의 힘을 이용하는 방법〉 등과 같은 무료 보고서를 내놓는다. 보고서는 1쪽에서 4쪽 분량이라서 대량 생산하기는 식은 죽먹기이다.

그녀는 지역 사업체를 위해 도서관에 무료 인쇄 클리닉을 열어 좋은 인쇄물과 나쁜 인쇄물의 샘플을 보여주고, 같은 실수를 피하는 방법을 말해준다.

그녀는 본전을 가장 많이 뽑을 수 있는 방법을 말한다. 그녀는 최신 디지털 인쇄술로 수천 달러를 절약하는 방법과 그밖에 많은 이야기를 들려준다. 그들은 그녀를 사랑하고, 답례로 그녀와 거래를 튼다. 그녀의 이미지는 그녀를 믿을 수 있고, 정보를 얻을 수 있는 전문가로 자리매김하게 함으로써 도움을 준다. 이 여성은 인쇄기를 굴리기만 하다가 그 지역에서 믿을만한 전문가가 되었다.

그리고 당신도 그렇게 할 수 있다. 당신은 사업 전체를 자리매김할 수 있을 뿐만 아니라, 당신의 제안도 자리매김할 수 있다.

다음 예에서 나는 다이렉트 마케팅 업계의 광고를 이용할 것이다. 당신에게 떼돈 버는 방법을 가르쳐준다고 주장하는 심야의 인포머셜 infomercial: information+commercial 구체적 정보를 제공하는 상업광고은 PC 총회에 참석하는 기술 마니아보다 더 많다. 이 부분이 당신의 광고가 돈보이기 위해 뛰어난 포지셔닝이 정말로 필요한 부분이다.

예를 들어 다음 두 가지 헤드라인 중 어느 것이 당신의 관심을 더 끄는가.

(1) 재택근무를 하며 이메일을 통해 이익으로 바꾸어라.
(2) 열아홉 살짜리 대학생이 온라인 결제로 돈을 보내라고 사람들을 설득하는 똑똑한 방법이 있다.

어느 것을 골랐는가. 내 생각대로 당신에게 마케팅과 광고 상식이 있다면, 아마 대학생에 관한 헤드라인을 골랐을 것이다. 그것이 내가 '특히 고유하다'고 부르는 것이기 때문이다. 그것은 모호하지 않고 분명한 그림을 머릿속에 넣는다. 그리고 이렇게 할 때 당신은 관심을 확 끈다. 그들은 궁금해 하고 있다. "이 열아홉 살짜리 아이가 어쨌다는 거야? 그 아이는 이 아이디어를 어떻게 알아냈대?" 그들은 아마 그의 얼굴, 머리, 옷 등 그가 어떻게 생겼는지 상상할 것이다. '돈벌이' 광고가 수천 가지 있기는 하지만, 사람들은 전에 이러한 포지셔닝을 들어본 적이 없다. 그것은 신선하고 색다르다.

조언 당신의 광고를 다른 이들 사이에서 돋보이게 하고 싶다면, 무언가 다른 이야기를 하라.

> 즉시 알아볼 수 있는 색다른 광고를 만들어라. 연구 결과에 의하면 "헤드라인이나 사진 속에 있는 '새롭고 신선한 것'은 '열독률'을 더 높인다."
> – 스타치 리서치

다른 예를 보자.

(1) 중국의 억만장자가 자신을 부자로 만든 비밀 14가지를 밝힌다.
(2) 살아갈 날을 불과 4개월 남기고, 백만장자는 부와 성공의 비밀을 밝히기로 한다.
(3) 팜 스프링스Palm Springs에서 발견된 백만장자의 비밀 일기 – 알

려지지 않은 성공의 비밀이 밝혀진다.

알겠는가. 요점은 다른 광고인들 수천 명의 이야기와 다른 고리^모지셔닝를 만들어야 한다는 것이다. 정직하되, 그 이야기를 할 흥미로운 방법을 찾아라! 온갖 '부자 되기 온라인' 헛소리는 집어치워라. 사람들은 이렇게 모호하고 포괄적인 이야기에 질렸다.

자신에게 물어보라. "내 제안에 특별한 점은 뭐가 있을까? 나는 이러한 계획이나 제품 또는 서비스를 제안하는 유일한 사람인가? 내가 이용할 수 있는 나만의 특징은 뭐가 있을까?"

다른 사람들에게 팔 현금을 창출하는 좋은 아이디어를 가진 농부인가? "아이다호의 농부가 말한다, '내 계획을 따른다면 100달러 지폐를 키우는 것은 감자를 키우는 것만큼 쉽다!'"

머리를 밀었는가? "거대한 대머리 크리스가 언젠가 당신의 생명을 구할지 모르는 영춘권 쿵푸를 가르친다." 반드시 모든 자료에 자신의 사진을 넣어라. 그러면 아주 빨리 유명해질 것이다.

몸집이 크거나 키가 큰가? "키 2미터에 체중 125킬로그램 나가는 남자가 컴퓨터를 전국에서 가장 크게 할인한다!" 몸집을 강조하기 위해 바닥 높이에서 사진을 찍어라. 그 사진을 어디에나 인쇄하라. 스스로를 컴퓨터 거인이라고 불러라! 펜실베이니아에서는 빅 마티의 카펫이 오랫동안 이 일을 효과적으로 해오고 있다. 그 가게는 광고와 간판을 정말 크게 세웠다!

네트워크 마케팅에 종사하는 뛰어난 어부인가? "낚시 전문가가 말한다. '하위 레벨의 판매원을 늘려나가기 위해 내 비밀 계획을 따른다면 사람을 낚는 것은 도다리를 낚는 것만큼 쉽다!'"

《포지셔닝 잭 트라우트와 알 리스의 마케팅 클래식》을 읽어라. 이책은 당신이 시장의 어디에 있는지, 그리고 어디에 있고 싶은지를 토대로 이미지를 창조하는 과정을 단계적으로 익히도록 도와준다.

내가 세미나에서 외치는 것처럼, "당신은 하고 있는 사업을 천편일률적인 형태로 만들지 마라! 당신이 아니라 경쟁사들을 이들 속에 섞이게 하라! 이미지를 변화시켜라. 그리고 두각을 나타내라!"

21

특이한 사이즈로
광고하라

비용이 덜 드는 광고로 페이지를 장악할 수 있다면, 왜 전면 광고 비용을 내는가? 반 페이지짜리 섬을 원한다고 말하라. 전형적인 수직이나 수평으로 된 반 페이지와 대조적으로, 이 특별한 크기는 시각적으로 거의 페이지 전체를 차지하도록 배치되어 있어서 다른 광고를 이 섬 근처에 두기 어렵다.

결과는 어떨까? 신문이 대개 뉴스만 당신의 광고 옆에 배치하는데, 이는 광고 경쟁이 더 적다는 뜻이다. 반 페이지짜리 섬은 폭이 세로단 두 단에 길이가 페이지의 4분의 3까지 오지만, 페이지 전체를 장악한다. 17번째 소비 심리학 원칙에서 논의한 길수록 강하다는 휴리스틱 원칙에 따라, 이는 고객에게 당신의 우월성에 더 좋은 느낌을 가지게 한다. 그것은 '전화번호부에서 가장 큰 광고가 틀림없이 더 좋고 더 성공한 회사일 것'이라는 효과와 같다.

기억하라 좋은 반응을 얻으려고 거대하게 광고할 필요는 없다. 〈파퓰러 사이언스〉와 〈파퓰러 메카닉스〉 같은 잡지에 오랫동안 변함없이 나오는 작은 광고는 많은 광고인을 부자로 만들었다.

하지만 그러한 광고는 지면상 한계로 2단계 판매 과정에 가장 알맞다. (1)잠재고객이 문의한다 (2)당신이 모든 정보를 보내고, 이로 인해 그들은 제품을 산다.

완전한 판매 업무를 더할 길을 찾고 있다면, 당신의 이야기를 들려줄 부동산이 더 필요할 것이다. 반 페이지짜리 섬은 당신에게 이러한 공간을 주는 한편, 경쟁사가 아니라 당신의 이야기에 스포트라이트를 비추게 한다.

22
권위자로
부각시켜라

당신은 그 분야에서 권위자인가? 삶의 단서 모델에 의하면, 권위 있는 인물은 상당한 신뢰성을 가진다. 따라서 그들이 하는 주장은 널리 믿게 한다. 그는 틀림없이 자신의 주제를 오랫동안 공부했고,_{길수록 강하다} 누구든지 그의 말에 귀를 기울이니 자신을 충분히 활용해도 괜찮다._{밴드왜건 효과} 그는 공정하고 의견이 아니라 사실만 이야기하니,_{증거, 사례} 그가 하는 말을 신뢰할 수 있다.

중요한 것은 당신도 그러한 자세를 취할 수 있다는 점이다. 당신의 분야에서 자신을 권위자라고 광고하라. 그리고 영향력이라는 이 똑같은 코트를 입어라. 당신이 그 주제를 이미 훤히 파악하고 있고, 그에 관해 유창하게 이야기할 수 있다는 가정에서부터 시작하자. 우리가 논하고 싶은 것은 주장할 수 있는 지식을 갖추는 것이 아니라, 당신 자신을 권위자로 자리매김하는 방법이기 때문이다.

1단계 자신을 가치 있는 정보를 산더미같이 많이 가지고 있는 사람으로 간주하라. 불행히도, 사람들은 자신감이 약한 나머지 이 첫 걸음조차 내딛지 못한다. 당신의 지식이 가치 있다고 생각하지 않는다면, 시작하기도 전에 운이 다한 것이다.

2단계 당신이 아는 것을 될 수 있는 한 많은 형태로 제공하라. 어떻게 하느냐고? 우선 그 지역 상업 사진작가를 찾아가서 당신의 사업에 어울리는 복장을 입고 사진을 찍어라. 수줍어하고 있을 시간이 없다. 그다음에는 안내책자에서 계약서까지 모든 세일즈 자료에 그 사진을 인쇄하기 시작하라. 대중 앞에 당신의 얼굴을 드러내라. 광고, 이메일, 웹 페이지, 세일즈 레터, 옥외 광고판에 사진을 넣어라!

그다음 소규모로 자가 출판을 하라. 전자 잡지부터 시작하라. 당신이 다루는 주제에 관해 3페이지에서 10페이지짜리 보고서 몇 가지를 하드 카피와 PDF 파일로 만들어라.

예를 들어, 당신이 인쇄소를 운영한다고 가정해보자. 다음과 같은 제목으로 간단한 보고서를 작성하는 것은 어떨까.

- 바가지를 쓰지 않고 청첩장을 아름답게 인쇄하는 방법
- ○○시의 사업체들이 아름다운 4색 인쇄에 27%까지 할인 받을 수 있는 방법
- 당신의 이력서를 경쟁자보다 325% 더 주목받게 하는 방법

내가 무슨 말을 하는지 알겠는가? 그 보고서는 당신이 인쇄소로서 이미 알고 있는 정보로 구성된다.

이력서의 예를 보자.

당신의 보고서는 대단히 전문적인 인상을 주고, 여타 홍보물보다 돋보이도록 특수 용지, 특수 서체, 잉크 사용과 같은 이야기를 하기만 하면 된다. 보고서는 표지의 오른쪽에 당신의 사진을, 사진 아래 캡션에 당신의 이름을, 그리고 표지에 당신의 기업명을 특징적으로 보여줄 것이다.

예를 들어 나는 이런 식으로 쓸 것이다.

당신의 이력서를 325% 더 효과적으로 만들고,

경쟁사를 때려눕히는 방법을 인쇄 전문가가 밝힌다!

비즈니스 인쇄 전문가, 드류 에릭 휘트먼이 준비한 특별한 보고서

Whitman Press, Inc.

821 Digital Road, Litho, CA 92261

(760) 555-5678

매력적인 이력서의 중요성에 관한 몇 가지 단락부터 시작한다. 그 다음 아이디어에 번호를 매겨 그 뒤에 덧붙인다.

이력서에 대한 반응을 높이는 첫 번째 요소 : 레이아웃과 디자인

이력서는 다른 비즈니스 커뮤니케이션과 똑같다. 하지만 이 경우 당신이 팔고 있는 제품은 바로 당신이다! 따라서 당신의 이력서와 커버레터 그리고 봉투는 오늘날 대기업이 구매자와 의사소통할 때 이용하는 것처럼 매력적이어야 한다.

나는 자신의 분야에서 가장 재능 있는 몇몇 사람들의 이력서를 출력해왔다. 그리고 모든 경우에 나는 그들에게 이렇게 조언해왔다……

이력서에 대한 반응을 높이는 두 번째 요소 : 종이 선택

등등이다.

이러한 보고서로 무엇을 할까? 보고서를 통해 그것을 선전한다. 가게에 오는 사람에게 그것을 무료로 제공한다. 그러한 보고서는 당신을 권위자로 홍보할 뿐만 아니라, 당신을 편하게 받아들이게 한다. 경쟁사의 99%가 자신의 이미지를 끌어올리기 위해 아무것도 안 하고 있는 동안, 당신은 스스로를 권위자로 자리매김하고 있는 것이다.

보고서에 쿠폰을 포함시켜야 한다는 것을 기억하라. 당신이 이 일을 잘 해낸다면, 사람들은 그 보고서를 다 읽을 무렵 당신과 거래를 할 준비가 되어 있을 것이다. 이제 당신은 이력서 인쇄라는 주제에 관한 한 전문가로 간주되기 때문이다.

그 밖에 어떤 방법으로 당신을 권위자로 홍보할 수 있을까? 신문이나 잡지에 질의와 응답 컬럼처럼 보이는 기사체 광고를 내라. 당신이 질문하고 당신이 스스로 응답하라. 각 컬럼에 질문 약 세 가지와 짧은 답변을 포함시키고, 반드시 당신의 이름을 캡션으로 넣은 얼굴 사진이 맨 위에 나오게 하라.

사실, 당신의 컬럼이 독자들에게 유용한 정보를 제공한다면, 어떤 신문은 그것을 무료로 받아줄 것이다. 아무튼, 다음과 같은 교묘한 방법으로 광고의 맨 아래에 사업체 이름, 주소, 전화번호를 반드시 포함하라.

"인쇄를 가장 효과적으로 이용하는 방법에 대해 질문이 있는가? 〔아래 주소〕로 보내라."

세미나를 하고, 워크숍을 열고, 교육적인 제품을 만들고, 책을 쓰고, 라디오와 TV 인터뷰를 하고, 전문지식을 블로그에 올려라!

다른 사람들을 도울 수 있는 방법에는 끝이 없고, 이것은 다시 당신의 사업을 위해 기적을 이룰 수 있다!

23

설문지를
보내라

나는 그동안 함께 일해 온 모든 주요 고객에게 이 기법을 이용해 왔지만, 이것이 엄청난 수익을 가져오지 못한 적은 한 번도 없다. 당신이 할 일은, 어떤 정보이든 당신이 알고 싶은 정보에 관해 대여섯 가지 질문을 써서 고객에게 설문지를 발송하는 것이다. 당신의 제품이나 서비스에 대해 어떻게 느끼는지, 가격에 대해 어떻게 생각하는지, 한두 달 안에 당신의 제품을 살 것 같은지 여부를 질문하라. 다시 말해, 그들의 사고 과정에 대해 귀중한 통찰력을 줄 질문을 하라.

그 다음에 설문지의 맨 끝에 고객이 거절할 수 없는 매력적인 제안을 하라. 다음 구매 시 50% 할인을 받을 수 있는 쿠폰, 무료 상담 티켓, 다음 구매 시 특별 선물을 받을 수 있는 경품권 등 당신이 매력적이라고 생각하는 것은 무엇이든 제안하라.

그다음에 아래와 비슷한 내용으로 짧은 편지를 써라.

아일린에게!

부탁이 하나 있습니다.

저희가 최근 고객님을 위해 실시한 딜럭스 세차 서비스에 대한 솔직한 의견을 듣고 싶습니다. 아래 질문에 대한 대답을 표시한 후에 이 설문지를 동봉된 반송용 봉투에 넣어 보내주시겠습니까.

우수고객이 되어주신 것에 감사드립니다.

　　　　　드류 에릭 휘트먼, 쉬미 샤인 숍 대표〔　　　　　　　〕올림

아래의 각 질문을 읽고 한 가지 숫자에 동그라미 하시오.

1) 10을 최고로 해서 1부터 10까지 점수를 준다면, 우리 딜럭스 세차에 얼마나 만족하십니까?

　　1　2　3　4　5　6　7　8　9　10

　불만족　　　　　　　　　　　　　　만족

2) 10을 최고로 해서 1부터 10까지 점수를 준다면, 우리 서비스에 대해 어떻게 생각하십니까?

　　1　2　3　4　5　6　7　8　9　10

　나쁘다　　　　　　　　　　　　　좋다

등등이 있다. 자, 핵심적인 부분은 설문지의 끝에 나오고, 이렇게 시작된다.

감사합니다, 아일린!

이 중요한 설문을 다 작성해주신 데 대한 감사의 표시로, 방금 세차한 차의 마무리 상태를 보호할 수 있는 500그램짜리 미러용 액상 스프레이를 50% 할인된 금액에 보내드립니다. 뿌리고 닦아내기만 하면 됩니다. 이 제품은 정가가 10달러이지만, 이 설문지를 작성해서 〔날짜〕까지 보내주시면 요금 별납으로 딱 5달러에 보내드리겠습니다. 이 제품을 세차 후 30일 이내에 뿌리면 차를 계속 반짝거리게 유지하는 데 도움이 되고 먼지 침투를 50%까지 막아줍니다.

그러니 기다리지 마세요! 투자한 것을 보호하세요. 아래 'YES' 칸에 표시를 하고 이 설문지를 지불 금액과 함께 보내주시기만 하면 됩니다. 정가 10달러의 가치는 제 설문에 참여해주신 것에 대한 '감사' 표시입니다. 설문 응답자에게만 특별히 반값에 제공합니다!

〔　〕네, 드류! 당신이 요청한 대로 설문을 다 작성했습니다. 저에게 10달러짜리 미러용 액상 스프레이 한 캔을 5달러에 보내주십시오.
〔　〕현금 〔　〕수표 〔　〕우편환
〔　〕크레디트 카드: 〔　〕비자 〔　〕마스터카드
카드 번호:_____ 유효기간:_____

이제 설문의 힘을 알겠는가. 설문이 하는 일은 다음과 같은 두 가지 사실을 활용하는 것이다.
(1)사람들은 자신의 의견을 말하기를 좋아하고

(2)이미 설문을 반송하고 있기 때문에 반송용 봉투에 지불금을 슬쩍 집어넣기란 정말 쉽다.

핵심은 당신이 어쨌든 제공할 것을 제공하되, 설문에 응답하는 사람들만 그것을 이용할 수 있게 하는 것이다. '당신의 감사 표시'라고 말하는 것은 낮은 가격을 훌륭하게 수식하는 방법으로, 제안을 어딘지 배타적으로 보이게 한다.

설문 구성 방식은 아주 쉽다. 설문은 8.5×11인치 사업용 편지지에 쓰는 개인적인 편지일 뿐이다. 응답률을 높이기 위해 편지가 대량 양산된 것이 아니라 개인적으로 보이도록 메일 머지*하라.

이 설문 기법은 모든 제품이나 서비스에 활용될 수 있다. 이 기법을 사용하면 추가 매출 뿐만 아니라 귀중한 피드백도 얻을 수 있다. 이 피드백은 추가 매출로 얻을 수 있는 수익보다 더 가치 있을 수 있다!

자기 생각을 자유롭게 말하도록 하는 한 가지 좋은 질문은 "당신이 제 사업체의 주인이라면 무엇을 다르게 하시겠습니까?"이다.

당신이 받을 대답 중에는 깜짝 놀랄 만큼 훌륭한 것도 있을 것이다. 당신이 받는 피드백은 사업을 운영하는 방식을 완전히 바꿀 수도 있다. 고객의 생각을 수익으로 바꾸는 문제에 대해 더 정보를 얻으려면 '지갑을 열게 하는 비밀 28. 설문의 힘'을 참조하라.

---

*메일 머지mail merge: 실제 편지 내용이 들어있는 내용문 파일과 내용문 파일에서 각각 다르게 출력할 데이터만 모아놓은 데이터 파일을 결합시켜 편지 내용 일부분만 다르고 나머지 내용이 같은 편지 여러 통을 한꺼번에 만드는 기능.

24

광고에 그림을 넣어라

'백문이 불여일견'이라는 말은 누구나 알고 있다. 하지만 이 관용구가 과학적 연구에 의해 뒷받침된다는 사실은 대부분 모르고 있다.

1991년 로퍼 스타치 월드와이드는 미국 시장 10곳의 고객 2,000명을 대상으로, 지역과 전국 범주의 신문 광고 650개에 대한 반응을 조사했다. 그 결과, 사진이건 일러스트레이션이건 그림을 포함하는 것이 광고 응답에 어떤 영향을 미치는지를 과학적으로 입증하였다.

다음은 그 조사의 결과이다.

- 사진, 일러스트레이션, 그래픽 요소 등 시각 자료가 50%인 광고는 적거나 없는 것보다 주목 받을 확률이 30% 더 높았다.
- 시각 자료가 75%인 광고는 주목 받을 확률이 50% 더 높았다.

- 열독률_{광고 문안을 50% 이상 읽은 사람의 비율} 범주에서도 이 같은 광고는 점수가 60점 더 높았다.

- 시각 자료가 네 개에서 아홉 개인 광고는 더 적거나 없는 광고에 비해 '주목도' 점수를 30점 증가시킨다.

- 시각 자료가 열 개 이상인 광고는 더 적거나 없는 광고보다 주목받을 확률이 55% 더 높다.

- 시각 자료가 열 개 이상인 광고의 경우 '열독률'이 70점이나 급증한다.

- 제품을 보여주는 광고가 제품을 보여주지 않는 광고보다 시선을 끌어 모을 확률이 13% 더 높다.

- 사진이 가장 주목할 만한 그래픽 유형이라면 시선을 가장 많이 끌어 모은다.

선호도 높은 사진 유형 7가지

다양한 조사 결과에 따르면, 다음과 같은 사진 유형이 가장 이목을 끄는 것으로 나타난다. 갤럽조사연구소는 킴벌리클라크 사를 위해 실시한 〈독자 4,979,855명이 일요일에 무엇을 읽는다고 말하는지 들어보라〉라는 대표적인 설문조사에서 16개 도시에서 20가지 다른 일요일자 신문을 읽는 독자 29,000명에게 질문을 던졌다. 갤럽은 독자들이 그림을 아래와 같은 선호도로 좋아한다는 사실을 알아냈다.

1. 아이와 아기

2. 엄마와 아기

3. 성인 무리

4. 동물

5. 스포츠 장면

6. 유명인

7. 음식

〈퍼레이드〉라는 잡지는 다음 그림이 가장 관심을 끈다고 보도한 적이 있다.

1. 아기

2. 엄마와 아기

3. 동물

4. 유명인

5. 음식 사진

이러한 사진은 왜 그토록 우리의 마음을 끌까? 8가지 생명력 욕구를 이용하기 때문이다. 우리는 사랑을 원하고, 가족을 보호하고 돌보기를 원하고, 사회적 인정을 원하고, 이기고 싶고, 높은 지위를 원하고, 먹고 마실 것을 원한다.

더글러스 애덤스Douglas Adams는 《은하수를 여행하는 히치하이커를 위한 안내서》에서 인생의 의미가 '8'이라고 말한다. 현실에서는 인간에 관해 할 수 있는 거의 어떤 '왜'라는 질문에 대한 답도 '8', 즉 8가지 생명력이다. 한번 확인해보라.

> 브랜드와 메시지 사이에 명백한 관련이 있다면 사진은 브랜드 선택에 효과적인 영향을 미친다.
>
> – 기프 프란젠Giep Franzen, 《광고의 효과성》, 1994

사 진 으 로   상 황 을   연 출 하 라

광고에 제품 사진을 넣으면 사진을 보여주지 않는 것보다 시선을 끌어 모을 확률이 13% 더 높다. 제품 사용 사진은 제품만 보여주는 사진보다 13% 더 시선을 끈다.

왜일까? 제품 사용 사진은 행동과 극적인 요소 그리고 흥미를 더하고, 제품이나 서비스를 시연해서 독자의 상상력을 사로잡기 때문이다. 사람들의 사진이나 일러스트레이션이 들어간 광고는 '주목도'를 거의 25% 증가시킨다.

나는 세미나에서 두 경쟁사의 최루가스 광고 두 개를 예로 보여준다. A회사의 헤드라인은 '강도를 막아준다'이고, 상표를 보이며 제품을 잡고 있는 한 여성의 손을 클로즈업한다. 하품이 나온다. 극적인 가능성을 보여주는 다른 제품이 생각나지는 않지만, 이 회사는 아무 일도 하지 않고 있는 제품을 보여주기로 선택한 것이다.

반면에 B회사는 영리하다. 그들의 헤드라인 '버튼 하나로 강도를 막아라'는 자신을 반원형으로 둘러싼 껄렁껄렁해 보이는 공격자들 무리에게 스프레이를 뿌리는 한 여성을 일러스트레이션으로 보여주었다. 폭력배들은 각자 다양한 고통을 호소하는 것으로 보인다. 그들은 무릎을 꿇고 있고, 바닥에 납작하게 누워 있고, 기침을 하고, 얼굴을 감싸 쥐고, 비명을 지르고, 도망치고 있다.

이제 나에게 말하라. 헤드라인과 제품만 보여주는 광고와 사진으로 상황을 보여주는 광고를 보고, 최루가스를 사러 시장에 나간다면 이 두 제품 중 어느 쪽이 더 마음에 들겠는가.

대답은 분명하다. B회사는 자사 제품이 어떻게 작동하는지 시연했다. 사진이라면 더 좋겠지만, 흑백이라 하더라도 일러스트레이션은 여전히 최루 가스의 효과를 전달하는 반면, A회사는 광고에 대한 무지만 전달할 뿐이다.

> 항상 사진에 대한 정황을 보여주어라. 천편일률적인 스튜디오를 배경으로 서있는 냉장고를 보여주는 대신, 장비를 아주 잘 갖춘 부엌에 있는 냉장고를 보여주어라. — 스타치 리서치

25

깜짝 선물로
자극하라

깜짝 선물이란 무엇일까. 세일즈 레터의 첫 페이지 맨 위에 붙이는 작은 품목으로, 1센트, 5센트, 10센트, 25센트, 또는 1달러 지폐처럼 사람들의 시선을 끌고, 더 읽지 않는 일을 거의 불가능하게 만드는 것을 말한다.

편지 맨 위에 1달러짜리 지폐를 스테이플러로 고정해서 보낸다면 당신은 관심을 갖지 않을까. 그것은 1달러일 뿐이지만, 그 편지는 아마 그날 우편으로 받은 다른 무엇보다도 당신의 흥미를 끌 것이다.

다음 예제는 이 기법을 이용해서 카피를 시작할 수 있는 방법을 보여준다. 예를 들어 내가 카펫을 팔고, 그 동네로 막 이사한 사람들의 리스트를 손에 넣었다고 가정해보자.

스코트에게.

보시다시피 이 편지의 맨 위에 빳빳한 1달러짜리 지폐를 첨부했습니다. 왜냐고요? 제 주장이 정당하다는 것을 보여드리기 위해서입니다. 당신이 새 집에 놓을 카펫을 살 때, 어떻게 하면 이 지폐 100장을 절약할 수 있는지 바로 이 편지에서 보여드릴 것입니다.

또는 내가 데이 스파Day spa: 점심시간이나 퇴근시간에 이용할 수 있는 목욕 및 미용시설를 소유하고 있고, 내 숍에서 8킬로미터 내에 사는 것으로 명단에 나와 있는 여성들에게 편지를 보낸다고 가정해보자.

루이스에게.

보시다시피 이 편지의 맨 위에 빳빳한 1달러짜리 지폐를 첨부했습니다. 왜냐고요? 제 주장이 정당하다는 것을 보여드리기 위해서입니다. 당신이 캐리비안 블루를 맨 처음 방문할 때 어떻게 하면 이 지폐 20장을 절약할 수 있는지 바로 이 편지에서 보여드릴 것입니다.

알겠는가. 깜짝 선물은 사람의 호기심을 자극하고 어쩌면 적어도 당신의 편지를 읽어야겠다는 의무감까지 느끼게 할 수 있는 효과적이고 검증된 방법이다.

하지만 푼돈 1달러보다 더 눈길을 끄는 품목이 많이 있다. 온갖 것들이 흥미롭고 효과적인 깜짝 선물이 될 수 있다. 예를 들어, 내가 솜씨 좋은 결혼식 전문 사진사이고, 결혼할 예정인 여성들의 우편물 수신자 명단을 입수할 수 있다고 가정해보자.

루이스에게.

보시다시피 이 편지의 맨 위에 끔찍한 결혼사진을 첨부했습니다. 왜 이렇게 했냐고요? 이 불쌍한 부부가 저지른 것과 똑같은 비극적인 실수를 저지르지 않게 하기 위해서입니다.

실은, 신랑 신부인 샘과 에스더는 결혼식 전문 사진사를 선택할 때 살펴봐야 할 사항을 몰랐습니다.

결과는 어땠을까요? 너무 끔찍했습니다! 조명은 형편없었습니다. 사람들은 경직되어 보입니다. 각도는 아마추어급이고요. 색상은 불안정합니다. 그리고 피부색마저 얼룩덜룩합니다. 중요한 날이었는데도 그들이 보여줄 것이라고는 그저 그런 사진 뭉치뿐입니다.

어떻게 하면 에스더와 샘이 저지른 실수를 피할 수 있는지 아십니까? 제가 바로 이 편지에서 그 방법을 말씀드리겠습니다.

몇 가지 유용한 조언을 하고, 그다음 당신이 제공하는 서비스의 장점을 설명하면 된다. 물론 가장 잘 찍은 사진이 실린 추천서를 싣고, 돈을 아끼게 해주는 비결까지 제공하라. 좋아 보이는 '절약 상품권'은 감동을 더할 것이다.

- 라구나 비치의 부동산을 파는가? 작은 모래 자루를 붙여라!
- 미수금 처리 대행 회사인가? '부도 수표'를 첨부하라!

- 사탕 가게인가? 최고급 초콜릿 바 포장지를 붙이고, 한때 그 포장지 안에 있던 것을 무료로 받을 수 있는 샘플 쿠폰을 동봉하라!
- 인쇄소인가? 형편없이 인쇄된 안내책자를 첨부하라.

가능성은 끝이 없다! 깜짝 선물이 봉투를 찢지 않도록 조심하라. 그렇지 않으면 우체국 직원이 우편물 속에 섞여 떠돌아다니는 아주 기이한 물건들을 보게 될 것이다! 발포 비닐 포장재가 들어간 봉투를 이용하기로 한다면 선택의 폭은 훨씬 더 넓다.

이 기법은 효과가 있다. 이 기법은 1937년 당시 로버트 콜리어 Robert Collier에게 효과적으로 작용했고, 오늘날 당신에게도 효과적으로 작용할 것이다. 회의적이라고? 테스트해보라!

다음과 같이 A-B로 나누어 실시하라.

A) 깜짝 선물을 넣어 세일즈 레터 500통을 보내라.
B) 깜짝 선물을 넣지 않은 다른 세일즈 레터 500통을 보내라.

결과를 비교해보라. 나는 당신을 '깜짝 선물 팬클럽'의 신규회원으로 환영할 것이다!

26

긴 카피
VS 짧은 카피

아, 그렇다. 긴 카피 대 짧은 카피에 관한 해묵은 논란이다. 나는 그 논쟁이 수십 년 전에 묻혔다고 생각했다. 그저 죽어서 썩어가는 것이 아니라, 죽어서 바싹 마른 먼지가 되었다고 생각했다. 사실 학계가 아닌 실생활에서 실시된 거의 한 세기 동안의 검증 결과 논쟁할 만한 여지는 아무것도 남지 않았다. 하지만 더 적은 정보밖에 모르는 어떤 사람들은 동의하지 않는다.

누군가 광고에 관해 거의 알지 못한다는 사실을 알려주는 논평은 이렇게 시작된다. "아, 카피는 짧게 하는 게 좋아요! 긴 카피는 아무도 읽지 않아요. 요즘은 어느 때보다도 더 바쁘니까요. 멋지고 짧게 해주세요."

짧게 하라는 그들의 경고가 논리적으로 들릴지 몰라도, 그 말은 그야말로 순 헛소리이다! 초창기에 내 멘토였던 직접반응 카피의 대가 게리 핼버트는 이런 말을 쓴 적이 있다. "카피가 길다고 나쁠 것은 없다. 다만 너무 지루해질 수는 있다!" 지당하신 말씀이다.

> 직접반응 광고를 하는 사람들은 짧은 카피가 팔리지 않는다는 사실을 알고 있다. 스플릿 런 테스트조금씩 다른 광고물의 효과를 측정하기 위해 같은 매체의 같은 위치를 양분하여 광고를 게재하는 방법에서 긴 카피는 예외 없이 짧은 카피보다 매출을 더 많이 올린다.   – 데이비드 오길비

연구가들은 수백 가지 연구와 수천 가지 실험을 했다. 그리고 존 케이플스, 클로드 홉킨스, 데이비드 오길비, 존 E. 케네디, 유진 슈워츠, 맥스웰 색하임, 월터 위어 같은 광고계의 온갖 거물급 인사들과 명예의 전당에 든 다른 모든 카피라이터는 다음과 같은 의견에 동의한다. "잘 쓰인 긴 카피는 짧은 카피보다 매출을 더 많이 올린다." 어떠한 단서도 없다. 어떠한 면책 약관도 없다. 긴 카피가 매출을 더 많이 올릴 뿐이다.

> 광고와 관련해 가장 흔히 듣는 표현은 사람들이 많이 읽지 않을 것이라는 말이다. 하지만 돈을 가장 많이 받는 광고의 상당량이 사람들이 실제로 많이 읽는다는 사실을 보여준다. – 클로드 홉킨스

사실, 누군가 진정으로 당신 제품의 잠재고객이라면, 당신은 그가 잘 쓰인 세일즈 카피를 얼마나 많이 읽을지 상상도 못할 것이다. 물론 카피에 횡설수설하지 마라. 단순히 공간을 채우기 위해서나 어휘력으로 사람들을 감동시키기 위해 글을 쓰지는 마라.

사람들에게 정보를 주고, 욕구를 고조시키고, 납득시키고, 행동을 취하도록 동기를 부여하기에 충분할 정도로 글을 써라. '많이 말할수록 더 많이 판다'는 오래된 격언은 사실이다. 올바르게 말한다면 말이다.

생각해보라. 좋은 세일즈맨과 두 시간을 보낸 경우와 딱 10분을 보낸 경우 중 언제 더 제품을 살 것 같은가. 물론 두 시간일 것이다.

왜냐하면 그가 몇 번이고 자신의 레퍼토리에서 모든 구매 권유를 할 것이고, 생각해낼 수 있는 모든 혜택을 들려줄 것이고, 당신의 구매의욕을 효과적으로 자극하는 급소를 알아낸 다음 계속하여 누를 것이기 때문이다.

> 짧은 카피를 쓰는 유일한 이유는 말할 것이 별로 없는 경우뿐이다.
>
> – 맥스웰 색하임

그렇다면 사람들은 왜 자신의 세일즈 자료가 세일즈맨과 그토록 다르다고 생각할까. 물론 당신의 광고와 안내책자 그리고 세일즈 레터만으로는 피드백을 알 수가 없다. 이들만으로는 무엇이 잠재고객의 흥미를 끌거나 흥미를 떨어뜨리는지 알 수가 없다. 그렇기 때문에

만반의 준비를 해야 한다. 여러 가지 다른 각도와 여러 가지 다른 관점에서 각각의 혜택을 고쳐 말하라.

예를 들어 새 차를 고객 스스로 어떻게 생각할지를 고려할 뿐만 아니라 다른 사람들이 그 차에 대해 어떻게 생각할지를 염두에 둔 자동차 광고가 얼마나 많은지 알고 있는가. 차가 쌩 하고 지나갈 때 고개가 돌아간다. 8가지 생명력 중 사회적 인정과 뒤떨어지지 않게 따라가고 싶은 마음 그리고 그 차가 정말 끝내주게 안전하다며 실용성을 강조한다. 신차 충돌 테스트가 그 사실을 입증한다. 8가지 생명력 중 생존, 고통과 위험으로부터의 자유, 사랑하는 사람들에 대한 보호

그들이 어떤 식으로 당신의 감정뿐만 아니라 논리와 이성에도 호소하는지 알겠는가? 이렇게 해서 그들은 주변경로로 생각하는 사람들과 중심경로로 생각하는 사람들 모두에게 이야기한다.

하지만 그것이 다가 아니다! 낮은 가격과 높은 연비는 당신이 똑똑하게 차를 사고 있다는 것을 의미한다. 당신은 책임감이 있다.8가지 생명력 중 사회적 인정 그리고 자식의 교육이나 배우자와의 멋진 휴가처럼 인생에 더 소중한 일에 대비해 돈을 저축할 수 있다.

무슨 일이 일어나고 있는지 알겠는가? 제품 구매에 대한 이유를 더 많은 방법으로 정당화할수록 그 제품을 사도록 영향을 미칠 가능성이 커진다.

따라서 사람들의 손을 잡고 자세한 이야기를 들려줘라. 혜택을 과장하고길수록 강하다 사람들이 혜택을 알 수 있도록 사진을 보여주고, 추천서를 듬뿍 담고사회적 증거 품질 보증서로 뒷받침하라.두려움을 가라앉

허라 이 일을 다 마칠 때쯤에는 상당히 설득력 있는 세일즈 카피를 갖게 된다. 글을 재미있고 적절하게 써라. 사람들이 판매에 더 많이 노출될수록 영향력은 더 강해진다.

> 세일즈맨은 "안녕하세요?"라고 말하고 자신의 제품에 대해 몇 마디 한 후 주문서에 서명하라고 하지 않는다. 아니, 그는 당신의 감정과 추리력이 판매 쪽으로 흘러가도록 하기 위해 충분히 말한다.
>
> – 빅터 슈워브Victor Schwab

사람들이 대부분 이 점을 이해하지 못하는 이유는, 제품을 사려면 카피를 전부 읽어야 한다고 생각하기 때문이다. 허튼 소리이다!

예를 들어 긴 카피 광고나 세일즈 레터가 있다면, 나는 헤드라인만 읽고서도 제품을 살 준비가 되면 바로 전화기를 들고 주문을 할 것이다. 나는 이렇게 말하지 않을 것이다. "젠장! 이 물건이 정말 갖고 싶었지만 읽을 카피가 더 있네요. 이런 제기랄…지금은 주문을 못 하겠어요."

말도 안 된다! 어떤 사람들은 좀 더 이해하기 위해 긴 카피가 필요하고, 어떤 사람들은 적은 정보로도 결정할 수 있다. 긴 카피는 양쪽 모두를 만족시킨다. 롱 씨는 세부사항을 전부 얻는다. 쇼트 씨는 원할 때면 언제든지 읽기를 멈추고 주문할 수 있다.

반면 짧은 카피만 있다면, 롱 씨가 원하는 것을 줄 수 없기 때문에 그는 확신하지 못한 채 가버릴 것이다. 한 부류의 구매자만을 위해 세일즈 자료를 만든다면 얼마나 어리석은가?

"하지만 드류, 웹 카피는 어떤가요? 그건 완전히 다르잖아요, 그렇지 않나요?" 아니다. 조사 결과에 따르면 긴 카피는 온라인에서도 짧은 카피보다 더 나은 결과를 가져온다고 한다.

유저 인터페이스 엔지니어링은 웹사이트와 제품 편리성을 전문으로 연구, 훈련, 컨설팅하는 회사이다. 그들이 알리는 내용은 다음과 같다.

1. 우리 연구 결과에 따르면, 페이지 수를 적게 하고 내용을 길게 하는 것이 사용자에게 접근하는 가장 좋은 방법이다. 접는 표시 아래 내용을 숨기는 것과 그 내용을 여러 페이지에 걸쳐 펼치는 것을 절충하여 내용이 딱 한 장에 있을 때 사용자들은 더 큰 성과를 올렸다.
2. 정보의 수준을 높이는 것도 항목을 추가하는 것과 비슷하게 사용자에게 도움을 주는 것 같았다.
3. 사용자는 스크롤하기 싫다고 말할지 모른다. 하지만 그들은 말과 다르게 행동한다. 대부분의 사용자는 보통 군소리 없이 기꺼이 페이지를 전부를 스크롤한다.

MarketingExperiments.com은 카피의 길이가 웹사이트의 전환율웹사이트 방문자가 제품 구매, 회원 등록, 뉴스레터 가입, 소프트웨어 다운로드 등 웹사이트가 의도하는 행동을 취하는 비율에 어떠한 영향을 미치는지 알아보기 위해 여러 가지 테스트를 실시했다.

결과 세 가지 테스트 모두에서 긴 카피는 짧은 카피보다 더 나은 결과를 가져온다.

Online-Learning.com은 긴 카피 접근방식을 시도할 것인지 말 것인지를 놓고 내부적으로 말이 많았는데도 불구하고, 홈페이지에서 카피의 길이를 네 배로 만들었다. 더그 탤벗Doug Talbott은 이렇게 전한다. "홈페이지만 둘러본 다음 우리 사이트를 떠난 사람들의 수가 5% 가량 떨어졌다. 등록자 수도 20% 가량 증가했다."

만약 광고인들이 세일즈 자료의 질을 더 걱정한다면, 닭이 먼저냐 달걀이 먼저냐 하는 이 우스꽝스러운 수수께끼에 대해 걱정할 시간이 없을 것이다. 대박을 내느라 정신없이 바쁠 테니 말이다.

> 당신에게 가장 효과적인 광고 크기를 알아낸 후에는, 그것이 1인치 광고이건 전면 광고이건 공간을 카피로 빽빽이 채워야 한다.
>
> – 존 케이플스

이 의견을 놓고 나와 논쟁하는 사람은 우스꽝스럽다. 내가 인용한 광고계의 대가들이나 존 케이플스와 논쟁하는 사람은 광고계의 꼴통이나 다름없다.

27

반응을
알아보라

각양각색의 헤드라인을 테스트해야 하는 것처럼, 각양각색의 제안을 테스트하는 것도 대단히 중요하다. 사람들이 광고에 반응을 보이지 않는다고 해서 당신이 팔고 있는 것을 원하지 않는다는 의미는 아니다. 당신의 광고가 효과적으로 의사소통하지 않았거나 충분히 관심을 끌고 있지 않았을 뿐이다.

예를 들어 당신이 척추지압사인 닥터 맥크래켄McCracken이고, 현재 광고를 통해 병원 개업을 알린다고 가정해보자. 광고는 보기 좋지만, 아무도 전화하지 않는다. 그래서 당신은 광고를 다시 써서 무료로 척추 진료를 해준다고 제안한다. 또는 처음 방문할 때 50% 할인해준다고 제안한다. 당신이 한 일은 제안을 바꾼 것이다. 사실 병원 개업 광고는 누구에게도 어떤 것도 제안하고 있지 않았다. 그렇지 않은가? 당신은 영업을 하고 있기 때문에 사람들에게 행복하라고 말하고 있었을 뿐이다. 좋지 않다. 다른 제안을 개발해서 어떤 것이 가장 효과적인지 알아내야 한다.

그밖에 또 어떤 방법으로 제안할 수 있을까? 처음 방문할 때 50% 할인해주는 대신 이렇게 말하면 어떨까? "한 번의 진료비로 두 번 방문할 기회를 준다!" 그것은 50% 할인해주는 것과 같다, 그렇지 않은가?

하지만 조사 결과에서 "하나를 사면 하나를 공짜로 더 준다"가 50% 할인해준다고 말하는 것보다 더 효과적인 것으로 나타났다. 공짜는 강력한 말이다.

그밖에 또 어떻게 말할 수 있을까? '4월 특가: 조깅족을 위한 무료 척추 진료', '5월 특가: 보디빌더를 위한 무료 척추 진료'라고 말하는 것은 어떨까? '방문할 때마다 무료로 마사지를 해준다!'라고 말해보는 것은 어떨까? 그렇게 매력적인 제안이 줄 수 있는 것은 무엇일까?

당신이 마사지 학원생을 고용해서 그 일을 시키건 말건 상관없다. 당신은 아래동네에 있는 닥터 버티브래보다 더 많은 것을 제공하고, 사람들이 찾고 있고, 즉 더 많은 것을 줄 것이다. 광고에서 무료로 마사지를 해준다는 아주 매력적인 제안을 할 수 있고, 특별히 아무것도 제공하지 않는 경쟁자에게서 주의를 돌리는 데 도움이 될 수 있다.

끊임없이 이렇게 자문하라. "고객이 보답으로 나와 더 많이 거래를 할 것이라는 사실을 알면서, 어떻게 하면 고객들에게 더 많이 줄 수 있을까?" 이것은 당신이 쇼핑할 때 원하는 것이 아닌가. 당신은 낸 돈보다 더 많이 원하지 않는가? 물론이다.

어떤 제안을 더 할 수 있을까? '가족 특별 할인가'나 '부부 우대'는 어떨까? 이는 모두 다른 제안들이고, 우대를 선전하는 매우 다양한 방법들이다. 당신에게 크게 영향을 미치는 결과를 가져오는 제안을 찾을 때까지 다양한 제안을 계속 테스트하라.

노인에게 적용되는 특별 할인가는 어떨까? 다섯 번째 방문할 때마다 무료로 진료해주면 어떨까? 아이들의 척추를 교정하는 척추 지압사라면, "어린이가 방문할 때마다 웃는 개 새미 뼈대 무료 증정!"이라고 하고 광고에 새미의 사진을 넣으면 어떨까? 물론 그것은 으스스하지만, 혹시 모르지 않는가? 그것은 크게 실패할지도 모른다……또는 병원 운영을 완전히 새로운 수익성 있는 방향으로 이끌지도 모른다. 바로 그렇기 때문에 테스트를 하는 것이다.

첫 방문 때마다 허리 지지 패드를 무료로 제공하는 것은 어떨까? 또는 권위 있어 보이는 보고서 〈당신이 지금 하고 있는 허리와 척추를 고문하는 일 14가지〉를 배포하는 것은 어떨까?

광고가 효과가 없다면, 패배를 인정하라. "내가 팔고 있는 것을 아무도 원하지 않아! 아, 슬퍼라!" 이렇게 말하고 포기하지 마라.

우선 헤드라인을 바꾸는 것이 도움이 되는지 한번 시도해보라. 헤드라인이 처음 몇 초 안에 광고의 성패를 좌우하기 때문이다. 그다음 가격을 확인하라. 그저 당신의 가격이 시장과 맞지 않기 때문일 수도 있다. 그다음에 다른 제안을 시도하라.

기억하라 당신이 하려고 하는 것은 무엇이 시장의 관심을 끌지 찾아내는 것이다. 당신에게서 무엇을 사야 하는지 시장이 말할 수 없다. 그들이 무엇을 원하는지 당신이 물어보아야 할 것이다. 당신의 광고가 효과가 없다면, 당신의 전화가 울리지 않는다면, 아무도 당신의 쿠폰을 교환하지 않는다면, 그들이 당신에게 말하고 있는 것이다.

그들이 원하는 것을 알아내서 그것을 그들에게 주는 것은 당신에게 달려있다. 그리고 그것이 다음 비밀의 주제이다.

28

설문조사의
힘

사람들이 무엇을 원하는지 알아내는 가장 좋은 방법은 무엇일까. 그들에게 질문하라. 이는 바로 1930년대에 세일즈맨들이 이용하기 시작한 방법이다. 그들은 택시 운전사, 가정주부, 사업가, 공사장 인부, 소매상 등 자신이 찾는 표적시장의 조건에 딱 맞는 사람들이라면 누구에게나 접근했고, 다음과 같은 질문을 퍼부었다. "무엇을 좋아하는가? 무엇을 싫어하는가? 무엇을 원하는가? 무엇을 선호하는가? 그것이 어떤 점에서 더 나은가?"

이러한 설문은 제조업체에게 새롭고 개선된 제품을 만드는데 값진 피드백을 주었다. 그 응답은 제조업체의 광고대행사에게 크루즈 미사일처럼 정확하게 소비자들의 욕구를 꿰뚫는 캠페인을 만들어내는 정보도 주었다. 이는 그들이 설문을 실시하기 전에 이용했던, 결과가 어찌되건 터뜨려본다는 중력 폭탄과 대조를 이루었다.

그것은 오늘날에도 다르지 않다. 광고대행사에서 일하는 것은 사람들 대부분이 생각하는 것과 다르다. 광고대행사는 그저 둘러앉아 똑똑한 슬로건을 생각해내는 것이 아니다. 성공적인 광고 캠페인과 그에 수반되는 자료를 개발하는 과정은 창조적인 번득임에서 시작되지 않는다. 그것은 조사에서 시작된다.

예를 들어 당신에게 세계 최고의 생수가 있고, 주민들 대다수가 뒤뜰에 우물을 가지고 있는 도시에서 집집마다 생수를 팔러 다니려 하고 있다면, 당신은 운이 없다. 조사를 하지 않은 것이다.

고객이 원하는 것을 짐작하여 광고를 내느라 수천 달러를 쓰는 대신, 그냥 그들에게 질문하고 그다음에 그들의 응답에 맞춰서 광고를 만드는 것이 어떨까? 똑똑한 지름길이다, 그렇지 않은가!

그러니 설문조사를 하라! 사람들에게 당신의 제품이나 서비스에 대해 어떻게 생각하는지 물어보라.

예를 들어 당신이 피자 전문점을 운영한다면, 피자를 먹으러 갈 때 가장 중요한 것이 무엇인지 사람들에게 물어보라. 그들은 무엇을 좋아하는가? 무엇을 싫어하는가? 그들은 모든 토핑이 들어간 18인치 파이에 최대 얼마까지 지불할까? 모든 라지 피자에 음료수 두 잔을 무료로 제공한다면 그들은 더 자주 올까? 그들의 가장 큰 불만은 무엇인가? 그들은 피자를 먹거나 사러 얼마나 자주 가는가?

이러한 설문조사를 누구에게 보내야 할까? 피자 전문점 반경 8킬로미터 내에 있는 모든 사람은 어떨까? 피드백을 제공한 데 대한 감사의 표시로 피자 한 조각을 무료로 제공하라. 그렇다…설문을 받기 위해 그들에게 뇌물을 주어라. 그리고 이것에 대해 감히 불평할 생각은 하지 마라! 당신이 무료 피자 조각에 쓰는 금액은 받게 될 정보의 가치에 비하면 새 발의 피다. 설문조사를 계속 제어하기 위해 응답 기한을 제한하라.

설문조사에 좋은 서식은 왕복 엽서이다. 이것은 단순히 절취선으로 분리된 엽서이다. 엽서 중 한 장에는 수신자의 주소가 적혀 있다. 뒷면에서는 설문 엽서를 다 작성해서 돌려보내는 대가로 받는 매력적인 공짜 물건을 설명한다. 절취선 반대편에 있는 설문 엽서의 뒷면에는 돌려보내야 할 주소가 적혀 있다. 설문을 다 작성한 다음에 수신자는 절취선을 따라서 두 엽서를 분리하고, 설문 엽서를 우체통에 떨어뜨리기만 하면 된다. 응답을 더 많이 받으려면, 우표를 붙이는 문제로 망설이지 않도록 반송 엽서에 상용 반송 우편물 인증_{요금 별납 우표대용}을 이용하라. 당신은 귀중한 정보를 얻고 있다. 그러니 될 수 있는 대로 설문지를 작성하기 쉽게 만들어라!

또 다른 간단한 서식은 1페이지짜리 편지 크기의 설문이다. 당신의 훌륭한 제안을 설명하는 1페이지짜리 편지를 우편으로 보낼 때, 주소가 당신의 회사로 되어 있는 요금 별납 반송용 봉투와 함께 1페이지짜리 설문지를 동봉하라. 사람들은 당신의 편지를 읽고, 설문지를 다 작성하고, 그것을 우표를 붙인 반송용 봉투에 슬며시 끼워 넣고, 우체통에 쑥 밀어 넣을 것이다. 설문지를 짧게 만들기 위해 노력하라. 8.5×11인치 페이지의 앞면이나, 필요하다면 양쪽 면에 편지와 설문을 둘 다 넣을 수 있을 것이다. 이렇게 하면 처리할 종이가 더 적어지기 때문에 종이도 아끼고 전 과정을 수신자에게 덜 복잡하게 만들 수 있다. 이 서식의 장점은 직접 인쇄하기가 훨씬 더 쉽고, 편지와 봉투 서식이 더 개인적인 의사소통처럼 보여서 더 많이 관심을 끌 것 같다는 점이다.

사람들에게 설문 편지를 뜯어보게 하기 위한 디자인 비결을 배우려면 '지갑을 열게 하는 비밀 14. 다이렉트 메일의 할머니의 손편지'를 반드시 읽어라.

기억하라 설문 응답을 잘 받는 비결은 쉽다! 대답하기 아주 쉽게 만들어라. 가능하면 전부 선다형 답변을 제시하고, 의미 분별 척도양극점에 서로 상반되는 형용사나 표현을 제시하여 소비자의 생각을 측정하는 방법를 이용하라. 예를 들어보자.

1) 1부터 10까지 점수를 준다면, 집에서 직접 피자를 만들지 않고 먹으러 나갈 가능성은 얼마나 되는가?

1 2 3 4 5 6 7 8 9 10

없다   아주 높다

2) 1부터 10까지 점수를 준다면, 가게에서 파는 냉동 피자에 비해 프랑코 피자는 얼마나 더 나은가?

1 2 3 4 5 6 7 8 9 10

프랑코 피자가 더 나쁘다   프랑코 피자가 더 낫다

3) 1부터 10까지 점수를 준다면, 앞으로 2주 내에 프랑코 피자에 다시 갈 가능성은 얼마나 되는가?

1 2 3 4 5 6 7 8 9 10
없다   아주 높다

새로운 판촉에 수천 달러를 쓰고, 광고에 수백 달러를 쓰고, 새로운 안내책자에 수백 달러를 쓴 후에야 당신이 권하고 있는 것이 고객이 원하는 것이 아니라는 사실을 알게 된다면 애석하지 않을까?

욱, 우선 조사부터 해야 한다. 그리고 설문은 조사를 하는 가장 쉽고 가장 저렴한 방법이다.

고객이 어떻게 느낄지, 무엇을 원하는지, 언제 다시 방문할 계획인지, 심지어 얼마를 지불할지를 정확히 아는 경우 경쟁에서 차지하게 될 우위를 상상해보라! 고객이 진정으로 원하는 것과 정반대의 것을 미친 듯 판촉했던 일을 생각해보라. 얼마나 바보 같은 기분이 들겠는가. 설문한 적이 있는 경쟁사는 혹시 있었다고 하더라도 아주 극소수일 것이라고 확신한다.

광고에서는 설문의 힘과 그것이 제공하는 놀라운 통찰력을 존중한다. 다시 한번 설문을 권한다.

29

기사체로
광고 만들기

> 광고가 광고 같지 않아 보일수록, 그리고 기사처럼 보일수록, 더
> 많은 독자가 시선을 멈추고 광고를 보고 읽게 된다.
>
> — 데이비드 오길비

광고를 뉴스 기사처럼 보이게 만들기 위해 월터 크롱카이트전 CBS
의 뉴스 앵커와 연관지을 필요는 없다. 기사는 응답률을 높이는 효과가
입증되었고, 실행하기도 정말 쉽다. 이 놀랄 만큼 간단한 아이디어는
지금껏 가장 잘 알려진 수많은 광고 전문가들로부터 환영받았다.

데이비드 오길비는 기사체 광고는 광고주목률이 50% 더 높다고
말했다. 존 케이플스는 80%라고 말했다. 직접반응 전문가인 리처드
벤슨Richard Benson은 견적을 500에서 600%로 잡는다. 역대 최고의

직접반응 카피라이터인 유진 슈워츠는 저서《획기적 광고》에서 이 기법에 한 장 모두를 할애한다.

이 기법의 목표는 당신의 광고를 정기간행물의 보도 기사에 섞여 들게 하는 것이다. 그렇기 때문에 슈워츠는 이 기법을 위장이라고 부른다. 이 기법이 어떻게 작용하는지 알아보자.

당신이 금연을 돕는 전문 최면술사라고 가정해보자. 당신은 지역 신문에 나오는 다른 모든 광고와 똑같아 보이는 광고를 만드는 대신, 뉴스 기사체로 광고를 쓴다. 당신은 그 정기간행물의 뉴스 기사가 만들어진 것과 같은 서체, 같은 단 너비, 같은 행간_{각 줄 사이의 공간을 의미한}다으로 광고를 만든다. 헤드라인도 똑같이 만들어라. 당신의 '뉴스 광고'는 다음과 비슷한 글로 시작될 수 있다.

> 지역 최면술사가 48시간 내에 담배를 끊는 새로운 방법을 전한다. 당신이 습관을 버리고 싶지만 의지력을 발휘할 수 없을 것 같은 올랜도 주민이라면, 이 기사가 희소식이 될 것이다. 일류 최면술사이자 올랜도 주민인 버지스 J. 홀셔가 새로운 방법을 찾아냈다.……

이 방법은 말 그대로 너무나 간단하다. 일반 광고에서 보여주는 것과 똑같은 혜택을 제공하면서 같은 방식으로 계속 글을 쓰되, '신문 기자의 목소리'로 말을 하는 것이다. 인용문 몇 개를 포함시키면 좋을 것이다.

예를 들어 이렇게 말하라.

"절대로 못 끊을 줄 알았어요." 금연에 성공한 홀셔의 환자 스코트 로렌스가 말했다. "별별 짓을 다 해봤어요. 1주일 동안 벽장 안에 틀어박혀 있기까지 했으니까요. 그 방법은 효과가 없었어요. 이제는 벽장 안에서 담배 피우는 것이 더 좋더라니까요."

당신의 이야기를 들려주고 난 후에는 행동하라고 요구하라.

"홀셔의 강력한 새 '48시간 금연 기법'에 관한 자세한 문의는 그의 사무실, (407)345-6789번으로 전화하거나, 홈페이지 Halshire Hypnosis.com을 방문하라."

조언 기사체 광고는 당신이 팔고 있는 것을 너무 의욕적으로 보이게 하지 마라. 뉴스 보도는 객관적이어야 하니, 너무 열을 내거나 지나치게 '들떠 있으면' 효과를 날려버릴 수 있다. 광고를 쓰기 전에 우선 정기간행물의 뉴스 기사부터 몇 개 읽는 것이 좋다. 이렇게 하면 당신이 복제해야 하는 말투의 감을 잡을 수 있다. 응답률을 높이려면 전화하거나 웹사이트를 방문하는 사람에게 보고서를 무료로 제공하라.

"닥터 홀셔의 보고서 〈48시간 내에 담배를 끊는데 최면이 어떤 도움을 줄 수 있을까?〉를 무료로 받으려면 그의 사무실 (407) 345-6789번으로 전화하거나, 홈페이지 HalshireHypnosis.com을 방문하면 된다."

30

쿠폰으로
설득하라

광고 주위에 쿠폰 스타일의 단순한 점선을 두르는 것이 사람들에게 물건을 사도록 동기를 부여할 수 있을까? 확실히 그렇다. 당신의 광고가 실제 '요금 할인' 쿠폰이 아니라 할지라도, 쿠폰이 제안하는 금전적 보상 덕분에 사람들이 광고를 읽고 쿠폰에 따라 행동하도록 길들여져 있기 때문에 이 기법은 대개 응답률을 높인다.

이 작은 돈벌이를 발견한 사람은 누구일까? 아사 그릭스 캔들러 Asa Griggs Candler씨 만세! 그는 청량음료를 발명한 존 펨버튼John Pemberton 박사에게서 코카콜라 회사를 사들인 필라델피아의 약사이다. 1894년에 캔들러는 자신의 작은 친필 시음권을 교환하는 사람에게 상쾌한 코카콜라 한잔을 무료로 제공했다. 이 행사가 큰 성공을 거두자, 이번에는 자신의 쿠폰 카드를 제시하는 고객에게 그 음료

128인분약 4리터 어치을 무료로 내놓겠다는 소매업체나 소다수 판매점에 코카콜라 시럽 7.5리터를 제공했다. 캔들러의 공격적인 판촉은 코카콜라를 1895년까지 미국 내 모든 주와 속령屬領으로 몰고 갔다.

어떤 종류의 사업을 하건 쿠폰을 무시하지 마라. 작은 쿠폰이 큰 수익을 가져온다! 쿠폰 협회의 통계를 확인하라.

- 미국 인구의 86%가 쿠폰을 이용한다.
- 쇼핑객은 쿠폰을 이용해 작년에 약 27억 달러를 절약했다.
- 일반 쿠폰은 작년에 1.28달러를 절약한 가치가 있었다.
- 쿠폰 사용자들은 쿠폰으로 식료품 계산서의 평균 11.5%를 절약했다고 전한다.
- 제조업체는 작년에 쿠폰을 3,500억 달러 이상을 제공했다.

"네, 굉장해요, 드류. 하지만 나이든 사람들이나 쿠폰을 오려요. 은퇴한 사람은 시간이 남아돌거든요. 우리 시장은 달라요." 그렇지 않다! 젊거나 나이 들거나 모든 사람은 돈을 아끼는 것을 좋아한다. 다음 통계치를 확인하라.

연령대	쿠폰을 사용하는 비율
18-24	71
25-34	87
35-44	89
45-54	85
55-64	90
65+	91

"하지만 드류, 저소득층이나 쿠폰을 오려둔다니까요!" 또 틀렸다! 사실 쿠폰 사용자 중 가장 높은 비중을 차지하는 사람들은 연간 소득이 10만 달러에 이른다!

소득	쿠폰을 사용하는 비율
25,000달러 미만	86
25-50,000달러	85
50-75,000달러	88
75-100,000달러	88
100,000달러+	81

CMS사, PMA 쿠폰 협회에서 허가받은 쿠폰 통계

결론은 무엇일까. 사람들은 쿠폰광이라는 것이다! 사실 많은 사람들이 50센트를 절약할 수 있는 쿠폰을 오려서 그저 이것을 교환하기 위해 가려던 길을 돌아서 8킬로미터를 운전한다. 오늘날 표준 자동차 마일리지 보상 58.5센트를 고려하면, 이 사람이 5.35달러 적자라는 것을 깨닫기 위해 아인슈타인이 될 필요는 없다.

하지만 그것이 다가 아니다. '더블 쿠폰쿠폰에 적힌 금액의 두 배를 할인해주는 행사!'을 광고하라. 그러면 어떤 사람들은 다음 일요일자 신문이 도착할 때까지 군침을 흘린다.

자, 당신도 쿠폰의 심리적 힘을 활용할 수 있다. 광고, 주문서, 전단에 굵은 블록체 점선 테두리로 두르기만 하라. 방금 내가 쓴 카피는 고객이 홈페이지에 실을 무료 보너스 선물에 대한 것이다. 나는 카피를 3포인트 두께의 쿠폰 테두리 안에 넣고, 디자이너에게 글자 배경 바탕에 아주 밝은 노랑색을 쓰라고 했다. 얼마나 눈길을 *끄는가*!

이 아이디어를 활용할 때 당신은 신경 언어 프로그래밍NLP에서 동기 유발 요인이라고 부르는 것을 이용하게 된다. 동기 유발 요인은 특정 자극의 도입에 의해 유발되는 조건 반응이다.

러시아의 과학자 이반 파블로프는 개에게 먹이를 줄 때마다 종을 울렸다. 이렇게 반복에 반복을 거듭한 후에 그는 곧 벨을 울리는 것만으로도 개가 침을 흘리게 만들 수 있었다. 그 종소리가 동기 유발 요인이었던 것이다. 개의 머릿속에는 종과 음식 사이의 연관성이 생겼고, 그 결과 엄청난 양의 침이라는 '조건 반사'가 발생했다. 개에게 있어서 종소리는 실제로 음식을 의미했다. 파블로프는 그 반응을 기호화라고 불렀고, 이는 후에 '고전적 조건화'로 알려지게 되었다.

조언 효과적인 쿠폰을 만들기 위해 특정한 크기를 고집할 필요는 없다. 작지만 강력한 1인치짜리 '쿠폰' 광고의 예를 보려면 〈파퓰러 사이언스〉를 찾아보라. 쿠폰은 자그마한 1인치 세로줄 광고부터 거대한 안내책자에 이르기까지 어떤 것이나 될 수 있다. 테두리를 이루는 '점'이 직사각형 굵은 쿠폰 테두리에 쓰는 것을 좋아한다.

자, 쿠폰이 어떻게 동기 유발 요인으로 작용하는지 이제 알겠는가. **쿠폰은 절약을 의미하고, 싸게 잘 사는 것을 의미하고, 현명한 소비를 의미한다.** 모든 사람이 당신의 쿠폰에 군침을 삼키지는 않겠지만, 당신은 쿠폰이 자극하는 긍정적 감정, 즉 종종 매출을 일으키는 감정을 이용할 수 있다.

31

온라인 응답률을
높이는 7가지

이메일 발송의 적정 빈도

응답률을 가장 높이려면 이메일을 얼마나 자주 보내야 할까. 포레스터 리서치와 NFO월드그룹은 이메일 수신자의 31%에서 35%가 이메일을 1주일에 한 번 받는 것을 선호하고, 18%는 1주일에 두세 번, 13%는 한 달에 한 번, 12%는 매일, 10%는 한 달에 두세 번, 6%는 한 달에 한 번, 8%는 "받고 싶지 않다"고 대답했다고 한다.

클릭률로 결과를 예상한다

기름값이 오르면 이메일 응답은 내려간다. 둘 사이에 상관관계는 없지만, 그것은 우리 모두가 직시해야 하는 현실이다. 기름값이 고공행진하면 이메일 마케팅 클릭률이 감소한다. 현재 당신이 예상할 수 있는 결과는, 형편없이 만든 제안을 사용료를 내고 빌린 리스트에 이메일로 보내는 경우의 응답률 1% 미만에서, 매우 매력적인 유인책이 들어 있는 제안을 당신의 고객 리스트에 보내는 경우의 응답률 20% 이상까지 무엇이든 될 수 있다.

기억하라 클릭한다고 주문한다는 뜻은 아니지만, 판매하려면 당연히 당신의 메시지부터 읽어야 한다.

HTML vs 텍스트

〈옵트인 뉴스〉에 따르면, 모든 이메일 마케팅의 68% 이상이 HTML기술용 언어 형식이거나 또는 더 쉽게 그래픽을 강화한 이메일로 되어 있다. 오늘날 이메일 사용자의 약 60%가 이렇게 더 시각적인 이메일을 받아들일 능력이 있다.

주피터 리서치에 따르면, HTML은 평문보다 응답률이 200% 더 좋다고 한다. 여기서 딜레마는 HTML 형식으로 만들어진 이메일을 차단하기를 선택한 사람들도 있다는 것이다.

조언 A-B로 나누어라. HTML 대 텍스트만으로 된 판촉물을 보내서 받은 응답을 비교하라. 가지고 있는 리스트를 반으로 나누어 각 형태를 동시에 메일로 보내라. 잘 만들어진 HTML 이메일은 응답력이 증대되기 때문에, 텍스트만으로 된 이메일보다 더 높은 전달 가능성으로 강하게 사람들을 매료할 것이다.

이 메 일 을 열 어 보 게 하 는 법

〈옵트 인 뉴스〉에 따르면, 옵트인미리 받아 보겠다고 허락한 사람에게만 전자 우편을 보내도록 하는 일 기업 간 전자잡지의 평균 '개봉률'은 69%라고 한 다. 60% 이상은 뛰어난 것으로 간주된다. '개봉률'에 가장 영향을 미 치는 것은 무엇일까.

> 1. 익숙한 발신자 사람들이 당신의 이름을 알아볼 것 같다면 그것을 이용하라
>
> 2. 개인적인 제목란 항상 수신자의 이름을 포함시켜라
>
> 3. 관심 있는 제안 당신의 시장을 정확하게 겨냥하라
>
> 5. 광고 크기와 광고주목률

인쇄 광고의 경우와 마찬가지로 온라인 광고에서도 세로로 긴 '스 카이스크래퍼 광고*'와 큰 배너인 '리더보드*'가 표준 크기 배너보 다 더 효과적이다. 그밖에 큰 광고는 작은 광고보다 더 효과적이고, DHTML* 같은 대화형 광고는 대화형이 아닌 광고보다 더 효과적이다.

---

*스카이스크래퍼 광고skyscraper ad: 모니터를 마주보고 있는 상태에서 사용자의 시선을 끌기 쉬운 웹 페이지 오른쪽 시야에 위치하며, 수직으로 길게 내리 뻗은 직사각형 모양의 광 고.

*리더보드leaderboard: 골프에서 성적이 상위에 드는 선수들의 이름을 성적순에 따라 적 어 놓은 표. 경기장에 있는 게시판 중 가장 크다.

*DHTML다이내믹 HTML, 이전 버전의 HTML에 비해 애니메이션이 강화되고, 사용자 상 호작용에 좀 더 민감한 웹페이지를 만들 수 있게 해주는, 새로운 HTML 태그, 옵션, 스타일 시트 및 프로그래밍 등을 의미하는 집합적 용어.

이러한 연구결과는 G-NET을 위해 실시된 연구 결과다. 인쇄 광고의 연구 결과도 이와 비슷한 응답 패턴을 보이기 때문에, 인간이 온라인이나 오프라인에서 극적으로 다르게 행동하지 않는다는 사실을 확인할 수 있다. "온라인 광고의 규칙은 다르다!"는 부정확한 대사를 앵무새처럼 계속 흉내 내는 오늘날의 컴퓨터 전문가에 대한 이야기는 이쯤 해두자.

광고의 다른 모든 형태와 마찬가지로, 온라인 배너 광고는 이 책에 나온 것과 같은 기본적인 불변의 광고 원칙을 얼마나 충실히 지키느냐에 따라 성공하거나 실패할 것이다.

애니메이션 클릭을 높이는 법

애니메이션 광고는 정지 상태의 움직이지 않는 광고보다 클릭률이 적어도 15% 더 높고, 어떤 경우에는 40%나 더 높다.

왜 그럴까? 움직임이 눈길을 끌기 때문이다. 그것은 우리에게 다가오는 위험을 알리는 생존 메커니즘의 일부이다. 하지만 그렇다고 당신의 광고가 움직임을 얻기 위해 어지러워야 한다는 뜻일까? 아니다. 세일즈 메시지를 강화하는 간단하고 움직이는 요소를 테스트해보라.

주의 빨리 휙휙 지나가는 요소는 짜증스럽다. 광고의 목표는 짜증나게 하는 것이 아니라 마음을 끄는 것이다. 전환, 지우기, 희미하게 만들기, 그리고 다른 비슷한 동작을 고려하라. 하지만 판매로 전환되는 경우는 적다.

미 스 터 리 광 고 가 클 릭 수 를 높 인 다

수수께끼 같은 광고와 이메일은 클릭률을 18% 증가시킬 수 있다는 한 연구결과가 나왔다. 그렇다면 무엇이 문제일까? 클릭은 많이 하는데 판매는 거의 없다는 것이다. 왜일까? 잘못된 표적 설정 때문이다.

전화번호부에 나와 있는 사람에게 대출 권유를 보내라. 봉투에 큰 글씨로 '섹스!'라고 써라. 사람들은 대부분 봉투를 열 것이다. 대출이 필요 없는 사람까지도 봉투를 열어본다.

하지만 그들을 탓할 수는 없다, 그렇지 않은가! 섹스와 생존은 8가지 생명력 중에서도 최고이다. 문제는 '섹스!'가 봉투를 열게 만들었지, 당신의 훌륭하고 조절 가능한 저금리를 열어보게 만든 것은 아니라는 점이다.

따라서 다음에는 이렇게 하라. "저금리 대출이 필요하세요?" 그러면 적절한 독자에게 적절한 문구를 이용하고 있는 것이다. 당신의 이메일을 열어볼 사람은 더 적겠지만, 그렇게 하는 사람은 더 좋은 잠재고객일 것이다.

기억하라 클릭과 판매를 혼동하지 마라.

32

멀티플 광고로
반복하라

광고대행사의 매체 구매자광고메시지를 집행하기 위하여 매체나 지면을 구매하는 사람는 반복의 중요성을 이해한다. 그들은 광고방송을 내보낼 때마다 일부에게만 관심을 받을 것이라는 사실을 알고 있다. 따라서 그들은 주장을 분명하게 하여 광고방송을 되풀이해서 내보낸다. 당신이 광고방송을 처음 10번 보고도 영향을 받지 않는다면, 그들은 다시 50번 보여주었을 때 당신에게 사게 만들기를 바란다.

같은 전략이 인쇄 광고에도 적용된다. 한 광고를 한번 내고 그것으로 끝내버릴 수는 없다. 앞서 말한 TV광고와 마찬가지로 당신의 첫 광고는 잠재고객의 주목을 끌지 못할 수 있다. 일정 %의 사람들만 각각의 끼워 넣기를 읽을 것이다. 그렇기 때문에 빈도가 중요하다.

스타치 리서치가 실시한 광범위한 조사에 의하면, 같은 정기간행물의 같은 호에 한 개 이상의 광고를 실으면 매우 효과적이고, 단일 광고가 복제할 수 없는 1+1=3의 효과를 가질 수 있는 것으로 밝혀졌다. 시장에서 파괴력이 있으려면, 여기에 그렇게 할 수 있는 방법 10가지가 있다.

가장 효과적인 멀티플 광고같은 광고인이 같은 주제의 광고를 2, 3개 면에 걸쳐서 비슷한 컨텐츠로 잇달아 게재하는 광고 형태 10가지.

1. 오른편에 전면 광고 세 개를 차례로 게재
2. 같은 호의 다른 난 오른편에 전면 광고 두 개를 게재
3. 양면 광고
4. 오른편에 전면 광고
5. 왼편에 전면 광고, 오른편에 스트립 광고배너와 같은 형태
6. 왼편에 전면 광고
7. 오른쪽 페이지 서양 장기판 페이지의 네 모서리마다 4분의 1면 광고
8. 왼쪽 페이지 서양 장기판 광고
9. 오른쪽 상단에 반면 광고
10. 오른쪽 하단에 반면 광고

33

강력하게
보장하라

당신은 당신의 제품이나 서비스를 믿는가? 얼마나 강하게 믿는가? 나는 내 제품 대다수에 대해 만 1년 이내에 환불을 보장한다. 왜냐고? 구매자에게 확신을 심어주고 안심시키기 때문이다. 그들은 이렇게 생각한다. "드류는 이 제품에 대해 상당히 자신 있는 것이 틀림없어. 그 제품은 만 1년 동안 반품할 수 있고, 돈도 전부 돌려받을 수 있어. 내가 잃을 게 뭐가 있겠어?"

구매자들은 속수무책이라고 느낀다. 피땀 흘려 번 돈의 일부를 내놓을 때마다 그들은 운에 맡긴다. 그들은 자신이 사는 것이 적어도 그것과 교환한 돈만큼의 가치가 있는지 궁금해 한다. 그리고 자신의 현금을 지불하는 시기와 그 제품을 경험하는 시기 사이에 스트레스를 받고 불안한 기간이 있다. 썩은 사과를 산다고 하루를 망치지는 않을 것이다. 하지만 집을 산 후 소유권이 위조되어 실제로 집을 소유한 적이 한 번도 없었다는 사실을 5년 후에 알아낸다면, 만성적인 두통을 달고 살아야 할 것이다.

대공황 기간 동안 사람들은 적게나마 가지고 있는 돈을 대단히 신중하게 썼다. 호멜Hormel은 시대의 논리를 거슬러 손을 쭉 뻗어 수프 캔을 쥐고 앞치마를 두른 식료품상 삽화가 실린 커다란 광고를 시카고 신문에 게재했다. 그 광고는 이렇게 시작한다.

두 배로 환불해드립니다. 이 '새로운' 가정식 야채수프가 지금껏 샀던 것 중 가장 맛있다고 말하지 않는다면 두 배로 환불해드립니다.

제안: 금요일과 토요일뿐입니다. 가장 가까운 식료품점에 가세요. 라벨에 적힌 지시대로 호멜의 야채수프 500그램짜리 큰 밀폐 용기 하나에 정가 13센트를 지불하세요. 지금껏 샀던 것 중 최고의 야채수프라는데 동의하지 않는다면, 식료품상에게 빈 용기를 돌려주세요. 그에게는 당신이 지불한 금액의 '두 배'를 돌려줄 재량권이 있습니다.

광고인이 대담하게도 '두 배 환불' 보장을 제안한 것은 이번이 처음이었다. 수많은 회사 경영자들은 우려 섞인 목소리로 이렇게 경고했다. "그렇게 하지 마라! 이런 경제 상태에서는 사람들이 수프를 한 아름 산 다음 큰 이익을 보려고 그것들을 전부 환불할 것이다!"

그 광고는 대단히 성공했고, 여성 열 두 명만 그 보장을 이용했다.

하지만 문제는 그 보장이 판매하는 데 도움이 되었는가 하는 점이다. 그렇다고 믿어도 된다. 그 보장은 구매 전 스트레스를 완화시켰다. 그리고 가장 중요한 것은 그들에게 물건을 살 만큼 확신을 주었다는 사실이다.

잠재고객이 구매에 대해 생각할 때마다, 그의 머릿속은 회의와 믿고 싶은 욕구라는 두 반대세력이 싸우는 전쟁터가 된다. 자, 예전 약제사의 저울을 상상한 후 한쪽에는 회의를 올려놓고 다른 한쪽에는 믿고 싶은 욕구를 올려놓아라. 10을 '가장 회의적'인 것으로 해서 1부터 10까지의 눈금에서 회의 수준이 7이라고 치자. 그리고 믿고 싶은 욕구가 5라고 치자. 그녀가 현재 겪고 있는 회의의 양을 상쇄하기 위해 믿고 싶은 욕구 위에 무게를 더 싣는 것은 당신에게 달려있다. 강력한 보장을 포함시키면 회의 쪽을 가볍게 하고 욕구 쪽을 누르는 데 도움이 된다. 가끔은 판매를 성사시키기 위해 필요한 것이 그것뿐일 때도 있다.

더 길고 더 강력한 보장은 매출을 증대시킬 뿐만 아니라, 아이러니컬하게도 환불도 더 적어진다.

왜 그럴까? 연구 결과에 따르면, 30일이나 60일 또는 90일과 같은 단기 보장은 계속 환불할 태세를 취하게 하고, 환불 기한을 더 의식하게 만든다. 6개월, 1년, 5년, 10년, 평생에 이르는 더 긴 보장은 잠재고객에게 제품에 대한 확신을 주고, 제품을 이용한 후 정해진 시간 내에 반품하는 '시간 전에 일을 끝내려는' 사고방식을 방지한다.

조언 업계에서 가장 길고 가장 강력하게 보장하라. 경쟁사는 이 일로 당신을 미워할 것이다. 그러한 보장은 제품에 대한 확신을 전달하고, 이것은 다시 돈을 쓰도록 확신을 준다. 게다가 보너스로, 그 확신은 경쟁사의 약하거나 결여된 보장에 의문을 갖게 한다. 당신은 큰 볼드체로 이렇게 물을 수도 있다. "우리 경쟁사들은 왜 자신의 제품 ○○을 90일 동안만 보장할까?" 그리고 음흉한 질문이 이어질 수 있다. "그들은 자신의 제품에 대해 당신에게 말하고 있지 않은 무언가를 알고 있는 것이 아닐까?"

잘 만들어진 보장은 뒤늦게 떠오른 생각이 아니다. 특히 경쟁사의 보장이 비교적 약하다면, 그것은 당신에게 가장 중요하고 강력한 판매 도구이다.

보장을 자랑하라. 보장을 숨기지 마라. 화려한 증서 테두리로 보장을 둘러싸고 그 아래 당신의 서명을 인쇄하라. 그것을 광고, 안내책자, 웹사이트 등 어디에나 포함시켜라. 그것을 자랑스러워하라. 그리고 그것이 당신을 위해 기적을 이루는 것을 지켜보라!

34
크기의
심리학

사실 광고가 더 크면 더 주목을 끈다. 각양각색의 방법론을 쓰는 다양한 연구가들은 이 생각을 테스트해왔고, 다들 똑같은 결론에 다다랐다. 하지만 이제껏 수량화되지 못한 것은 광고가 더 크면 주목이 얼마나 비례적으로 증가하느냐 하는 문제이다. 연구는 다음과 같은 사실을 보여준다. **광고의 주목 가치는 증가된 크기에 정비례하지 않는다.** 다시 말해서, 광고의 크기를 네 배 증가시킨다고 일반적으로 독자의 수를 네 배 더 증가시키지는 않는다는 것이다.

따라서 당신의 상사, 고객, 파트너, 또는 배우자가 "이봐요, 4분의 1페이지 광고에 대한 응답이 100건 왔어요. 응답을 400건 받도록 광고를 전면으로 키우세요"라고 말한다면, 그를 자리에 앉히고 잠깐 이야기해야 한다.

아래 표에서는 4분의 1페이지 광고의 주목 가치를 100으로 나타 낸다. 마찬가지로, 반면 광고와 전면 광고의 주목 가치는 4분의 1페 이지 광고 가치에 대한 비율로 계산된다.

좋다, 쉽게 이야기해보자. 응용심리학자 월터 딜 스코트Walter Dill Scott는 실험첫 단, 볼드체을 통해 각자 제 페이스대로 잡지를 읽게 했고 그 후에 이렇게 질문했다. "어떤 광고를 기억하는가?" 4분의 1페이지 광고 면적의 두 배인, 반면 광고가 300점을 받거나 주목을 세 배 더 받았다는 점에 주목하라. 4분의 1페이지 광고 면적의 네 배인 전면 광고는 666점을 받거나 주목을 여섯 배 이상 더 받았다. 스코트는 이 렇게 결론을 내렸다. 주목 가치는 광고 크기의 비율을 상회한다. 이 는 광고 크기를 두 배로 하면 주목을 두 배보다 훨씬 더 많이 받을 수 있다는 의미이다. 훌륭하다, 그렇지 않은가? 하지만 기다려라.

오늘날 사람들의 진로 선택에 도움을 주기 위해 사용되는 스트롱 직업 흥미 검사를 만든 스탠포드 대학교의 E. K. 스트롱은 진짜 잡지 에서는 실험 결과가 다를 것이라고 믿었다.

크기 vs 주목 비율	4분의 1페이지 통제 광고 control ad	반면 광고 (두 배 크기)	전면 광고 (네 배 크기)
W. D. 스코트	100	300	666
E. K. 스트롱(E. K. Strong)	100	141	215
G. B. 호치키스(Hotchkiss)	100	151	213
D. 스타치	100	168	314
H. F. 애덤스 (H. F. Adams)	100	178	자료 없음
평균	100	187.6	352

"이보게들, 자네의 실험 대상에 영향을 주고 있는 것은 광고 크기만이 아니야. 그것은 광고 그 자체야!"

스트롱은 모조 잡지, 즉 실물 크기의 모형을 만들었다. 실험 결과에 따르면, 더 큰 광고의 주목 가치는 스코트의 실험에서처럼 비율과 같이 증가하지 않는 것으로 밝혀졌다. 스트롱은 주목 가치가 광고 크기의 비율로 증가하지 않고 떨어진다고 결론을 내렸다.

뉴욕 대학교의 교수 G. B. 호치키스의 조사도 비슷한 결과였다. 그는 자신의 수업을 듣는 학생들에게 광고 자체에 대해 아무것도 언급하지 않은 채 잡지의 기사를 읽으라고 지시했고, 그 후에 학생들에게 어떤 광고를 보았는지 기억해보라고 했다.

우리의 친구 대니얼 스타치는 어떨까? 그는 1927년에 발표한 〈쿠폰 3백만 개 이상에 대한 분석가제〉에서 다양한 광고인들이 만든 각양각색의 광고 907개에 대한 응답 140만 개를 모았다. 이 방대한 조사는 스트롱과 호치키스 그리고 애덤스의 결과와 다르지 않은 결과를 낳았다. 스타치의 자료를 보라. 2분의 1 광고가 4분의 1 광고보다 68점 더 높고, 전면 광고는 4분의 1광고보다 200점 이상 높다는 것을 볼 수 있다.

스타치는 '주목 가치는 광고 크기의 비율만큼 증가하지 않는다'는 결론을 내렸다. 스타치는 이렇게 말했다. "더 작은 광고가 약간 이점이 있기는 하지만, 광고는 크기에 거의 비례하지 않는다. 이는 작은 광고가 반응 확보에 더 중점을 두었을 가능성 때문일 수 있다."

미시간 대학교 심리학 교수인 헨리 애덤스는 어느 누구의 연구도 마음에 들지 않았다. 그는 크기와 주목율에 직접적으로 관련되지 않는 온갖 변수를 제거하고 싶었다. 잡지? 가버려! 기사? 저리 치워! 그림? 없애버려! 애덤스는 그 대신 황급히 가위를 꺼내 색종이를 1인치, 1.5인치, 2인치, 3인치 등 다양한 네 가지 크기의 정사각형으로 오려 붙였다. 그 미니멀리즘이란? 애덤스는 2차 세계대전 당시 전투기 조종사가 적기를 알아보도록 훈련시키기 위해 사용된 순간노출기라는 투사장치를 이용, 실험 대상을 정사각형 네 개에 동시에 노출시켰다. 그의 실험 결과는 다른 모든 사람의 결과와 비슷했다.

그렇다면 어떻게 해야 말도 안 되는 이 모든 연구를 우리 광고인들이 유용하게 이해할 수 있을까? 문제의 핵심은 이렇게 요약된다. 광고의 주목 가치는 면적의 제곱근에 거의 비례한다! 뭐라고? 좋다. 이는 당신의 광고가 현재 받고 있는 주목을 두 배로 만들고 싶다면 그 광고를 400% 확대해야 한다는 의미이다. 따라서 4분의 1페이지 광고라면 전면 광고를 내야 한다. 주목을 세 배로 만들고 싶다면, 광고를 900% 뻥튀기해야 하는데, 이는 항목별 광고처럼 아주 작은 광고로 시작하고 있는 경우에만 실현 가능하다.

따라서 이제 당신은 당신의 광고를 훑어보고 지나가는 눈동자 수를 어떻게 하면 증가시킬 수 있는지 알려주는 지침을 알고 있다. 효과가 입증된 광고부터 시작하라. 그러면 더 많은 주목＝더 많은 읽기＝더 많은 납득＝더 많은 구매＝더 많은 돈으로 이어질 것이다. 이것이야말로 내가 좋아하는 종류의 등식이다!

35
광고에서
가장 중요한 것

왼쪽 페이지? 오른쪽 페이지? 위쪽? 중간? 아래쪽? 당신의 광고가 왜 정기간행물의 특정한 위치에 나와야 하느냐고 광고인에게 물어보면 100이면 100 모두 다른 이유를 댈 것이다. 하지만 이 권고를 뒷받침하기 위해 연구할 사람은 그리 많지 않을 것이다. 하지만 그들은 그 이유를 철썩 같이 믿을 것이다!

수많은 업종의 잡지 수백 권과 광고 수십 가지에 대한 다양한 연구 결과에 따르면, 광고가 나오는 속장이 잡지의 앞이건 중간이건 뒤쪽에 있건, 또는 광고가 페이지의 왼쪽에 나오건 오른쪽에 나오건, 그 효과에는 거의 차이가 없는 것으로 밝혀졌다.

스타치, 스탠든Stanton, 닉슨Nixon, 루커스Lucas 그리고 〈내셔널 매거진〉 등은 가장 중요한 것이 광고 그 자체, 즉 광고 제안의 강도,

그리고 카피와 디자인 솜씨라고 전반적으로 결론을 내렸다.

> 좋은 광고는 신문에서 어떤 위치에 자리 잡고 있는지와 상관없
> 이 주목을 받을 것이다.   – 로퍼 스타치 월드와이드

　하지만 그중에서 4가지는 '더' 주목받는다. '지갑을 열게 하는 비밀
36. 판타스틱 4'를 참조하라

36

주목도가
높은 면

우리가 방금 논의한 것처럼 왼쪽 페이지 대 오른쪽 페이지 논쟁에서 확실한 승자는 없다. 하지만 스타치 INRA 후퍼Starch INRA Hooper의 연구원들은 실제로 비용을 더 지불할 만큼 가치가 있는 뚜렷한 위치상의 이점을 알아냈다.

그들은 잡지의 표지를 차지하는 광고 618개를 속장에 나오는 4색 단면 광고 10,789개와 비교했다. 그들은 남성과 여성, 기업과 소비자용 정기간행물을 조사한 결과 일관적인 결과를 얻었다. 이 '주목도가 높은 4군데'는 당신의 메시지를 가장 복잡한 정기 간행물에서도 눈에 띄게 도와줄 수 있다. 그 결과는 다음과 같다.

1. 앞표지 안쪽 면에 나오는 광고는 같은 호의 다른 곳에 게재되는 비

숫한 광고에 비해 평균 '주목도' 점수가 가장 높고, 29%라는 가장 큰 증가폭을 보인다.

2. 목차 반대편에 위치한 광고는 점수가 25점까지 더 높다.

3. 뒤표지에 나오는 광고는 속장에 나오는 광고보다 점수가 22점 더 높다.

4. 뒤표지 안쪽 면에 위치한 광고는 속장에 나오는 광고보다 점수가 6점 더 높다.

따라서 정기간행물의 속장 어디에 광고를 게재할지 이제 그만 애태워도 된다. 그것이 티끌만큼도 차이를 만들 것 같지는 않다. 물론 더 주목받는다고 입증된 표지에 돈다발을 더 넘겨주겠다고 결정한다면 이야기는 달라진다.

37

색채가 광고에
미치는 영향

사람들이 어떤 색상을 가장 좋아하는지 아는가. 미국과 해외의 많은 연구가들은 소비자의 색채 선호라는 문제를 두고 수십 가지를 실험했다. 그리고 인간심리가 다 그렇듯 그 결과는 전반에 걸쳐 상당히 획일적이다. 다음은 간단히 요약한 종합 순위이다.

실험에 참가한 사람들이 대부분 가장 선호하는 색상은 파란색이었고, 그 뒤를 빨간색이 바짝 뒤쫓고 있고, 그다음으로 초록색, 보라색, 주황색, 그리고 노란색이 순위를 차지하고 있다. 당신의 현재 온라인과 오프라인 세일즈 자료를 보고 이러한 세계적 연구결과가 반영되어 있는지 알아보라.

모든 그래픽 디자이너가 이러한 연구결과를 알아야 함에도 불구하고 실제로 알고 있는 것은 아니다. 따라서 가장 두드러지게 다루고 싶은 색상을 명시하는 것은 당신의 몫이다.

오렌지색의 남녀 선호도

남자와 여자는 색상 선호도에서 조금밖에 다르지 않다. 21,000가지 보고서를 근거로 할 때, 남자는 주황색을 5위로, 노란색을 6위로 꼽는 반면, 여자는 노란색을 5위로, 주황색을 6위로 꼽는다는 점을 제외하면, 선호도는 남자와 여자 모두 동일하다.

연령에 따른 색채 선호도 변화

아기는 빨간색을 첫 번째로 선택한다. 그다음으로 노란색, 초록색, 그리고 파란색이 뒤따른다. 이 선호도는 약 12개월에서 14개월 때 변한다. 빨간색은 여전히 1위 자리를 지키고, 노란색이 두 번째이지만, 파란색이 초록색을 제치고 앞으로 간다.

순위	색상
1	파란색
2	빨간색
3	초록색
4	보라색
5	주황색
6	노란색

아이들이 다섯 살이 될 무렵에는 빨간색, 초록색, 파란색은 선호도면에서 거의 같지만, 노란색은 순위가 훨씬 내려간다. 파란색이 점차 노란색을 앞지르는 시기는 초등학교 때이다. 이 선호도는 성인기까

지 지속된다. 개개인이 나이를 먹어감에 따라 파란색은 선호도에서 위로 올라가는 반면, 노란색은 아래로 내려가고 그러한 양상은 지속된다. 하지만 빨간색에 대한 선호도는 여전히 높다.

나이를 먹을수록 파란색이 좋다

왜 우리는 나이를 먹을수록 파란색을 더 좋아하게 될까. 파란색에 대한 보편적인 선호는 노화되는 인간의 눈에서 일어나는 현상과 관련이 있다.

노인의 눈을 들여다보라. 눈의 수정체가 희뿌옇거나 누렇게 된 것을 볼 수 있을 것이다. 사실 아이의 수정체는 파란 빛의 10%만 흡수하지만, 노인의 눈은 파란 빛의 85%를 흡수한다. 한 이론에 의하면, 우리는 나이를 먹으면서 자연스럽게 극도로 밝은 빛으로부터 눈을 보호하게 된다고 한다.

가장 사랑받는 색상 배합

매년 다양한 색상의 광고에 쓰이는 돈은 얼마나 될까. 수십 억 달러이다. 하지만 많은 사람이 실제 다른 색상조합보다 더 좋아하는 색상 조합이 있을까. 어디 한번 살펴보자.

예술가들에 의하면, 원색은 빨강, 노랑, 파랑이다. 많은 예술가들이 가장 좋은 색상 배합을 '원색을 서로 겹치게 놓지 않는' 것이라고 주장한다. 예술가와 달리 심리학자들은 원색을 빨강, 초록, 노랑, 파랑 등 네 가지라고 믿는다. 그들은 가장 좋은 색상 배합이 보색을 이용하는 것이라고 주장한다. 실험이 거의 이루어지지 않아서 평가를 내리기는 이르지만, 실제 이루어진 연구들은 비슷한 결과를 보여준다.

색상의 짝	대비 순위	소비자 선호 순위
빨강–초록	1가장 강한 대비를 이룸	4
파랑–노랑	2	1가장 선호됨
보라–초록	3	5
초록–노랑	4	9
자주–노랑	5	3
자주–주황	6	10
빨강–초록	7	6
파랑–주황	8	7
빨강–주황	9	8
파랑–빨강	10가장 대비를 이루지 않음	2

우리의 오랜 친구 대니얼 스타치가 실시한 한 실험에서는 두드러지는 두 가지 색상을 쓴 광고 10개가 제각기 선호 순위에 들었다. 그 결과는 '강한 대비를 이루는' 색상 배합이 가장 선호되지는 않는다는 사실을 보여주었다.

효 과 적 인 종 이 와 잉 크 배 합

광고주목률 연구결과는 하얀색과 노란색이 읽기에 가장 좋은 종이색이라고 확인해준다. 최대한 영향을 주려면 검정색과 암청색 그리고 빨간색 잉크를 사용하라.

최고의 배합은 무엇일까? 노란 종이에 검은 잉크이다. 최악은? 초록색 종이에 빨간 잉크이다. 이는 거의 읽기 힘들고, 색맹이라면 완전히 읽을 수가 없는 시각적으로 혐오스러운 조합이다!

스타치 리서치는 색상이 시선을 끌 뿐만 아니라, 관심을 더 끈다는 사실을 보여준다. 게다가 색상은, 흑백으로만 만들어진 광고에 비해 60%, 두 가지 색상으로만 만들어진 광고에 비해 40% 더 자세히 읽도록 유도한다.

사실 색상은 광고가 보이느냐 안 보이느냐는 구분에서 크기보다 더 많은 영향을 미친다. 따라서 광고를 더 크게 내는 것보다 비용이 덜 든다면 색상을 추가하는 것을 선택하라. 사실 연구가들은 전면 컬러 광고와 반면 컬러 광고 사이의 광고주목률 차이보다 흑백 광고와 4색 광고 사이의 광고주목률 차이가 더 크다고 말한다!

> 최종 혜택을 강조하고, 극적인 상황을 보여주고, 지성에 호소할 때는 흑백 광고가 가장 효과적이다.   − 스타치 리서치

38

가격 책정의
심리학

19.98달러와 20달러 사이의 차이는 무엇일까? 아니, 2센트를 말하는 것이 아니다. 그 정도는 스스로도 알아낼 수 있다. 심리적, 동기적, 설득적 측면을 말하는 것이다.

그것은 심리적 가격 책정이고, 백화점에서 식당이나 가구점, 심지어 보석상에 이르기까지 어디에서나 이용되는 것을 볼 수 있다. 월마트는 가장 좋아하는 끝자리 숫자를 '97'로 삼고, 심리적 가격 책정에 많이 사용하는 것으로 알려져 있다.

'단수 가격 책정*' 이론에 따르면 77, 95, 99처럼 홀수로 끝나는 가

---

*단수 가격 책정Odd-even pricing: 소비자들은 상품 가격이 1,000원, 10,000원 등과 같이 천 단위나 만 단위로 끝나는 것보다 그 수준에서 약간 모자란 금액으로 끝나면 더 싸다고 생각하는 경향이 있다. 이러한 심리를 이용해서 제품의 가격을 1,000원, 10,000원 대신 980원, 9,900원으로 책정할 수 있는데 이를 단수 가격이라고 한다.

격은 다음에 달러로 반올림된 가격보다 더 큰 가치를 암시한다. 9.77달러는 10달러보다 더 나은 거래처럼 보인다. 바나나 500그램에 64센트는 괜찮은 가격처럼 보이지만…70센트라면? 씨알도 안 먹힌다! 하지만 그것은 몇 푼 아끼자는 생각 이상이다. 소비자의 심리를 활용하는 면에서 간단하지만 이 기법의 효과는 오히려 극적이다.

이와 대조적으로 '명성 가격 책정'_{가격이 높을수록 고급이라고 믿는 고객의} 심리를 이용해 높은 가격을 책정하는 방법에 의하면, 무언가를 고품질로 인식시키고 싶다면 가격을 정할 때 반올림된 숫자만 이용해야 한다. 예를 들어 1,000.00달러는 999.95달러보다 고품질을 암시한다. 이는 단순히 우리가 1.0미만의 소수小數로 끝나는 가격을 보면 경제적 가치를 연상시키도록 길들여져 왔기 때문이다. 고급 소매점 노드스트롬 백화점은 명성 가격을 이용하고, 수많은 귀금속업체와 다른 명품 판매업체들도 그렇게 한다.

SaksFifthAvenue.com을 검색하다 보면 .00으로 끝나는 가격만 보게 될 것이다. 사실 당신이 보게 될 유일한 센트는 몇 개 되지도 않는 기획 할인 상품의 가격에나 나와 있다. 1.0미만의 소수로 끝나는 가격 책정은 아마 당신이 알고 있는 것보다 더 널리 퍼져 있을 것이다.

연구가 홀더쇼 겐덜Holdershaw Gendall과 갈런드Garland는 광고된 소매가의 약 60%가 9로 끝나고, 30%가 5로 끝나고, 7%가 0으로 끝나고, 남은 숫자 일곱 개를 합치면 연구한 가격의 3% 정도가 된다는 사실을 알아냈다.1997

하지만 소수 가격 책정은 왜 효과적일까? 심리학자들의 설명에 의하면 (1)소수 가격 책정은 판매자가 가능한 최저 가격을 계산했고 따라서 홀수가 나왔다는 점을 암시하고, (2)우리가 마음속으로 반올림하는 대신 마지막 숫자를 무시한다고 한다. 그렇게 함으로써 우리는 구입능력의 한계점에 불안정하게 서 있을지 모르는 구매를 정당화할 수 있다.

쉰들러Schindler와 키바리안Kibarian(1996)은 다이렉트 메일 여성 의복 카탈로그를 세 가지 형태로 이용해서 단수 가격 책정을 테스트했다. 세 가지 카탈로그는 가격이 00, 88, 99로 끝난다는 점을 제외하고 모두 똑같았다. 승자는 누구였을까? 99카탈로그는 00 유형보다 매출과 구매자가 8% 더 많았다. 88카탈로그는 00 유형만큼 매출과 구매자를 끌어들였다.

2000년에 럿거스 대학교는 여성복 광고를 읽는 사람을 대상으로 연구했다. 대상은 49.99달러로 가격이 매겨진 옷이 딱 50달러로 가격이 매겨진 똑같은 옷보다 품질이 낮다고 보고했다.

흥미롭게도 사람들은 소수 가격을 나름대로 해석하고 합리화한다. 예를 들어 쉰들러1984는 98이나 99로 끝나는 가격을 보는 소비자들은 그 가격이 최근에 인상되지 않았다고 믿을 가능성이 더 많다는 사실을 알아냈다.

퀴글리Quigley와 노타란토니오Notarantonio, 1992에 의하면, 최종가격이 98이나 99인 광고를 본 대상은 최종가격이 00인 제품보다 그 제품이 세일 중이라고 믿을 가능성이 훨씬 더 많다고 한다.

95로 끝나는 가격은 어떨까? 99만큼 효과적일까? 조사에 의하면 그렇지 않다고 한다. 마찬가지로 49와 50 그리고 90도 저렴한 가격을 연상시키지 않는다. 하지만 결과에 의하면 79와 88 그리고 98로 끝나는 가격은 경제적 가치를 전달한다고 한다.

심리적 가격 책정은 순전히 우연에 의해 숫자를 고르는 무작위 게임이 아니다. 그것은 연구가 잘 이루어진 주제로, 당신의 최종 가격에 엄청난 영향을 미친다. 고객이 어떻게 생각하고 연구결과가 무엇을 권하는지 다 읽고 나니, 이제 당신의 가격이 어떻게 보이는가?

39

색상 인식의
심리학

교도소 벽을 분홍색으로 칠하라, 그러면 재소자의 폭력이 적어진다. 아기를 노란색 방에 두어라, 그러면 울기 시작할 것이다. 식욕을 억제하고 싶은가? "파란 벽 다이어트 프로그램을 시도해보라."

이와 마찬가지로 빨간색 교실은 아이들을 흥분시키고, 파란색 교실은 아이들을 차분하게 만든다. 분홍색 유니폼을 입는 자원 봉사 기금 조달자는 기부를 더 많이 받고, 회녹색 병원 복도는 환자들의 지친 신경을 편안하게 해준다.

색상은 우리가 무게를 어떻게 인식하는가를 포함, 강력한 영향을 미친다. 예를 들어 하루 종일 상자를 들어 나르는 일은 고역일 수 있다. 따라서 종업원들의 고충을 덜어주기 위해 제조업체는 무거워 보이는 검은색 상자를 연한 초록색으로 칠했다. 짜잔! 심리적으로 '더 가벼운' 상자가 되었다. 식품 제조업체는 포장을 더 무거워 보이기 위해 더 어두운 색상의 포장으로 바꾸었다. 짜잔! 속에 음식이 '더' 많아졌다.

'날씬해 보이는' 효과를 내기 위해 검은색을 입으라는 패션 전문가의 조언과 이 현상을 혼동하지 마라.

검은 옷은 '맥주와 브라우니를 먹고 생긴 똥배'로 인한 그림자를 감출 수 있는 능력 때문에 몸의 윤곽을 매끈하게 만드는데 도움이 된다. 이는 몸의 윤곽을 특정한 관심 부위 없이 단일한 시각적 단위로 제시함으로써 결국 개인의 '문제 부위'에 눈길이 덜 쏠리게 한다. 그렇기 때문에 보디빌더가 흰색과 밝은색 셔츠를 입으면 더 우람해 보이는 것이다. 밝은색 옷과 쉽게 대조되는 그림자가 근육에 깊이를 더한다.

'어두울수록 더 무겁다'는 착각은 겉보기 무게라고 불린다. 그리고 그것은 그저 당신이 찾고 있는 중량감을 줄 수 있는 알맞은 색상을 고르기만 하면 되는 일이다.

〈미국 심리학지〉에 실린 '색상이 겉보기 크기와 무게에 미치는 영향'이라는 제목의 글에서 심리학자 워든Warden과 플린Flynn은 몇 가지 실험을 했다. 그들은 똑같은 크기의 상자 여덟 개를 유리로 된 진열장에 넣었다. 그들은 사람들에게 다양한 순서로 각각의 상자를 무작위로 보게 했고, 무게가 얼마나 나간다고 생각하는지에 따라 상자의 순위를 매기라고 했다. 가장 가벼운 것에서 가장 무거운 것까지 표에서 결과를 보라.

상자 색상	점수(더 높다=더 무겁다)
흰색	3.1
노란색	3.5
초록색	4.1
파란색	4.7
보라색	4.8
회색	4.8
빨간색	4.9
검정색	5.8

색상은 맛에도 영향을 미칠 수 있다. 닥터 페퍼 스내이플 그룹의 배럴헤드 무설탕 루트 비어사르사파릴라 뿌리, 사사프라스 뿌리 등의 즙에 이스트를 넣어서 만든 무알콜 음료는 맛이 풍부한 생맥주 스타일의 루트 비어로 홍보되었다.

포장 전문 기업 버니사가 무설탕 음료의 캔 배경색을 베이지색에서 파란색으로 바꾸었을 때, 조리법이 전혀 바뀌지 않았음에도 거품이 이는 머그잔에 담겨진 옛날 스타일의 루트 비어 같은 맛이 더 난다고 말했다. 마찬가지로 사람들은 더 짙은 주황색 음료가 더 달콤한 맛이 난다고 말한다.

다른 제품을 강하게 연상하게 하는 색상은 혼란을 가져올 수도 있다. 예를 들어 음료 업계에서 코카콜라는 빨간색을 '소유한다'. 버니사의 디자이너들이 캐나다 드라이의 무설탕 진저 에일 캔을 빨간색에서 초록색과 흰색으로 바꾸었을 때 매출이 25% 이상 급등했다. 빨간 캔이 '콜라'를 생각하게 만들었던 것이다.

색상은 관심을 끌 뿐만 아니라 전문가들조차 설명하지 못하지만 인식을 바꾸는 힘이 있기 때문에 광고대행사들은 광고와 포장에서 색상을 어떻게 사용할지 신경을 곤두세운다.

이러한 사실을 알았으니 당신과 나도 그렇게 해야 한다.

> 21가지 언어를 연구한 결과, 기본 색상을 표현하는 단어는 거의 어디에서나 다음과 같은 순서로 용어가 생긴 것으로 밝혀졌다.
> 1. 검은색과 흰색. 2. 빨간색. 3. 초록색이나 노란색. 4. 노란색이나 초록색. 5. 파란색. 6. 갈색. 7. 회색, 자주색, 분홍색과 주황색
>
> — 베를린과 케이, 1969

40
여백이
주목을 끈다

이 방법은 빠르고, 쉽고, 시간이나 기술이 전혀 들지 않는다. 그리고 효과적이라는 연구 결과도 나왔다. 이는 흰색 배경 속 고립의 힘이다. 수십 년 동안 계속된 실험으로 밝힌 이 방법은 거의 알려지지 않고 거의 사용되지 않은 광고의 비밀이다.

가령 4분의 1페이지 대신 반면을 사는 등 광고 공간을 더 많이 사라. 하지만 그 공간을 더 많은 카피와 사진으로 채우는 대신, 원래의 4분의 1페이지 광고를 그 공간의 정중앙에 넣고, 광고를 여백으로 두어라.

연구가 포펜버거Poffenberger와 스트롱은 여러 실험 결과, 예를 들어 여백이 있는 4분의 1페이지 광고는 글씨와 그래픽으로 꽉 차고 충분히 살을 붙인 반면 광고보다 더 주목을 끈다고 결론을 내린다.

여백에 의한 주목도

일반적 구도	흰색 배경
반면 = 100%	반면=176%
전면 = 141%	자료 없음

포펜버거의 실험은 여백을 두었기 때문에 표와 같이 주목을 끌게 되었다는 사실을 보여주었다.

추가로 광고내용이 광고면의 60%를 넘지 않아야 한다고 스트롱은 조언한다. 스트롱에 의하면, "60% 이상이 넘으면, 그에 상응하는 주목 가치가 비용 증가를 상쇄하지 못한다. 광고에서 약 20%를 여백으로 사용하면 비용 대비 효과가 가장 클 수 있다."

41

효과적인
광고를 만들어라

답답한 일이다. 광고의 '광'자도 모르면서 다 알고 있다고 생각하는 사람들의 광고를 만들다보면 머리카락을 잡아 뜯어도 시원치 않을 정도이다.

앞서 소개한 티벳의 선사는 무언가를 배우는 가장 좋은 방법은 새로운 정보를 넣을 공간을 만들기 위해 우선 선입견으로 차 있는 머리부터 비워야 한다고 말한 적이 있다.

예를 들어, 한 웹 디자이너와 내가 그를 위해 써준 헤드라인에 대해 서로의 생각을 나눈 대화를 들어보라. 이러한 대화는 당신에게 이 마지막 마흔한 번째 교훈을 가르칠 수 있는 방법 중 내가 알고 있는 가장 흥미진진한 방법이다.

스코트: 이 헤드라인은 너무 구려요! "유명한 마케팅 전문가가 24시간 안에 디자인하는 강력한 웹 페이지가 단돈 199달러"라니, 별로 창의적이지 않잖아요!

드류: 아니요. 전혀 그렇지 않죠.

스코트: 자, 조금만 틀어 말장난을 하거나 변형시켜 만들어 볼 수 없을까요?

드류: 왜 변형시키죠?

스코트: 더 기억하기 쉽게 만들기 위해서죠. 그렇게 해야 더 많은 사람이 읽으니까요. "250달러면 인터넷에서 끈적거리는 웹에 걸리지 않을 수 있습니다" 같은 식으로 말이에요.

드류: 웃음을 참으면서 헤드라인의 목적은 '기억하기 쉬운' 것이 아닙니다, 스코트. 효과적인 것이 되는 거죠. 창의적이 되는 것은 시간 낭비, 돈 낭비이고, 헤드라인 작성 원칙을 완전히 잘못 이해한 것입니다. 잠재고객이 아니라 친구들과 가족에게 깊은 인상을 줄 '영리한' 헤드라인을 만든다는 황홀감에 현혹되는 것은 엄청난 실수입니다!

게다가 '끈적거리는 웹' 헤드라인은 말도 안 돼요! 그 헤드라인은 당신이 팔고자 하는 것을 말하지 않습니다! 그리고 광고를 읽는 사람의 60%가 헤드라인만 대충 훑어보기 때문에 적어도 독자의 60%를 잃을 것입니다. 저는 소기업 오디오 세미나에서 이러한 생각을 가르칩니다.

스코트: 제 의견은 달라요. 대기업은 아주 기억하기 쉬운 헤드라인을

만들어 항상 그것으로 상을 받잖아요. 슈퍼볼 기간 동안 광고를 본 적 있으세요? 아주 창의적이던데요.

드류: <small>한숨을 쉬며</small> 맞습니다. 대기업들은 상을 타죠. 그리고 슈퍼볼 광고는 확실히 아주 창의적입니다. 하지만 '창의적'이라고 해서 '효과적'이라는 뜻은 아닙니다. '잠재적 성공작'이 될 수 있는 헤드라인이 갖춰야 하는 온갖 구성요소가 들어있는 헤드라인을 개발할 수 있다면, 왜 영리해지려고 해서 그것을 망가뜨리려는 겁니까?

스코트: 우선 영리하게 만들고 난 다음에 효과적으로 만들면 어떨까요? 그렇게 하면 두 마리 토끼를 다 잡을 텐데요. '끈적거리는 웹' 헤드라인은 사람들에게 궁금해서 더 읽고 싶게 만들 수 있잖아요?

드류: 하지만 그만큼 궁금하지 않아서 헤드라인 이상은 읽지 않는 사람들은 다 어떻게 되는 거죠?

스코트: 그 사람들은 잠재고객이 아니었던 거죠.

드류: 사실이 아닙니다! 그들은 아마 잠재고객이었을 것입니다. 하지만 당신이 무엇을 팔고 있는지 전혀 몰랐기 때문에 더 이상 읽으려고 하지 않았던 거죠. 당신은 그들을 완전히 잃었습니다!

스코트: 그래도, 뭔가 묘한 것 같지 않아요?……

드류: 전혀 그렇지 않아요! 광고가 오락거리가 되어서는 안 됩니다! 광고를 보고 즐거울 수도 있겠죠. 하지만 그것은 광고의 목적이 아닙니다. 광고는 창의성 대회가 아닙니다. 광고는 파리에 있는

루브르 박물관 벽을 장식하기로 되어 있는 것이 아닙니다. 광고는 시나 희극 또는 알아맞혀야 하는 수수께끼가 아닙니다. 광고는 교묘하거나, 별나거나, 기발한 것으로 상을 타는 것에 국한된 문제가 아닙니다.

간단명료하게 말해서 광고는 제품과 서비스를 팔기 위한 것입니다. 광고는 제품이나 서비스에 사람들의 관심을 끌어서 궁극적으로 그들에게 돈을 제품과 교환하게 함으로써 매출을 증가시킨다는 목표를 가진 비즈니스 커뮤니케이션입니다.

스코트: 하지만 그렇다고 해서 광고가 지루해야 한다는 뜻은 아니잖아요!

드류: 제가 지루한 것에 대해 무슨 말을 했던가요? 광고는 항상 재미있어야 합니다! 하지만 잠재고객의 주의를 끌고 휘어잡기 위해 영리하거나 교묘할 필요는 없습니다. 광고를 읽어준 데 대한 감사의 표시로 당신 제품의 구매자가 아닌 일반 대중에게 호소하기 위해 카피를 쓰지는 않죠! 그리고 제안에 관심 있는 사람들은 구매를 하기 위해 오락거리를 필요로 하지 않고요.

그들에게는 혜택이 필요합니다. 사실과 제안도요. 그리고 당신이 약속하는 것을 제대로 전달할 것이라는 확신이 필요합니다.

스코트: 저는 아직도 팔고자 하는 것을 서술하지만 말고 뭔가 더 좋게 할 수 있을 거라 느끼는데요?

드류: 다시 읽어보세요, 스코트. 이 헤드라인은 당신이 팔고자 하는 것을 서술하는 것보다 훨씬 더 많은 것을 알려줍니다. 그 헤드

라인에는 호소력이 있습니다.

그것은 24시간 내에 결과물을 내놓을 것이라고 말해서 즉각적인 만족감을 얻을 수 있다는 욕구를 충족시킵니다. 당신이 전문가라고 말해서 전문가로서의 신뢰를 얻을 수 있습니다. 그것은 돈을 절약하려고 생각 중인 사람들의 관심을 끕니다. 그것은 구체적입니다. 그것은 제안을 합니다. 그것은 분명합니다. 그것은 고객에게 무슨 뜻인지 알아맞추라고 요구하지 않습니다. 그리고 당신의 주장을 재빨리 전달합니다. 그 헤드라인이 누구에게 호소할 것이라고 생각하세요?

스코트: (침묵)

드류: 웹페이지가 필요하고, 프로가 그 일을 해주기를 원하고, 빨리 만들어주기를 바라고, 거금을 쓰고 싶지 않은 사람들에게 호소하겠죠? 바로 당신의 시장 말입니다!

스코트: 좋아요, 한번 써 봐도 될 것 같군요.

드류: 바로 그거에요! 한번 써 보세요. 광고는 반드시 테스트를 해봐야 하니까요. 그리고 '끈적거리는 웹' 발상을 그렇게 좋아하시니, 아마 그 헤드라인에 몇 천 달러를 쏟아 부은 다음, 그 헤드라인을 읽을 몇 안 되는 사람에게서 어떤 반응을 얻을지 알아볼 수도 있겠네요.

스코트: 아주 재미있군요.

드류: 제가 웃고 있던가요?

당신의 자그마한 회사에 100만 달러가 묶여 있다고 가정해보자. 그런데 어느 날 갑자기 회사의 광고 전략이 실패해서 매출이 떨어지기 시작한다. 모든 것이 그 사업에 달려 있다. 당신의 미래, 당신 가족의 미래, 심지어 다른 사람들과 그 가족의 미래마저 그 사업에 달려 있다. 자, 그렇다면 내가 무엇을 해주기를 바라는가? 좋은 광고 문구? 아니면 빌어먹을 매출 곡선이 그만 곤두박질치고 이제 좀 올라가게 만드는 것을 보고 싶은가?

— 로서 리버스, 테드 베이츠 광고회사의 CEO, 고유판매제안

04
—

핫
리스트

광고 대가들이 말하는 101가지 마케팅의 비밀

지 갑 을   열 게   하 는
1 0 1 가 지   노 하 우

광고를 최대화하는 22가지 방법

1. 스타일을 잊어라―그 대신 팔아라!

2. '무료 정보'라고 소리쳐라!

3. 문장을 짧게 쓰고 계속 읽히게 하라.

4. 짧고 간단한 단어를 이용하라.

5. 카피를 길게 써라.

6. 카피를 압축시켜라, 군더더기를 잘라내라!

7. 혜택을 많이 주어서 욕구를 자극하라.

8. 당신이 팔고 있는 것을 보여줘라. 사진이 가장 좋다.

9. 사적인 이야기를 하라. 계속 당신, 당신, 당신이라고 말하라.

10. 긴 카피를 나누기 위해 잘 팔리는 서브헤드를 이용하라.

11. 당신의 사진 아래 잘 팔리는 캡션을 넣어라.

12. 마음속의 영화를 만들기 위해 강력한 시각적 형용사를 써라.

13. 경쟁사가 아니라 당신의 제품을 팔아라.

14. 머뭇거리지 마라. 지금 완전히 팔아라!

15. 항상 추천서를 포함시켜라!

16. 구매를 행동에 옮기기 쉽게 만들어라.

17. 행동을 유도하기 위해 응답쿠폰을 포함시켜라.

18. 타성을 깨기 위해 기한을 포함시켜라.

19. 빨리 반응하게 하기 위해 무료 선물을 제공하라.

20. 지금 주문하라!고 말하라.

21. 무료 배송을 제안하라.

22. '웹 결제'나 신용 옵션으로 반응을 50% 이상으로 올려라

가 치 를 전 달 하 는 9 가 지 방 법

1. '세일!'이라고 외쳐라.

2. 쿠폰을 주어라.

3. 가격을 줄여라. "커피 한잔 값도 안 된다."

4. 가격이 왜 낮은지 설명하라. "상사가 너무 많이 주문했다!"

5. 가격을 분할 상환하게 하라. "하루에 딱 1.25달러."

6. 가치를 높여라. 가격이 아닌 가치가 얼마인지 확실하게 말하라.

7. 다른 사람들이 얼마나 지불했는지 말하라.

8. 기한을 정하여 희귀하다는 느낌을 불러일으켜라.

9. 심리적 가격 책정을 이용하라.

구 매 를 쉽 게 하 는 1 3 가 지 방 법

1. 거리 주소, 이메일 주소, 웹 주소를 알려라.

2. 전화번호를 알려라.

3. 찾아오는 길과 주차 정보를 제공하라.

4. '주문하기 쉽다'고 말하라.

5. 전화 주문을 받아라.

6. 우편 주문을 받아라.

7. 인터넷 주문을 받아라.

8. 팩스 주문을 받아라.

9. 크레디트 카드를 받아라.

10. 수표를 받아라.

11. 수신자 부담 전화번호를 준비하라.

12. 경쟁사보다 더 길고 강력한 품질 보증을 포함하라.

13. 할부 지불을 허용하면, 15% 구매율을 높인다.

쿠 폰 사 용 회 수 를 늘 이 는 1 1 가 지 방 법

1. 헤드라인이나 서브헤드에서 쿠폰을 교환하라고 말하라.

2. '50% 할인' 대신 "하나를 사면 하나를 공짜로 더 준다!"고 하라.

3. 광고 맨 위에 크게 '무료'라고 써라.

4. 쿠폰이 무엇을 제공할지 말하라. 쿠폰 속에서도 다시 말하라.

5. 쿠폰이 무엇을 제공할지 사진, 일러스트레이션으로 보여라.

6. 굵은 쿠폰 테두리를 이용하라.

7. 엄격한 만료 기한이나 시한첫 100명은…을 정하라.

8. 사람들을 참여시키기 위해 확인란을 제공하라.

9. 맨 위에 '유익한 쿠폰'이라고 말하라.

10. 기입할 공간을 충분히 두어라.

11. 굵은 화살표로 쿠폰을 가리켜라.

대박광고 체크리스트 46가지

당신의 광고에 성공 구성요소가 반드시 들어있게 하는 빠르고 쉬운 방법이 여기 있다. 모든 사항이 당신의 광고에 적용되는지 확인하라. 많으면 많을수록 좋다.

헤드라인

( ) 광고에 제품의 최대 혜택이 나오는가?첫 번째로 가장 중요한 규칙

( ) 광고가 흥미진진한가? 광고가 감정적 반응을 이끌어내는가?

( ) 3장의 '심리적으로 강력한 헤드라인 시작 문구 17가지'를 하나라도
    사용하는가?

( ) 보디 카피보다 훨씬 더 큰가? 볼드체로 되어 있는가?

( ) 사람들에게 보디 카피를 읽게 만들 정도로 강력한가?

( ) 어떤 제안 같은 것을 하는가?

( ) 권위가 있고, 약하지는 않은가?

( ) 헤드라인이 이니셜 캡으로 설정되어 있는가? 헤드라인이 네다섯 단
    어가량으로 짧을 경우에만 모든 글자를 대문자로 써라.

( ) 헤드라인이 인용부호 안에 들어있는가? 이렇게 하면 25% 더 읽게
    할 수 있다.

보디 카피: 첫 문장

(   ) 3장의 12가지 보디 카피 시작법 중 한 가지를 이용하는가?

(   ) 헤드라인에서 자연스럽게 흘러나오는가?

(   ) 당신의 회사를 자랑하는 대신 혜택을 곧바로 설명하는가?

(   ) 독자에게 두 번째 문장을 읽게 만들다시피 하는가?

(   ) 당신이라는 말을 처음 몇 마디에서 사용하는가?

보디 카피: 일반

(   ) 독자가 어떻게 이득을 볼지에 초점을 맞추는가?

(   ) 같은 제품이나 서비스를 제공하는 경쟁사가 아니라 당신에게서 사야
하는 이유를 말하는가?

(   ) 당신의 제품이나 서비스가 흥미롭다면, 광고도 흥미로운가?

(   ) 논리적이고 체계적인 방법으로 진행되고 있는가?

  1. 주의를 끈다.

  2. 흥미를 자극한다.

  3. 욕구를 일으킨다.

  4. 증거를 제시한다.

  5. 행동하라고 촉구한다.

(   ) 한 번에 한 제품만 팔려고 노력하고 있는가? 이 방법이 최선이다.
하지만 델리나 가구점 같은 특정 사업은 더 많은 제품을 그럭저럭 팔
수 있다. 그러한 사업은 "이것이 우리가 가진 전부입니다" 같은 카탈
로그 광고와 더 비슷하다.

(   ) 긴 카피를 좋게 하기 위해 잘 팔리는 서브헤드를 이용하는가?

(   ) 카피가 다채롭고, 강력한 시각적 형용사가 적절히 섞였는가?

(   ) 카피가 과장되거나 터무니없지 않고 믿을만한가?

(　) 고객을 존중하고, 그의 지성을 모욕하고 있지 않은가?

(　) 감정적인가? 긍정적이거나 부정적인 감정을 불러일으키는가?

(　) 극단적 구체성의 원칙을 이용하는가?

(　) 단어와 문장 그리고 단락이 짧은가? 간단한가?

(　) 인쇄 광고, 세일즈 레터, 안내책자 등은 스쿨북 같은 세리프 서체로
　　설정되어 있는가? 웹 카피는 아리엘이나 버다나 같은 산세리프체로
　　설정되어 있는가?

(　) 고객이 해줬으면 하는 일을 최대한 간단히 말하는가?

　　1. 이 쿠폰을 오려라.

　　2. 그 쿠폰을 8월 21일까지 우리 가게에 가져와라.

　　3. 50%를 절약하라.

(　) 터놓고 사라고 권하는가?

(　) 괜찮다면 기한을 정했는가?

(　) 제공할 혜택이 많다면, 글머리표나 숫자를 매기는 형식으로 리스트
　　를 작성했는가?

(　) 추천서를 이용하는가? 추천서가 없다면 받아라!

(　) 기업명과 전화번호가 크고 즉시 눈에 띄는가?

(　) 로고를 포함시켰는가? 항상 로고를 이용하라. 사람들이 로고를 더
　　자주 볼수록 브랜드 자산 가치가 더 많이 올라간다.

(　) 찾아오는 길이나 지도 또는 랜드마크를 알려주는가? 이들은 의외로
　　더 많이 필요할지 모른다.

(　) 반응을 더 잘 추적하기 위해 신문이나 잡지의 레이아웃에서 광고 자
　　리를 부호로 지시했는가?

레이아웃과 디자인

(　) 레이아웃 하는 사람이 아닌 전문 디자이너가 광고를 만들었는가?

(　) 헤드라인이 크고 굵은가?

(　) 헤드라인을 적당한 단어에서 끊었는가? 예를 들어보자.

　　나쁜 예 : 이제 안경을

　　　　　　버리고 다시 완벽한

　　　　　　시력을 누릴 수 있다!

　　좋은 예 : 이제 안경을 버리고

　　　　　　다시 완벽한 시력을

　　　　　　누릴 수 있다!

(　) 광고가 읽기 쉬운가? 초점이 있는가? 고객의 눈이 특정한 부분에 자연스럽게 고정되어야 한다.

(　) 여백이 충분히 있는가? 헤드라인을 흰색으로 감쌌는가?

(　) 단락을 들여 썼는가? 이렇게 하면 읽기가 더 쉬워진다.

(　) 별개의 구성요소를 최소한으로 유지하는가? 활자가 찍힌 수많은 자잘한 틴트 블록, 글머리표로 나누어진 두 블록, 모서리의 깃대 표시, 그리고 어두운 바탕에 흰 글씨 패널 네 개를 둘 필요는 없다!

(　) 세일즈 메시지와 관련된 사진이나 일러스트레이션을 이용하는가? 제발 철로 짜인 타이어 광고에 아기 사진을 넣지 마라!

(　) 서체의 수를 최소한만 사용했는가? 특별한 상황만 아니라면, 한 개나 두 개, 또는 최대 세 개까지만 사용하라!

(　) 당신을 바라보고 있는 사람의 사진을 싣는가? 이러한 사진은 사람들의 주의를 끄는 가장 강력한 방법이다.

인식하든 인식하지 못하든, 당신은 이제 효과적인 광고를 만드는 방법에 대해 경쟁사들 대다수보다 더 많이 알고 있다.

이를 증명하고 싶은가? 경쟁사에게 우리가 논의한 주제 중 아무것이나 질문하라. 그들은 아마 틀린 대답을 하고 멍하니 쳐다볼 것이다. 그 이유는 경쟁사들 대부분이 회사를 운영하느라 너무 바빠서 사업을 더 키울 수 있는 방법을 배우지 못하기 때문이다.

사실 이 책에서 당신과 공유한 조언, 비법, 기법, 잘 알려지지 않은 원칙은 당신이 거금을 주고 마케팅 컨설턴트나 광고대행사를 고용할 때 그들이 이용할 것과 똑같다. 당신이 그것을 직접 이용하고 보상을 거둬들이지 못할 이유는 없다.

우리는 어떤 사물에 대해 1%의 백만 분의 1도 모른다. – 토마스 에디슨

광고업계에 몸담았던 23년이라는 세월은 나에게 많은 것을 가르쳐주었지만, 소비 심리학이 광고계의 연구 분야로 인식된 것은 불과

2차 세계대전 이후부터의 일이다. 광고에서 심리학적 실험은 수십 년 전부터 이루어졌고 대부분의 연구결과는 오늘날까지도 타당성을 인정받고 있지만, 아직도 배울 것이 훨씬 더 많다. 인간 정신에 대한 연구는 정신 그 자체만큼이나 무한하기 때문이다.

실수하지 마라. 시장은 늘 우리의 작품을 최종적으로 판단할 것이다. 많은 시간과 비용을 투자했음에도 불구하고, 우리가 쏟은 노력은 무너지고 실패할 수도 있다. 하지만 이 책의 정보로 무장하고 그것을 제대로만 활용한다면, 성공할 확률을 높일 수 있을 것이다.

하지만 이 책만 보고 공부를 끝내지 마라! 다른 광고의 대가들이 들려주는 위대한 교훈을 스스로 접하고 열심히 공부하라.

기억하라 무엇을 팔건, 어디서 팔건, 효과적인 광고는 좋을 때나 나쁠 때나 계속하여 사업을 굴러가게 할 수 있는 엔진이다.

1세기 중반에 로마의 철학자 루키우스 안나이우스 세네카Lucius Annaeus Seneca는 이렇게 말했다. "만일 다른 이와 나누어 갖지 않는다는 조건으로 지혜가 주어진다면 나는 거절하겠다. 묻어 두고 그것을 함께 할 수 없다면 그 어떤 것도 즐겁지 않다."

이 책을 읽음으로써 내가 가진 가치를 인정해준 것에 감사드린다. 내가 하는 일이 조금이나마 당신에게 유익하기를 진심으로 바란다. 그래야 내 노력이 가치 있는 일이 되기 때문이다.

드류 에릭 휘트먼

광고에 관한 책을 수백 권씩 읽을 필요는 없다. 가장 좋은 책만 읽어라. 그래서 나는 당신을 위해 수많은 광고의 고전이 되는 책의 리스트를 작성했다. 이 리스트는 광고 업계의 수많은 대가들이 수세기에 걸쳐 경험한 내용을 담았다. 몇 주 동안 즐겁게 읽을 것인지는 당신 마음이다. 즉시 활용할 수 있고 탄탄한 정보만 담은 책을 골랐기 때문에 시시한 이야기는 없을 것이다. 우선 가장 흥미로워 보이는 책부터 골라서 부지런히 공부하라.

카피라이팅, 광고, 마케팅

《나의 광고 인생과 과학적 광고가제 My life in Advertising and Scientific Advertising》, 클로드 홉킨스, 맥그로힐, 1966

클로드 홉킨스는 역대 최고의 카피라이터 중 한 명으로 간주된다. 그는 사람들에게 왜 당신의 제품을 사야 하는지 '이유'를 밝히는 카피라이팅을 연구했다. 그의 책은 값으로 따질 수 없을 정도로 귀중한 이야기와 유머 그리고 광고에 즉시 적용할 수 있는 실용적인 교훈으로 가득 차 있다. 온라인에서 무료로 찾아볼 수 있다.

《광고 아이디어Advertising Ideas 가제》, 존 케이플스, 맥그로힐, 1938

오래된 잡지 광고를 완전히 수록한 책이다. 케이플스는 광고를 하나하나 짚어보며 그것이 왜 그토록 성공했는지 분석한다. 광고는 상당히 오래 됐지만, 우리에게 주는 교훈은 오늘날에도 똑같이 귀중하다. 인간의 기본 욕구인 8가지 생명력이 변하지 않기 때문이다.

《광고 이렇게 하면 성공한다》, 존 케이플스

케이플스의 또 다른 훌륭한 책이다. 한국어판은 2000년에 송도익 번역으로 서해문집에서 나왔다.

《존 케이플스의 성공하는 광고》

한국어판은 1989년에 이상우 번역으로 오리콤신서에서 나왔다.

《광고 불변의 법칙》, 데이비드 오길비

광고계의 가장 전설적인 우상의 마음속으로 들어가는 기분은 어떨까? 당신은 틀림없이 광고업계가 어떻게 돌아가는지에 대해 달라진 관점을 가지게 될 것이다. 광고에 대한 그의 과장되지 않은 접근법이 내가 지난 23년 동안 가르쳐온 모든 것을 강하게 상기시킨다. 한국어판은 2004년에 최경남 번역으로 거름에서 나왔다.

《좋은 광고를 쓰는 기술가제 How to Write a Good Advertisement》, 빅터 O. 슈워브, 윌셔북 컴퍼니, 1985

효과적인 광고를 만들기 위해 필요한 핵심 요소를 잘 압축해놓았다. 읽기 쉽고 골자만 쏙쏙 담아 놓았다. 한 시간이면 다 읽을 수 있을 것이다.

《좁은 지면으로 크고 작은 광고 만들기가제 Small-Space Advertising for Large and Small Advertising》, 프린터스 잉크, 펑크 앤 웨그날, 1948

이 책은 선구자적 광고전문지《프린터스 잉크》가 만든 것이다. 좁은 지면 광고를 쓰고 디자인하는 문제에 관한 엄청나게 많은 정보가 담겨있다. 하지만 사람들이 오랜 세월동안 거의 변하지 않았다는 점을 깨닫는 것이 중요하다. 실용적인 조언과 제안으로 가득 차 있다.

《획기적광고가제》, 유진 M. 슈워츠, 보드룸 클래식스, 1984

당신의 제품이나 서비스가 소비자의 마음속에서 거치는 단계와 광고 심리학을 논한다. 이 책은 헤드라인에 대해 많은 이야기를 들려주고, 어떻게 하면 당신의 카피를 작동시킬 수 있는지 검토한다. 가장 직설적인 직접 반응 광고를 담고 있다.

《로버트 콜리어 레터 북가제 Robert Collier Letter Book》, 로버트 콜리어, 프렌티스 홀 트레이드, 2000 세일즈 레터 쓰기에 초점을 맞춘 이 책은 잠재고객의 가슴을 감동적으로 강타하는 카피 쓰는 법을 가르친다. 뛰어난 예들로 가득한 광고업계의 고전이다.

《100대 광고가제 The 100 Greatest Advertisements》, 줄리언 L. 왓킨스, 도버 출판사, 1959 제목에서 말하는 그대로, 걸작 광고가 연달아 등장한다. 그 광고들이 왜 그렇게 위대한지 알아낼 수 있는가? 과거로 되돌아가는 즐거운 여행이자 멋진 학습 경험이다!

《잘 팔리는 단어가제 Words That Sell》, 리처드 바얀, 맥그로힐, 2006, 개정증보판

재능 있고 재미있는 작가가 쓴 관련어집이나 마찬가지인 책이다. 강력한 단어와 구절 그리고 슬로건 6,000개 이상으로 가득 채워져 있다. 각 부문을 영리하게 상호 참조하면 창의적 사고를 끌어올리는데 도움이 된다. 광고의 초짜나 노련한 프로를 비롯해서 누구나 읽어야 할 책이다!

《잘 팔리는 더 많은 단어가제 More Words That Sell》, 리처드 바얀, 맥그로힐, 2003

아이디어를 창출하는 강력한 단어와 구절 그리고 슬로건 3,500개로 가득 채워진 속편이다. 범주별, 목적별로 편리하게 정리되어 있다. 감성적이고 지적이고 능동적인 동사 등을 이용해서 바람직한 결과를 얻기 위해 카피를 세부 조정하고, 특정 틈새시장에 대한 접근에 집중하도록 돕는다. 당신이 무엇을 판다 하더라도 이 방법을 통해 카피에 착수할 수 있을 것이다.

《포지셔닝》, 알 리스와 잭 트라우트

당신이 더 낫고 색다르게 인식될 수 있도록 시장에서 사업과 기업을 체계화하는 방법을 알려주는 중요한 책이다. 최고의 제품명을 고르는 방법, 경쟁사의 약점을 이용해서 전략을 짜는 방법 등을 가르쳐준다. 한국어판은 2006년에 안진환 번역으로 을유문화사에서 나왔다.

《카피라이터 핸드북가제 The Copywriter's Handbook》, 로버트 W. 블라이, 홀트 페이퍼백스, 2006 카피를 쓰거나 승인하는 사람이라면 누구에게나 매우 유용한 정통 안내서이다. 블라이는 광고, 안내책자, 세일즈 레터, 잡지, 신문, TV, 라디오, 이메일 그리고 멀티미디어 상품 설명에 마음을 끄는 헤드라인과 보디 카피를 쓰는 방법을 보여준다.

창의성

《광고 창의성에 대한 체계적 접근법가제 Systematic Approach to Advertising Creativity》, 스티븐 베이커, 맥그로힐, 1979

예제와 정보뿐만 아니라 재미도 가득하다!

《Creative Thinking: 생각의 혁명》, 로저 본 외흐

재미있는 연습과 일러스트레이션으로 가득 차 있고 격식에 얽매이지 않는다. 한국어판은 2002년에 정주연 번역으로 에코리브르에서 나왔다.

《창의성을 키우기 위해 네 안의 탐험가, 예술가, 판사, 용사를 깨워라가제 A Kick in the Seat of the Pants》, 로저 본 외흐, 하퍼 페이퍼백스, 1986

마찬가지이다.

레이아웃과 디자인

《효과적 매장 광고 디자인가제 How to Design Effective Store Advertising》, M. L. 로젠블룸, 미국 소매상협회, 1961

이 책은 광고 디자인의 베일을 걷어내고, 디자인하는 방법과 이유를 말해준다.

《Looking Good in Print》, 로저 C. 파커

그래픽 디자인의 기초를 배우고 싶은 사람에게 매우 유용하다.

유익한 정보로 빈틈없이 채워져 있고, 읽고 이해하기 대단히 쉽다. 꼭 읽어보기 바란다. 한국어판은 2000년에 양춘화 번역으로 임프레스에서 나왔다.

캐시버타이징

© 드류 에릭 휘트먼, 2011

개정판 1쇄 발행　2021년 4월 20일
개정판 3쇄 발행　2023년 9월 25일

지은이　드류 에릭 휘트먼
옮긴이　박선영
펴낸이　이경희

발행　글로세움
출판등록　제318-2003-00064호(2003.7.2)

주소　서울시 구로구 경인로 445(고척동)
전화　02-323-3694
팩스　070-8620-0740
메일　editor@gloseum.com
홈페이지　www.gloseum.com

ISBN　979-11-86578-90-2 13320